인간이 인간을 죽일 때

인간이 인간을 죽일 때

김요섭 지음

인간이 어떻게 인간에게
그럴 수 있었는가

바다출판사

일러두기
— 본문은 국립국어원 어문 규정과 외래어 규범을 따랐다. 다만, 관용적으로 사용되는 기관명, 인명, 지명 등에 대해서는 관례에 따랐다.
— 본문에서 단행본과 간행물은 겹낫표(『』), 단편과 논문 등은 홑낫표(「」), 영화와 노래 제목 등은 홑화살괄호(〈〉)로 표기하였다.

프롤로그

속삭일지언정 침묵하지 않는

그런 이야기들이 있다. 모든 사건이 끝난 뒤에야 그 의미를 이해할 수 있는 이야기가. 내 어머니가 젊은 날에 들었던 말도 그런 이야기였다. 어머니가 일하던 공장으로 한 트럭이 들어왔다. 트럭은 여느 날처럼 공장에서 필요한 자재를 운송하기 위해 방문했다. 평소 같으면 물건을 검수하고 하역할 직원 몇몇 사람만 신경을 써야 할 일이었다. 그러나 그날은 달랐다. 사무직 직원이었던 어머니를 비롯해 공장 사람들이 트럭 근처에 몰려들었고, 운전사가 무슨 이야기를 할지 숨죽여 기다렸다. 남쪽 지방의 대도시를 거쳐서 올라왔다는 운전사가 어떤 표정을 짓고 있었는지 나는 전해 듣지 못했다. 무언가에 대해 묻고 싶었으나 말을 꺼내지 못하고 있던 공장 사람들의 눈빛을 알아챘는지, 그는 입을 열었다. 좋은 세상이 오면 알게 될 것이라고. 그는 더는 말을 하지 않았고, 아리송한 말을 들은 직원들은 다시 각자의 자리로 돌아갔다. 어머니가 그 말의 의미를 이해할 수 있게 된 것은 그로부터 칠 년이 지난 뒤였다. 어머니가 어떻게 그 순간과 마주했을지 나는 알지 못한다. 서울역 앞 거리의 가판대 위에 펼쳐진 사진과 책자에서였을지, 미국이나 일본 영상을 녹화한 제목 없는 비디오였을지, 아니면 뉴스 화면 속에서 목소리를 높여 외치던 어느 국회의원의 입을 통해서였을지. 나는 그 순간을 알지 못한다. 그러나 그 운전사가 남긴 말의 의미는 알고 있다. 그는 1980년 5월의 광주를 빠져나온 사람이었다.

속삭일지언정 침묵하지 않는 이야기들이 있다. 그 이야기들은 때로 너무 많은 것을 숨기고, 때로는 너무 복잡한 맥락을 거쳐야만 이해할 수 있다. 하지만 바로 그렇기에 그 사건이 어떤 경험이었는가를 우리에게 말해 줄 수 있다. 좋은 세상이 오면 알게 될 것이라는 말이 아니었다면 나는 광주에 대해, 억울한 죽음을 말할 수조차 없는 시대에 대해 이해할 수 없었을 것이다. 이야기는 말하는 것만큼이나 말하지 않는 것을 통해서 경험을 가능하게 해 준다. 그 설명되지 않는 경험이 무엇인가를 가늠해 보는 일이 나의 작업이다. 지난 십 년간 한국 문학을, 특히 내가 '제노사이드 문학'이라고 이름을 붙였던, 제노사이드의 기억을 견뎌 낸 소설들을 연구하고, 그 이야기가 품고 있는 사연과 질문에 대해서 써왔다. 그 소설들은 과거를 이야기하지만, 그 이야기를 따라가다 보면 도착한 곳은 언제나 지금이었다.

끝났다고 여겼던 것들이 언제고 다시 시작될 수 있다는 사실을, 그 어두운 시절로 되돌릴 수 있는 위험이 여전히 남아 있다는 사실을 우리는 자주 잊는다. 이 책은 그런 사실에서 시작한다. 우리가 끝났다고 믿은 것들, 그래서 우리와는 상관없다고 믿어 온 것이 실은 언제나 우리 곁에 웅크리고 앉아 그저 때를 기다리고 있는 것일지도 모른다는 불안한 사실로부터 말이다. 무엇이 사라지지 않았는가? 가장 끔찍한 어둠조차 사라진 적이 없었다. 이를테면 제노사이드 같은 일 말이다.

 익숙한 것 같으면서도, 실체가 잡히지 않는 단어인 제노사이드는 2차 세계대전 중 자행된 나치의 유대인 학살, 홀로코스트를 고발하기 위해 만들어진 말이다. 고작 몇 년 사이에 수백만의 사람들이 계획적으로 살해된 그 끔찍한 사건을 고발한 이는 폴란드의 법률가이자 유대인, 그리고 '사랑한다'는 말을 20가지 언어로 말할 줄 알지만* 그 말을 들어줄 가족이 모두 살해당한 생존자, 라파엘 렘킨Raphael Lemkin이다. 홀로코스트라는 말은 익숙할 수도 있지만, 렘킨은 낯선 이름일 것이다. 그리고 그만큼이나 렘킨이 막아 내고자 했던 것이 무엇인지 우리는 잘 알지 못했다. 홀로코스트를 설명하는 그 끔찍한 숫자들이 제노사이드를 오히려 잘못 이해하게 만든다. 렘킨이 만든 제노사이드라는 개념은 많은 사람의 죽음을 의미하지 않는다. 제노사이드는 렘킨이 인종 혹은 민족을 뜻하는 그리스어 'genos'와 학살 또는 살인을 뜻하는 라틴어 'caedere'를 합쳐서 만든 단어다. 민족 혹은 인종에 대한 살해라는 뜻으로 받아들이기 쉽지만, 렘킨은 '집단에 대한 파괴'라는 의미로 만들었다. 다수를 살해하는 일만이 아니라 인종·종교·정치·문화·지역 등 여러

---

* 필립 샌즈, 정철승·황문주 옮김, 『인간의 정의는 어떻게 탄생했는가』, 더봄, 2019, 223쪽.

요소로 묶여 있는 인간의 집단을 파괴하려는 행동을 그는 막으려고 했다. 집단을 파괴한다는 것은, 신체의 죽음을 넘어선다. 인간으로 살아가게 했던 그 모든 조건과 관계를 부정하는 삶의 궁극적인 죽음이다.

이 책에서 우리는 언제든 반복될 수 있는 웅크린 어둠을 이해하기 위해 길을 나선다. 그 어둠은 언제든 우리에게 들이닥칠 수 있을 만큼 가까이 있다. 가장 먼 곳에 있을 것 같은 깊은 어둠, 제노사이드조차도 그리 멀리 떨어져 있지 않다. 그리고 그 어둠들은 제노사이드처럼, 익숙히 알고 있다고 믿었지만 실은 잘 알지 못했던 맥락들을 가지고 있다. 그 낯선 맥락들이 무엇인지 이해하기 위해서 이 책은 여섯 개의 이야기를 길잡이로 삼았다. 소설과 영화, 수기를 넘나들며 한 걸음, 한 걸음 그 어둠들에 다가갈 것이다. 그리고 물을 것이다. 어떻게 인간이 같은 인간에게 그럴 수 있었느냐고 말이다.

"어떻게 사람이 같은 사람에게 그럴 수 있습니까?" 이 질문은 나의 말이 아니다. 이 질문은 고문당한 자, 그리고 살아남은 자가 던진 말이다. 이 말은 그와 그의 동료들을 잔인하게 고문한 자에게 향했다. 이 슬프고 참혹한 질문은 남아프리카공화국에서 헌법재판소 재판관을 지냈던 알비 삭스Albie Sachs가 영원히 잊지 못할 장면, 어쩌면 인간이란 어떤 존재인가에 대한 고민 속에 그를 가두어 버린 말이었다. 극단적인 인종차별 국가였던 남아공의 아파르트헤이트 정권하에서 흑인인권운동은 가혹한 탄압을 당했다. 아파르트헤이트 정권은 체포와 처벌에서 그치지 않고 불법적인 고문과 테러, 살인에 이르기까지 무차별적인 폭력을 가했고, 아프리카의 수많은 내전에도 개입했다. 당시 저항세력이었던 넬슨 만델라의 아프리카민족회의에 속한 이들 중 많은 수가 남아공 정부에 의해 고문받고 살해당했다. 어떻게 사람이 같은 사람에게 그럴 수 있느냐는 질문을 던진 토니 엔게니도 아프리카민족회의 소속이었다. 그는 진실화해위원회에서 가해자인 경찰관 벤지엔에게 물에 젖은 캔버스 가방으로 어떻게 사람들을 고문했는지 재현해 보라고 요구한다.

벤지엔은 진실화해위원회 위원들과 TV 생중계로 이를 보는 모든 남아공 시민 앞에서 자신이 어떻게 잔인한 고문을 했는지 보여 주어야 했다. 창문 하나 없는 차가운 고문실에서는 태연하게 잔인한 행동을 했던 자가 그 시선들 앞에서는 몇 마디 말에 흐느껴 울었다. 어떻게 사람이 같은 사람에게 그럴 수 있었느냐는 말에. 가해자가 자신의 악행을 떠올리며 괴롭게 우는 이 장면은 슬프지만 장엄하기도 한 응징과 화해의 순간이다. 그러나 질문은 반복된다. 끔찍한 일에 흐느껴 울 수 있는 한 사람이 어떻게 같은 사람에게 그런 행동을 할 수 있었는가?

이 책은 인류가 가장 번영하고 발전한 시대였지만, 동시에 가장 잔인하고 폭력적인 시대였던 20세기의 기억을 예술의 눈으로 되돌아본다. 20세기는 수많은 폭력으로 얼룩져 있다. 과거에 드리운 서늘한 그림자를 왜 돌아봐야 하는지, 그 핏빛 얼룩만 봐도 눈살이 찌푸려질지도 모른다. 하지만 우리는 돌아봐야 한다. 다가오고 있는 불길한 미래에 다른 사람 앞에 선 사람이 괴물이 되지 않도록 할 방법이 그곳에 있기 때문이다.

목차

프롤로그 · 속삭일지언정 침묵하지 않는 ——— 5

1장   가해자의 흐릿한 실루엣

학살자 안와르 콩고의 눈물 ——— 15
사회적 지지를 얻은 폭력 ——— 26
배려심 깊은 나치 군인들 ——— 37
나만큼은 선하다는 믿음 ——— 48

2장   지극히 현대적인 제노사이드

오시비엥침의 시체 공장 ——— 65
공동체라는 톱니바퀴 ——— 72
'우리'와 '적'의 구분 ——— 81
수용소에 존재한 지하사회 ——— 92
인간으로 남을 수 있는 자 ——— 98

3장   존재했지만 들리지 않은 목소리

전쟁을 기록하는 여성 ——— 113
파괴된 도시의 주인들 ——— 124
피해자가 짊어진 책임감 ——— 138
고통을 다시 쓸 수 있다면 ——— 148

4장 도시 설계자의 죄의식

히틀러와 건축가의 계획 ——— 161
백지 위에 그려진 도시 ——— 172
하이 모더니즘의 욕망 ——— 183
밤섬 사람들의 부군당 ——— 196

5장 냉전, 추모가 금지된 시대

무덤이 없는 사람들 ——— 209
기념비 위에 세운 국가 ——— 221
저항운동으로서의 제사 ——— 233
가족을 갈라놓은 이념 ——— 241

6장 기억이 돌아오는 방식

경찰 가해자의 고백 ——— 259
기억과 교환한 스페인 민주화 ——— 274
문명을 지켜 낸 병사들 ——— 284
거리에 새겨질 이름 ——— 296

에필로그 · 기록이 존재를 대신할 수 없지만 — 317
주 ——— 324

1장   가해자의 흐릿한 실루엣

학살자 안와르 콩고의 눈물

카메라 앞에 앉은 한 노인이 울고 있다. 영화감독과 함께 영상을 보는 이 백발의 노인은 영화의 주인공이다. 노인은 감독에게 이 장면을 연기할 때 느낀 고통과 슬픔에 관한 이야기를 이어간다. 하지만 감독은 울먹이는 노인의 말에 공감해 주지 않는다. 오히려 배역의 실제 모델이 된 인물의 감정을 노인이 결코 느낄 수 없었을 것이라며 쏘아붙이기까지 한다. 당신은 그 순간이 영화 촬영이라는 사실을 알고 있지만, 그 일을 겪은 사람들에게는 현실이었다고. 노인은 영화의 주인공이지만, 다른 배역을 맡기도 했다. 여기서 다른 사람이란 피해자를 말한다. 그가 젊었던 시절 목을 조르고 살해했던 피해자들 말이다.

가해자였던 자신과 자신이 살해한 피해자를 모두 연기했던 노인, 안와르 콩고Anwar Congo는 1965년 군부 쿠데타 직후 자행되었던 인도네시아의 '공산주의자 학살 사건' 당시 군이 동원했던 갱단 조직의 일원이었다. 안와르 콩고는 십 대 시절부터 범죄의 세계에 발을 디딘 인물이었지만, 그의 손에 피가 묻은 것은 1965년 이후였다. 조직폭력배였던 안와르는 영화 암표 등을 팔던 삼류 건달이었지만 그가 좋아했던 갱스터 영화의 등장인물처럼 거물이 되고 싶어 했다. 친구와 함께 갱단의 암살자가 되어 보려고도 했으나, 그는 영화 속 인물처럼 비범한 범죄자가 아니었다. 그는 결코 자신이 기대해 본 적 없는 영역에서 두각을 보인다.

군부는 정치적 반대파였던 공산주의자와 '공산주의자'로 몰린 인도네시아의 시민들에 대한 불법적 학살을 자행하기 위해서 자신들 대신 손을 더럽힐 갱단과 준군사 조직이 필요했다. 그 결과 군부가 동원한 수많은 갱단원 중 하나였던 안와르 콩고는 자신의 손으로 1000명이 넘는 사람을 죽였다. 영화 〈액트 오브 킬링〉은 안와르 콩고에게 1965~1966년 사이 그의 행적을 영화로 만들자고 제안하고 영화가 만들어지는 과정을 찍은 메이킹 필름 형태의 다큐멘터리 영화다.

영화가 시작되면 안와르 콩고는 〈액트 오브 킬링〉의 감독인 조슈아 오펜하이머 앞에서 웃으며 자신이 어떻게 피해자의 목을 조르고, 살해했는지 자랑스럽게 연기한다. 그러나 영화의 후반부에 안와르는 자신이 했던 연기를 보면서 고통스러운 울음을 터뜨린다. 고문과 살인을 서슴지 않던 잔인무도한 가해자가 카메라 앞에서 눈물을 흘리는 모습이 낯설지만은 않을 것이다. 이 책의 프롤로그에 등장했던 남아공 아파르트헤이트 정권의 경찰 벤지엔은 "어떻게 사람이 같은 사람에게 그럴 수 있었습니까?"라는 피해자의 질문에 흐느껴 울었다.[1] 하지만 그 눈물을 믿을 수 있을까? 남아공의 진실화해위원회는 가해자들에게 진실과 반성을 대가로 범죄행위에 대한 사면권을 행사했다. 사면권은 벤지엔에게 피해자 앞에서 반성하는 척 연기할 충분한 동기가 되었을 것이다. 안와르 콩고도 자신의 젊은 시절을 회고하는 영화를 지원해 주는 젊은 외국인 앞에서 선한 모습을 보일 만한 동기가 있었다. 자신의 손으로 직접 수많은 사람을 고문하고 살해했던 잔인무도한 가해자가 고작 몇 마디 말 때문에 비통하게 흐느껴 우는 모습은 분명한 이득 없이는 설명할 수 없다. 가해자인 그들이 우리와는 전혀 다른 종류의 인간이라는 믿음을 지키면서는.

자신을 타인의 고통 때문에 슬피 우는 선한 인간으로 포장해야 할 어떤 동기도 없던 가해자도 있었다. 홀로코스트 당시 동유럽 점령지에 투입되었던 처형부대, 아인자츠그루펜 Einsatz Gruppen을 지원하던 '101경찰예비대'의 지휘관 빌헬름 트라프Wilhelm Traff 소령은 3만 8000명에 달하는 유대인에 대한 학살 작전을 지휘했고, 그의 부대는 직접 살해 이외에도 4만 5200명을 절멸수용소인 트레블링카*로 강제 이송했다.[2] 트

---

* 트레블링카 수용소는 1942년 폴란드 바르샤바 연근에 건설된 절멸수용소로 살충제인 치클론B를 사용했던 아우슈비츠와 달리, 디젤 엔진 배기가스를 통해 수감자들을 질식사시키는 다수의 가스실이 설치되어 있었다. 이 시설은 전쟁 이전부터 독일이 운영해 온 (장애인과 정신병 환자 등에 대한) 안락사 프로그램의 연장이었는데, 수용소 건설을 지휘한 이 역시 안락사 담당 의사였다.(라울 힐베르크, 김학이 옮김, 『홀로코스트 유럽 유대인의 파괴 2』, 개마고원, 2009, 1233~1235쪽.) 트레블링카는 운영된 지 1년 여가 지난 1943년경에 폐쇄되었는데, 그 짧은 기간에 희생된 이가 아우슈비츠 다음으로 많은 80만 명에 달했으며 희생자 대부분은 폴란드 및 동유럽계 유대인들이었다. 하지만 이곳의 생존자는

라프 소령은 고작 500명 내외 부대[3]로 9만 3000명이 넘는 이들을 살해했다. 물론 이 숫자에 독일군을 공격한 폴란드인 레지스탕스에 대한 보복은 포함되어 있지도 않다. 트라프와 그의 부대는 아인자츠그루펜을 지원하던 '치안경찰'[*] 부대 중에서 네 번째로 많은 희생자를 낸 엘리트 집단이었다. 트라프는 1944년까지 부대를 지휘한 연륜 있는 지휘관이었다. 군사주의 전통이 강력한 독일군 사이에서 눈물은 겁쟁이의 증거일 뿐이었다. 그게 장교라면 더욱 그런 모습을 보일 수 없었다. 눈물 흘리는 나약한 모습을 보이면 지휘관이 가져야 할 권위와 존경을 잃을 수도 있었다. 하지만 트라프 소령은 부하들이 보는 앞에서 눈물을 멈출 수 없었다.

1942년 7월 독일에게 점령된 폴란드 작은 마을 유제푸프에서 101경찰예비대대는 첫 학살 임무를 맡았다. 전선 후방 점령지의 치안을 관리하는 업무 정도만 생각했던 101경찰예비대대의 대대장 트라프는 전혀 예상치 못한 명령을 받고는 곤혹스러워했다. 그러나 명령은 명령이었다. 상부의 명령으로 1800명에 달하는 유대인들을 집결시켜 놓았던 예비대대는 곧 처형

70명도 되지 않았기에 프리모 레비 등 여러 생존자 작가가 있었던 아우슈비츠에 비해서는 잘 알려지지 않았다.

[*] 치안경찰은 독일의 준 군사조직으로 1차 세계대전 패배 이후 정규군 규모가 제한이 된 시기에 이를 우회하기 위해 만든 무장 경찰부대였다. 치안경찰은 전쟁터로 나가는 것을 피하면서 군복무를 하려는 이들이 많이 지원했는데, 2차 세계대전으로 독일의 점령지가 확대되자 이들을 점령지 관리 등의 업무에 투입했다. 그리고 그중 일부는 홀로코스트에도 동원되었다. 크리스토퍼 R. 브라우닝, 이진모 옮김, 『아주 평범한 사람들』, 책과함께, 2023, 31~35쪽.

을 집행했다. 제대로 된 전투 한번 해 본 적 없던 중년의 독일인 예비군으로 이루어진 부대, 101경찰예비대대는 7월 중순 단 하루 사이에 1500명 이상의 유대인을 살해한다. 트라프 소령은 상부에서 내려온 명령에 따라 부대를 이끌고 학살을 집행했다. 전후戰後에 이루어진 조사에서 예비대대 부대원 중 여럿이 당시 비통하게 울고 있는 트라프를 목격했다고 진술했다.

> 또 다른 경찰대원은 다음과 같이 생생하게 기억했다. "트라프가 한번은 우리 방에 있는 의자에 매우 쓸쓸하게 홀로 웅크리고 앉아 몹시 울었다. 눈물이 정말 줄줄 흘러내렸다." 또 다른 대원은 본부에서 다음과 같은 사실을 목격했다. "트라프가 흥분한 채 뛰어와서 내 앞에 갑자기 죽은 듯 멈추어 서더니 나를 유심히 쳐다보며 내게 이 작전에 동의하는지 물었다. 나는 그의 눈을 똑바로 쳐다보며 말했다. '아닙니다. 소령님!' 그러자 그는 다시 이리저리 뛰더니 어린 아이처럼 울었다.
> ─크리스토퍼 R. 브라우닝, 이진모 옮김, 『아주 평범한 사람들』, 책과함께, 2023, 106쪽.

트라프의 눈물에 대한 대대원들의 진술은 1960~1970년대에 독일 함부르크 검찰의 조사기록 속에서 발견된다. 조사는 트라프가 죽은 지 이십 년가량 지난 시점에 이루어졌다. 하지만 전쟁 이후에도 독일의 군사주의 문화는 사라지지 않았다. 트라프의 눈물은 그를 처벌로부터 보호하지도, 그의 명예를 지켜 주지도 않았다. 그럼에도 그는 비통하게 울었다. 트라프의 부대원들도 별반 다르지 않았다. 유제푸프에서 학살작전을 끝내고 돌아온 병사들은 비통하고 침울한 감정을 숨기지 않았다. 말없이 술만 마시면서 괴로운 감정을 달래거나, 그날의 일을 더는 말해서는 안 된다는 암묵적인 합의 뒤로 숨어 버리기도 했다. 그러나 그날 밤 찾아온 고통스러운 악몽을 피할 수 있던 것은 아니었다. 그 모든 행동과 감정 중 어느 것도 그들에게 면죄부를 주지 않았다. 애당초 그 모든 일은 죄가 아니었으므로. 모든 작전은 독일의 국내법과 행정부가 허가한 범위 안에서 이루어졌다. 즉 홀로코스트는 독일 국내법에서는 '면책의gerichtsfreie' 또는 '재판권이 면죄된 사법적 행위justizlose Hoheitsakte'라고도 불린 '국가적 행위'였고, 이는 당시 독일인들에게 국가의 결정은 범죄가 될 수 없다는 의미였다.[4] 국가는 그들의 잔혹한 행동에 죄를 묻지 않았다. 아니 오히려 국가를 위한 희생이라 치하했다. 그럼에도 트라프는 눈물을 흘렸다.

평범한 사람은 상상조차 하지 못할 잔혹한 일을 저지른 가해자들이 흘린 눈물을 악어의 눈물로 치부하고 나면 세상은 편리하게 나뉜다. 어떤 폭력에도 연루되지 않은 대다수 선량하고 평범한 사람과 끔찍하게 사악한 소수의 가해자로. 그러나 안타깝게도 현실은 그렇지 않다. 오히려 사회적으로 좋은 삶을 살게 하는 훌륭한 자질이 때로는 극도로 잔혹한 폭력에 동조하는 사람들을 만들 수도 있다. 반사회적인 인간의 개인적 일탈로 일어나는 범죄와 달리, 제노사이드처럼 수많은 인력과 자원이 필요한 국가폭력을 실행하기 위해서는 맡은 역할을 해낼 수 있는 잘 사회화된 사람이 필요했다. 홀로코스트를 주도했던 하인리히 힘러Heinlich Himler의 SS무장친위대는 학살을 위해 가혹한 사디스트나 싸이코패스를 필요로 하지 않았다. 그들은 오히려 그런 반사회적이고 가학적인 부대원들을 작전에서 제외하고자 노력했다.[5]

2차 세계대전이 끝난 뒤 전쟁범죄자들을 심판했던 뉘른베르크 국제전범재판에 아인자츠그루펜의 지휘관도 여럿 기소되었다. 당시 아인자츠그루펜 사건에 대한 기소를 맡았던 미국인 검사 벤자민 페렌츠Benjamin Ferencz는 '아인자츠그루펜D'[*]의 지휘관이었던 오토 올렌도르프Otto Ohlendorf를 예의 바르고 세련되며 지적인 사람이라고 기억한다. 고위급 전범에게만 집중하고 싶어 했던 상사에게 아인자츠그루펜이 학살한 이들이 100만 명이 넘는다며 설득했던, 결코 그들을 용서하지 않고 사형판결을 받아 냈던 정의로운 검사조차 올렌도르프 같은 가해자를 교양 있고 매력적인 인물로 기억한다.

조슈아 오펜하이머가 기억하는 안와르 콩고의 모습도 별

---

[*] 아인자츠그루펜(특수기동대)은 나치의 권력 순위 3위이자 SS무장친위대와 경찰조직을 장악하고 있던 하인리히 힘러가 홀로코스트를 위해 조직한 처형부대였다. 아인자츠그루펜은 A·B·C·D라는 총 4개의 그룹으로 나뉘어 있었고 SS무장친위대와 예비경찰 등으로 구성된 약 3000명 가량의 인원이었다. 이중 D그룹의 지휘관이었던 올렌도르프는 법학박사 학위가 있고 독일경제계의 촉망받은 젊은 인재였다. 아인자츠그루펜의 지휘관들 대부분이 30대 중반의 변호사, 의사 등 고학력 전문직들이었다. 올렌도르프는 젊은 시절부터 나치당에 가입했었지만 그는 충성심이 높은 사람이 아니라 지나치게 독립적인 인물로 평가받았고, 역설적으로 그의 독립성이 경제계 엘리트인 그가 위협하고 폭력적인 업무에 배정된 이유였다. 라울 힐베르크, 김학이 옮김, 『홀로코스트 유럽 유대인의 파괴 1』, 개마고원, 2009, 410~413쪽.

크리스마스를 보내는 101경찰예비대대. 출처: U.S. Holocaust Memorial Museum, Photo USHMM courtesy of Michael O'Hara, December 25, 1940.

반 다르지 않았다. 안와르는 끔찍한 이야기를 듣다가 눈물을 흘리는 조슈아를 걱정하고 위로했다.[6] 영화의 곳곳에서 발견되는 안와르 콩고의 정중하고 사려 깊은 행동은 연출된 모습이 아니다. 그는 지극히 평범한 사람처럼 보인다. 홀로코스트를 비롯한 수많은 국가폭력의 가해자들이 그랬던 것처럼 말이다.

학살의 가해자가 모두 올렌도르프처럼 교양이 있거나, 안와르 콩고처럼 예술가적인 감성을 가진 것도, 트라프처럼 심약한 성미를 가졌다는 말이 아니다. 무자비한 폭력을 즐기고 가학적 성향을 분출한 이들도 수없이 많았다. 그런 잔혹한 심성을 가진 이들의 가학성이야말로 가해자의 '진짜' 얼굴이라 여겨지기도 했다. 그러나 잔혹한 반사회적 심성을 가진 인간과 교양 있고 자상한 사회적 심성을 가진 인간은 끔찍한 폭력을 수행하는 처형인이 되었을 때 별다른 차이가 없었다. 오히려 세심하고 배려심 있는 다정한 이들이 더 손쉽게 자신의 행동을 정당화했다. 타인의 고통을 즐기는 가학성보다 타인의 고통에 눈물 흘릴 줄 아는 공감 능력이, 더 많은 이들을 폭력에 가담하도록 이끌었다는 역설이야말로 슬피 우는 자들에게서 발견할 수 있는 가장 두려운 진실이다.

완성된 영화를 함께 본 안와르와 조슈아는 늦은 밤 낡은 건물의 옥상에 올라간다. 관객들은 그곳이 어디인지 알고 있다. 영화의 초반부, 안와르가 자신의 과거 행적에 대해서 웃으며 이야기하던 장소가 그곳이기 때문이다. 안와르 콩고는 조슈아와 촬영 인력, 그리고 자신을 돕는 이들과 함께 1965년 그가 활동했던 사무실의 옥상에서 어떻게 사람을 죽이고 시체를 처리했는지 웃으며 보여 준다. 안와르는 동행 중 한 사람에게 연기를 지시하면서 어떻게 전깃줄로 피해자의 목을 졸랐는지 재연한다. 안와르와 조슈아는 그 장소에 다시 방문한다.

고문받는 이들을 연기하고 나서 그들의 고통을 느낄 수 있다고 말한 안와르는 (아마도 조슈아의 요청으로) 그곳에서 자신이 무슨 일을 했는지 다시 설명하려고 한다. 편안한 복장으로 태연하게 설명을 하던 영화의 전반부 속 모습과 달리 정장을 갖춰 입고서 무거운 분위기로 다시 옥상에 오른 안와르는 어두운 표정으로 말한다. 이곳은 자신과 동료들이 공산주의자들을 죽이던 곳이라고. 이곳에서 자신이 한 짓이 잘못된 행동임을 알고 있었지만, 그렇게 해야만 했다고 말한다. 영화 소품으로 쓰기 위해서 만들어 두었던 처형 도구를 들고서 그는 어떻게 피해자들의 목을 졸랐는지 설명하려고 한다. 하지만 갑작스럽게 기침이 이어지고, 이내 헛구역질을 하기 시작한다. 그는 고통스럽게 말을 계속 이어가려고 하지만 무언가가 그의 목에서 토해져 나오려고 한다. 영화는 고통스럽게 변명을 이어간 안와르 콩고가 느리고 힘겹게 계단을 내려가는 뒷모습으로 끝이 난다.

십여 년 전인 2014년에 나는 한국에 〈액트 오브 킬링〉이 개봉했다는 소식을 듣고서 21세기 가장 위대한 영화 중 한 편* 이라는 이 작품을 보기 위해 극장에 갔다. 대략적인 영화의 내용을 알고 극장에 들어갔지만, 예상하지 못했던 감각이 나를 괴롭혔다. 안와르 콩고라는 노인을 보며 느꼈던 구토감. 처음 이 영화를 극장에서 보았을 때, 토할 것만 같았다. 이토록 잔혹하고 끔찍하고 역겨운 인간이 있다는 충격에서 비롯된 분노도, 혐오도 아니었다. 가장 곤혹스럽고 고통스러운 감각은 다름 아닌 공감이었다. 자신의 과거를 이야기할 때 구토감을 견디며 힘겹게 변명하는 초라한 노인의 고통에 공감했다. 이해할 수 없었다. 1000명 이상을 살해한 노인, 그러고도 어떤 처벌도 받

---

* 영화 〈액트 오브 킬링〉(2012)은 1965년 인도네시아에서 발생한 공산주의자 학살 사건을 다룬 조슈아 오펜하이머 감독의 2부작 다큐멘터리 시리즈 중 첫 번째 작품이다. 가해자를 주인공으로 그가 자신이 행한 살인을 직접 재현하고 연출하도록 하게 했다는 점에서 재현의 윤리에 대한 논쟁을 가져왔다. 〈액트 오브 킬링〉은 유러피안 필름 어워드와 아시아 퍼시픽 스크린 어워드 등 수십 개 영화제에서 40여 개 부문을 수상했으며 BBC, 가디언지 등에서 21세기 최고의 영화 중 한편으로 선정하기도 했다.

지 않고 웃으며 그 좋았던 옛날을 기억하기 위해 영화를 만들 기대에 부풀었던 파렴치한 인간이 고통스러워하는 모습에 공감한다니. 처음에는 영화가 끝난 뒤에 느꼈던 구토감이 혐오인지, 공감인지 혼란스러웠다. 하지만 이후 영화를 다시 볼 때마다 그 감각은 뚜렷해졌다. 나는 안와르 콩고의 고통에 공감했다. 그리고 가해자를 향한 괴로운 공감은 또 다른 우는 남자들을 알게 될 때마다 반복되었다.

'겁쟁이 트라프' '울보 트라프'의 존재를 알게 되었을 때, 갑작스레 전쟁의 한복판에서 가장 끔찍한 임무를 맡게 된 울먹이는 남자를 알게 되었을 때도 내가 느낀 감정은 다르지 않았다. 왜 자신에게 이런 일이 생겼느냐며 울고 있었다는 트라프와 고통을 숨기지 못했던 그의 부하들, 그 아주 평범한 사람들의 이야기를 처음 읽었을 때 눈물이 계속 흘렀다. 그리고 책장을 계속 넘기다가 다시 울었다. 사람이 사람을 죽이는 일에 고통스러워하며 슬피 울던 트라프와 그의 병사들이 얼마 지나지 않아서 그 모든 과정에 능숙해졌다는 사실을 알았을 때도 명확하게 설명할 수 없는 감정들이 눈물이 되어 흘렀다. 벤지엔의 이야기도 다르지 않았다. 상상하고 싶지 않은 일들을 저지른 가해자들에게 나는 공감했다. 그들이 느낀 고통을 나도 느끼며, 그들을 연민했다. 그들에게 살해당한 이들을 연민했듯이. 어떤 마음을 품어야 했던 것일까? 나는 가해자가 자신이 행한 일의 대가를 겪기를 바란다. 하지만 한편으로 그들이 느끼는 고통과 슬픔에 공감한다. 그리고 그런 아픔이 없었기를 바라기도 한다. 그들이 우리, 아니 나와 그리 다르지 않은 인간이라는 사실을 알고 있기 때문이다. 가해자의 세계를 이해하는 일은 여기서 출발해야 한다. 그들은 우리 그리고 나와 별반 다르지 않은 평범한 인간이다. 비통하게도.

사회적 지지를 얻은 폭력

안와르 콩고는 영화를 좋아했다. 인도네시아가 네덜란드의 식민지였던 시절 중산층 가족에서 태어난 그는 독립 직후 가세가 기울자 열두 살부터 건달 생활을 한다. 변변치 않은 건달이었던 그는 극장 근처에서 암표를 팔면서 생활했다. 밑바닥 건달인 안와르 콩고에게 영화는 그가 꿈꿀 수 있는 가장 멋진 세계였다. 〈액트 오브 킬링〉에서 안와르는 그가 좋아하던 카우보이 영화 속 배우들처럼 선글라스와 카우보이 모자를 쓰며 멋을 부린다. 안와르가 웃으며 추억하는 옛 시절의 사진들에서도 그는 미국 서부극의 카우보이처럼 차려입고, 친구들과 국제 볼링대회를 나가는 등 즐거운 시절을 보냈다.

갱단이나 쿠데타 세력의 상층부가 살고 있는 화려한 저택에 비할 수 없이 남루한 집에서 살고 있지만, 그의 곁에는 다정한 가족과 노인의 과거를 존중해 주는 사람들이 함께한다. 학살을 선동했던 언론사 사장은 조슈아에게 왜 고작 안와르 콩고 같은 별 볼 일 없는 이에 대한 영화를 찍느냐며 그를 깔보지만,

젊은 동네 건달 헤르만 같은 이들이 안와르를 '프레만Freman'*의 원로라며 존경을 표한다. 〈액트 오브 킬링〉이 개봉하기 전까지만 하더라도 그는 피비린내 나는 자신의 과거로부터 자유롭게 평안한 삶을 누렸다. 〈액트 오브 킬링〉이 개봉하고 세계적인 명성을 얻게 되자 1965년의 공산주의자 학살에 대한 사회적 망각이 깨지게 되었다. 〈액트 오브 킬링〉은 안와르가 원했던 것과는 전혀 다른 방식으로 1965년을 기억하게 했다.

〈액트 오브 킬링〉 이후 안와르의 삶은 달라졌을까? 영화가 개봉한 직후 가장 놀란 이는 분명 안와르 콩고였을 것이다. 안와르는 인도네시아 언론에 조슈아가 자신에게 그의 영웅적 행보에 대해서 영화를 찍으라고 했다며, 자신은 속았다고 주장했다. 〈액트 오브 킬링〉을 찍기 위해서 조슈아가 안와르를 속였던 것인지는 서로의 입장이 엇갈린다. 조슈아는 안와르에게 개봉하지도 않을 영화를 찍게 했고, 정작 자신의 영화는 일종의 메이킹 필름처럼 촬영했다. 안와르가 연출하고 연기한 기억과 꿈의 상징을 통해 사건이 표현되는 대신, 그 사건을 연출하고 있는 안와르 콩고의 복잡한 심정이 영화에 담겨서 공개되었다. 다큐멘터리 장르에서 출연자를 속이는 촬영은 명백하게 비윤리적인 행동이지만, 제노사이드에 대한 영상에서는 이런 사례가 처음이 아니었다.

* 프레만(Preman)은 인도네시아의 폭력조직과 폭력배를 부르는 표현으로 '자유인(Free Man)'의 인도네시아식 표현이다. 인도네시아 군부는 공산주의자 학살 당시 안와르 콩고와 같은 프레만들을 다수 동원했고 이들은 여전히 인도네시아 사회에 영향을 끼치고 있다.

클로드 란츠만의 다큐멘터리인 〈쇼아〉*에는 홀로코스트 생존자뿐 아니라, 수용소 주변에 있던 마을 사람들과 독일인 가해자들까지 등장한다. 그중에는 전쟁 당시 SS친위대** 하사였던 프란츠 수호멜Franz Suchomel도 등장한다. 독일이 운영한 절멸수용소 중 하나인 트레블링카에서 학살 작전에 가담했던 그는 촬영의 대가로 300달러의 사례금과 익명 처리, 영상 미공개를 약속받았다.[7] 그러나 란츠만은 비공개 약속을 지키지 않았다. 오히려 다른 장면을 촬영할 때와는 전혀 다른 카메라를 사용하여 몰래 촬영했음을 숨기지 않는다. 인터뷰 과정에서 수호멜은 불안했는지 란츠만에게 자신의 신상을 공개하지 않을 것을 다시 요구하지만 그 대화 과정이 영화에 그대로 담겼다. 〈쇼아〉에서 피해자들의 말을 공손하게 경청하던 란츠만은 가해자를 가차 없이 몰아세우고 약속조차 지키지 않는다. 란츠만은 결코 가해자를 용서하지 않는다. 반면에 조슈아 오펜하이머

---

* 프랑스의 영화감독 클로드 란츠만이 만든 다큐멘터리 영화 〈쇼아〉는 홀로코스트를 영화적 연출 없이 피해자의 증언을 청취하는 방식으로 전개된다. 재연 없이 증언만을 청취하는 〈쇼아〉의 연출기법은 홀로코스트와 같이 상상할 수 없는 극한의 사건을 어떻게 다룰 것인가라는 질문을 던졌다. 〈액트 오브 킬링〉은 가해자에게 연출과 연기를 맡겼다는 점에서 〈쇼아〉와는 제노사이드의 재현에 대한 입장이 대척점에 있는 작품 중 하나다.

** SS무장친위대는 원래 군조직이 아니라 나치 정당의 무장조직으로 히틀러의 경호대였으나 점차 규모가 확대되어 나치 집권 이후에는 육군·해군·공군에 이어 제4의 군대로 성장했다. 무장친위대는 나치당원을 중심으로 조직된 엘리트 군인집단으로 인식되었고, 전쟁 후 독일군은 나치시대의 악행을 대부분 친위대의 잘못으로 돌리려고 했다. 하지만 국방군(구 독일군)은 친위대만큼이나 홀로코스트와 잔학행위에 깊게 개입했었다.

는 안와르와 계속 좋은 관계를 유지했다.

아돌프 아이히만 이후 가장 유명한 학살자 중 한 사람이 된 안와르 콩고는 2019년 10월 수마트라섬 북부의 한 종합병원에서 생을 마감했다. 그가 죽은 직후 안와르의 아내가 조슈아에게 사망 소식을 알렸고, 조슈아는 눈물 흘리면서 그를 애도했다.[8] 조슈아 오펜하이머는 안와르 콩고가 입원했다는 소식을 듣고서 그를 좋은 병원으로 보내 주기 위해 노력하기도 했다. 안와르 콩고는 조슈아 오펜하이머가 인도네시아의 공산주의자 학살 사건을 영화로 만들면서 만났던 수많은 가해자 중에서 가장 복잡하고 연약한 내면을 가진 사람이었고, 그래서 그 모든 끔찍한 행동에도 불구하고 그를 향해서 란츠만이 그랬듯 분노할 수 없었다.

영화가 공개된 이후에도 안와르 콩고를 혐오하지 않은 이는 더 있었다. 안와르 콩고가 사망했을 때 북수마트라 주지사 무사 라젝샤Musa Rajekshah가 그의 장례식에 참석해 애도를 표했다. 그 주지사는 안와르와 마찬가지로 '판차실라 청년회'***의 회원이었다. 〈액트 오브 킬링〉에는 라젝샤 이전에 북수마트라주의 주지사를 역임했던 삼술 아리핀Syamsul Arifin을 비롯해 인도네시아 부통령을 역임했던 유수프 칼라Yusuf Kalla 등 유력 정치인들이 등장한다. 그들은 안와르 콩고의 영화 촬영을 지원

*** 판차실라 청년회는 인도네시아 군부가 조직한 준군사조직으로 인도네시아 헌법에 수록된 국가이념인 '판차실라'를 어원으로 한 조직이다. 이들은 인도네시아 군부 쿠데타에 가담했을 뿐 아니라, 공산주의자 학살에도 동원되었으며 현재까지도 수십만 명의 회원을 거느리고 있는 거대한 조직이다.

하고 응원해 주었다. 영화가 개봉한 이후에 당선된 주지사 라젝샤가 안와르의 장례식을 찾아간 것은 여전히 인도네시아에서 학살의 가해자에 대한 사회적 지지가 강력하게 유지되고 있음을 보여 준다.

안와르 콩고는 영화를 찍기 전에도, 그리고 영화가 세계적인 논란을 불러일으킨 이후에도 계속 주변의 지지를 받았다. 안와르가 몇몇 장면에서 보인 다정하고 재치 있는 모습은 자신을 지지하는 우호적인 사회관계 속에서 살아간 이들이 보일 수 있는 여유로운 태도였다. 안와르는 그 모든 악행에도 불구하고 자신이 속한 사회의 지지를 받았다. 우리는 누구나 자신이 속한 사회에서 고립되지 않고, 이방인이나 소수자가 아니라 환영받고 존중받는 구성원이 되길 바란다. 너무나 당연하고 조금도 해로워 보이지 않는 이 열망이 때로는 잔인한 행동에 동참하는 동기가 된다.

미국의 심리학자이자 예비역 중령인 데이브 그로스먼Dave Grossmann은 군인들이 하고 싶어 하지 않는 살인과 같은 잔혹한 행위를 어떻게 할 수 있게 되는가를 연구했다. 그는 인간이 다른 인간을 살해하는 행동에 강력한 심리적 저항이 존재[9]하며 이를 행하게 되었을 때 외상 후 스트레스 장애PTSD와 같은 심각한 정신적 충격을 받을 수 있다고 보았다. 살인이라는 심각한 정신적 위기를 견딜 수 있게 해 주는 심리적 안전장치 중 사회적 지지는 중요한 요인이며, 병사에 대한 지지가 견고할 때 트라우마가 남을 가능성은 크게 줄어든다.[10] 안와르 콩고처럼 학살에 참여한 가해자들은 일반적인 군인들이 전투에서 경험하는 것과는 비교할 수 없이 잔혹한 살인과 폭력을 반복했다. 안와르 콩고 역시 살인 트라우마를 겪고 있었지만, 1000명이 넘는 이들을 살해한 사람치고는 비교적 평온한 삶을 살았다. 강력한 영향력을 가진 준군사조직인 판차실라 청년회를 비롯해 학살 이후에도 권력을 쥐고 있던 가해자 서력 덕에 안와르는 피해자나 다른 사람들로부터 비난을 받지 않았다. 그와 동료들은 오히려 국가를 위해 헌신한 이로 존경받았다. 이런 사회적 지지는 학살 과정뿐 아니라 그 이후에도 계속 이어졌다. 사회적 지지는 안와르 콩고가 그렇게나 많은 목숨을 빼앗는 시간 동안 그를 지탱해 주었다.

사회적 지지는 건강한 삶을 살 수 있도록 돕는 중요한 마음의 자원이다. 평범한 사람의 마음을 지키는 이 힘을, 권력자들은 평범한 인간을 가해자로 만드는 도구로 활용했다. 학살과 같은 끔찍한 폭력에는 반사회적인 행동이라 할 만한 여러 잔혹한 일들이 뒤따른다. 피해자의 고통을 즐기는 사디즘적인 폭력도 빈번하게 나타났다.[11] 그러나 많은 경우 가학성은 국가폭력이라는 거대한 사회적 행위에서 파생한 결과였을 뿐, 핵심적인 동기나 목표가 아니었다. 가공할 폭력을 기획한 이들이나 중요한 결정권자들이 잔혹함을 은폐하는 '완곡어법'*을 사용한 이

---

* 완곡어법은 사회적으로 금기시되는 일이나 부정적인 행동을 문제가 되지 않는 다른 단어로 말하는 우회적인 표현 방식이다. 살인이나 추방 같은 잔혹한 행위를 직접 말하는 대신 '청소', '해결', '일' 등 일반적인 상황에서 사용할 수 있는 단어들로 바꾸어 불렀다. 캄보디아의 킬링필드 당시 수용소의 간수들은 수감자를 고문하는 행동을 '일'이라고 불렀고, 홀로코스트 당시 독일인은 학살을 유대인 문제에 대한 '최종 해결'이라고 표현했다. 완곡어법처럼 폭력성을 부정하는 언어의

유는 비밀 유지를 위해서만은 아니었다. 살인은 인간에게 불편하고 불쾌한 주제였고, 수없이 많은 이들을 제거할 계획을 세우는 이들에게도 예외는 아니었다.

타협 없이 유대인에 대한 '최종 해결', 홀로코스트를 밀어붙였던 하임리히 힘러조차 (자신의 명령으로) 눈앞에서 처형당하는 유대인을 보면서 극도의 불안감을 숨기지 못했다. 그뿐 아니라 공개 석상에서 조준 미숙으로 유대인을 즉사시키지 못한 병사들에게 (자신이 살해하라고 명령한) 그들을 고통스럽게 하지 말라고 고함을 지르기까지 했다.[12] 광범위한 사회적 자원을 동원해서 잔혹한 행동을 기획한 가해자는 사이코패스처럼 공감 능력이 없는 자가 아니라, 타인의 고통을 공감할 수 있는 이들이 훨씬 많았다. 그리고 그 능력은 폭력을 정당화하는 데도 매우 유용했다.

⟨액트 오브 킬링⟩의 후속작 ⟨침묵의 시선⟩*에서도 비슷한 이야기가 나온다. 조슈아 오펜하이머가 인터뷰했던 또 다른 가해자 중 한 사람은 자신과 동료들이 살해한 이들의 피를 마셨

사용은 사건이 가진 의미를 새롭게 규정함으로써 이를 정당화할 수 있는 이데올로기와 쉽게 결합할 수 있게 한다. 스탠리 코언, 조효제 옮김, 『잔인한 국가 외면하는 대중』, 창비, 2009, 195~200쪽.

* ⟨침묵의 시선⟩은 2014년에 발표된 다큐멘터리 영화로 ⟨액트 오브 킬링⟩처럼 인도네시아 공산주의자 학살 사건을 다룬 작품이다. 가해자였던 안와르 콩고를 주인공으로 한 ⟨액트 오브 킬링⟩과 달리 ⟨침묵의 시선⟩은 공산주의자 학살 당시 가족을 잃은 피해자 '아디'와 함께 가해자들과 만나는 과정을 다루고 촬영한 작품이다. ⟨침묵의 시선⟩ 속 아디는 ⟨액트 오브 킬링⟩에 등장하는 안와르 콩고의 동료였던 프레만 아디와는 동명이인이다.

다고 고백한다. 피를 마시는 행동은 가학적 행위가 아니라, 피해자의 유령으로부터 자신을 보호하려는 주술적 이유였다. 안와르 콩고뿐 아니라, 다른 가해자들도 살인의 정신적 고통으로부터 자신과 동료들을 보호하려고 했다.

안와르 콩고가 영화를 촬영한다고 하자 그를 돕기 위해 달려온 이들 중에는 외국에서 먼 길을 찾아온 이도 있었다. 안와르의 '극장 프레만' 동료였던 아디 줄카드리Adi Zulkadry는 성공한 사업가지만, 학살 당시에는 고문과 처형 같은 더러운 업무를 맡은 하급 갱단원이었다. 안와르를 별 볼 일 없는 여러 처형인 중 하나쯤으로 여기는 고위층 가해자들과 달리, 아디는 그를 친구로서 진심으로 걱정한다. 오랜만에 만나 함께 낚시를 간 그들은 서로의 안부를 묻는다. 안와르는 아디에게 자신이 꾸는 악몽 속에서 피해자의 유령이 자신을 괴롭힌다며 정신적 고통을 호소한다. 아디는 아주 걱정스러운 얼굴로 다정하게 그의 고민을 들어 주고 병원 치료를 권하며 그를 안심시키려고 노력한다. 아디는 죽은 자의 유령을 두려워할 필요가 없다고 말한다.

귀신이 자꾸 나타나는 건 마음이 약해져서 그런 거야. 우리가 죽인 사람들은 패배자야. 몸이 있을 때도 패배했는데 이젠 혼 밖에 없잖아? 훨씬 더 약해졌지. 그런데 어떻게 괴롭혀? 그래도 죄책감이 들면 방어를 못 하는 거야.

영화에 등장하는 가해자 중 아디는 교양 있고 국제적 감각이 있는 사업가다. 그는 자신들의 행동이 외국인들에게 어떻게 보일지를 분명히 알고 있다. 그는 카메라 앞에서 만약 자신이 피해자였다면 어땠을지, 그들이 겪었을 고난과 화해의 필요성에 대해서 역설하면서 자신을 양심 있는 인간으로 연출할 줄 안다. 그러나 친구의 문제가 될 때, 그의 태도는 바뀐다. 그는 피해자들을 평가절하하고, 죄책감을 느끼지 않는 정당화의 방법을 알려 주기까지 한다. 아디는 다른 사람의 고통에 공감할 줄 아는 인간이다. 단지 아디가 생각하는 다른 사람이라는 범위 안에 피해자가 포함되어 있지 않았을 뿐이다.

친구의 고통에는 공감하고 배려할 줄 알지만, 피해자에게 가차 없는 모습은 아디뿐 아니라 다른 가해자들에게서도 공통적으로 발견된다. 101경찰예비대대에서 유대인 학살에 적극적인 병사들은 그리 많지 않았다. 처형에 동참하지 않으려는 병사들의 수가 전체 병력 20퍼센트에 달했는데,[13] 유대인에 대한 파괴가 국가적 목표로 공유되었던 독일사회의 분위기를 생각한다면 이는 상당히 많은 숫자였다. 그러나 다르게 말하면, 전체 병사의 80퍼센트가 트라우마적 경험을 감내하면서까지 수만 명을 학살하는 데 가담했다. 당시 독일에서는 개개인이 학살 관련 임무를 거부하고 다른 업무를 배정받기 원한다고 해도 불이익이 따르지는 않았다. 경력상에 불이익이 종종 따라왔고, 극단적인 경우에나 약간의 처벌이나 최전방 같은 위험한 공간에 배치될 뿐이었으며 대부분의 경우 어떤 처벌도 없었다.[14] 그럼에도 불구하고 많은 병사가 그 일을 맡았다. 그 이유는 동료들에 대한 헌신이었다. 만약 자신이 그런 고통스러운 일을 외면한다면, 결국 다른 동료들에게 더 많은 일이 돌아갈 것이었

다. 그들은 궂은일을 동료에게 미루는 '이기적인' 행동을 하지 않으려고 했다.[15]

가해자들은 피해자의 생명보다 동료의 곤경이 더 중요한 일이라고 느꼈다. 이를 잘 보여 주는 사례가 행정가들 사이에서 있었다. 홀로코스트를 실행한 행정 관료들은 새롭게 모집된 인원이 아니라, 기존 행정부서의 일원에게 학살을 위한 여러 업무가 분배되는 방식이었다. 드물지만 그런 업무에 반발하는 사람도 있었다. 내무부의 행정공무원이었던 뢰제너Erwin Rösener는 유대인 학살 소식에 충격을 받고는 자신의 상관인 내무부차관 슈투카르트Wilhelm Stuckart에게 항의했다. 자신은 그런 일을 할 수 없다며, 그 업무를 피하기 위해서 부서 이동을 요청했다. 그는 드물게 이런 일에 항의를 한 사람이었다. 그러나 그의 동료들은 그와 관심이 달랐다. 한 번도 본 적 없는 서류 위의 유대인이 아닌, 매일 얼굴을 마주하는 동료의 곤란을 생각했다. 그래서 누군가는 뢰제너에게 이미 괴로운 일을 맡고 있는 슈투카르트를 더 이상 괴롭히지 말라고 조언하기까지 한다. 문제를 일으킨 것은 슈투카르트가 아니라 뢰제너였다. 홀로코스트 문제로 서로를 비판하지 않는다는 내부의 합의를 그가 어겼기 때문이다.[16] 가해자는 동료의 괴로움을 걱정했고 무고한 자의 삶과 죽음보다 그가 받을 스트레스를 더 중요한 것으로 여겼다.

사회적 지지와 동료에 대한 공감과 연민은 좋은 인간관계를 맺는 데 필요한 자질이다. 그러나 '우리' 사이의 좋은 관계가 곧 '저들'을 향한 선함으로 이어지지는 않는다. 가해자의 문제를 설명할 때 이는 꼭 짚어야만 하는 부분이다. 타인에 대한 공감과 연민과 같은 긍정적인 정서와 태도가 모든 사람을 향하지는 않는다. 인간은 같은 세계를 살아가는 다른 인간에게 도덕적 의무를 지지만, 생활 반경의 바깥에 있는 이들에게까지 그렇게 하지는 않는다.

제노사이드 문제를 연구했던 사회학자 헬런 페인Helen Fein은 이를 '도덕적 의무의 세계'라고 불렀는데, 이는 폭력을 가할 대상과 그렇지 않을 대상을 나누는 중요한 심리적 기제였다.[17] 경계의 바깥이라는 말은 중의적이다. '우리'가 아닌 다른 집단을 의미할 수 있지만 때로는 그들을 '인간'에서조차 벗어난 존재, 인간 이하의 무언가로 여길 수도 있다. 이는 한 사람에 대한 경멸스러운 시선을 넘어 집단 전체에 대한 경계이기도 하다.[18] 국가폭력이 행해질 때 그러한 비인간화를 유도하는 시도가 반복되지만, 이러한 선전을 평범한 이들이 완전히 내면화하는 것은 아니다. 그러나 그들이 도덕적 의무를 짊어져야 할 '우리'에 속하지 않거나 심지어 무게의 추가 '우리' 쪽으로 약간 더 기우는 것만으로도 타인을 위하는 마음이 가공할 폭력의 도구로 바뀔 수 있다. 끔찍한 가해자를 만드는 방법은 부도덕한 인간으로 타락하게 만드는 것이 아니라, 목적에 맞춰서 도덕을 수단으로 활용할 기술이었다.

배려심 깊은 나치 군인들

안와르 콩고의 영화 도전기가 유명해지자 인도네시아 국영방송은 그를 게스트로 초청한다. 그가 출연한 방송에서는 외부인이 이해할 수 없는 언어가 반복해서 등장한다. 안와르 콩고와 판차실라 청년회의 갱들은 자신들이 자행한 폭력에 대해서 별다른 자기 검열 없이 상세하고 적나라하게 털어놓는다. 살인에 대한 설명은 관객들에게 더는 낯설거나 충격적이지 않다. 오히려 기이하게 보이는 것은 안와르 콩고를 대하는 방송국의 태도다. 국영방송 TV 쇼의 진행자는 안와르 콩고에게 갱 영화에서 살인 방법을 배우셨던 것이냐고 질문한다. 안와르 콩고가 그렇다고 답하자, 진행자는 그가 대단한 일을 해냈다며 치켜세운다.

> 당신과 동료들이 공산당원들을 숙청하는 새롭고 효율적인 방법을 개발한 거군요. 더 인도적이고 덜 가학적이면서 지나친 폭력성을 피하는 방법을요. 어쨌든 그들을 완전히 몰살하셨죠.

재미를 위해 폭력을 전시하는 갱스터 영화 속 살인 방식을 '더 인도적이고 덜 가학적'인 방법이었다고 진행자는 웃으며 말한다. 방청석을 판차실라 청년회 회원들로 가득 채운 이 쇼는 안와르 콩고가 받는 사회적 지지를 분명하게 보여 준다. 그리고 그 사회에서는 재판도 없이 100만에 달하는 사람들을 몰살시키는 일이 대단한 성과라 말한다. 외부인들은 학살극을 대단한 위엄으로, 잔혹함을 인도적인 행동으로 전환하는 정당화를 이해할 수 없다. 그러나 외부인이 진정 이해하지 못한 것은 그들의 부도덕함이 아니다. 그 사회는 부도덕함이 만연한 것이 아니라 도덕이 뒤집혀 있다.

TV 쇼의 진행자가 안와르 콩고의 헌신에 감사를 표하는 장면에 뒤이어 방송국 제작진들의 대화가 영화에 담긴다. 안와르 콩고가 그렇게나 많은 사람을 죽이고도 미치지 않았다는 사실에 의아해하는 그들의 대화가 말이다. 국영방송사가 진행하는 공적인 대담에서 학살은 국가를 위한 헌신이지만, 방송의 뒤편에서 이루어지는 사적인 대화 속에서는 끔찍한 행동일 뿐이다. 안와르 콩고가 자행한 학살의 부도덕함을 말하는 이들은 공적인 대화에 참여하지 않는다. 그들은 보이지 않는 은밀한 곳에서만 이야기한다. 그를 보며 끔찍하다고 느끼는 방송국 제작진들은 그의 영웅담을 촬영하고 방송으로 내보낸다. 그들이 사는 사회의 규범에서 공산주의자 학살은 정당한 일인 데 반해 이를 끔찍한 것으로 보는 시선은 비밀스럽게 속삭여야 하는 잘못된 행동이다. 학살을 통해 적대적 세력(그리고 그렇게 보인 이들)을 제거한 사회는 그 파괴를 정당한 일로 기억하려고 한다. 끔찍한 폭력의 잔혹성은 부도덕함을 보여 주는 근거가 아니라, 오히려 사회를 정화하려는 그 도덕적 과업이 가진 무게를 증명할 뿐이다. 그렇게 도덕은 다시 쓰인다.

하인리히 힘러는 제노사이드의 고위층 가해자 중 아주 드물게도 학살 현장을 직접 시찰한다. 힘러는 자신이 명령한 학살을 보면서도 극도로 불안해한다. 힘러만 그런 고통을 느낀 것은 아니었다. 시찰에 동행했던 힘러의 부관, 바흐-첼레프스키Bach-Zelewski는 학살이 병사들에게 끔찍한 정신적 고통을 주고 있다면서 힘러를 몰아세운다. 아이히만의 상급자이기도 했던 바흐-첼레프스키 자신도 홀로코스트의 과정에서 겪은 정신적 고통으로 인해 전쟁 중에 정신병원에 입원하기도 했다. 힘러도 이런 문제를 명확하게 알고 있었다. 사람을 죽이는 일은 끔찍한 일이다. 그러나 뒤이은 힘러의 연설에서 살인의 끔찍함이 가진 의미는 반전된다.

그는 병사들이 가진 도덕률에 호소한다. 그들이 행하고 있는 일은 역겨운 일이지만, 동시에 군인으로서 짊어져야 하는 의무이며 민족을 보호하기 위한 과업이 된다. 유대인 역시 자기 삶을 살아가려고 하겠으나 "빈대와 생쥐에게도 삶의 목적이 있"다고 해서 "인간이 해충에 저항하여 자신을 보호하면 안 된다는 것은 아"니라고 역설한다.[19] 힘러는 끔찍한 학살을 위험한 '해충'*으로부터 민족을 보호하기 위한 도덕적인 권리를 실행하는 일로 탈바꿈시킨다.[20] 이제 학살에 참여하는 일은 독일

---

* 피해자를 비난하는 언어에서 벌레와 같이 다른 생물종으로 비유하는 경우는 빈번하게 나타난다. 해충의 삶의 목적을 인간이 이해할 필요가 있느냐는 힘러의 말은 인간의 문화에서 공통적으로 발견되는 생물 사이의 위계적인 가치판단을 피해자와 가해자 사이의 관계에도 적용한 것이다. 철학자 데이비드 리빙스턴은 인간보다 동물을 낮게 보고, 동물 중에서도 인간에 가까운 포유류와 다른 종들을 가치 없는 것으로 보는 자연에 대한 시각, '존재의 대사슬'이 피해자를 인간 이하의 존재로 격하할 때 중요한 수단이라고 주장했다. 데이비드 리빙스턴 스미스, 김재경·장영재 옮김, 『인간 이하』, 웨일북스, 2022, 68~71쪽.

인의 도덕적 의무를 다하는 것이며 이에 반대하는 자는 오히려 부도덕한 인간이 되어 버린다.

〈액트 오브 킬링〉에서 안와르 콩고는 자신이 살인을 해야만 했다고 말한다. 영화의 마지막 장면들에서 그 일이 나쁜 일임을 알고 있었다고 고백하면서도, 그의 양심이 그렇게 해야만 한다는 사실을 알려 주었다고 강변한다. 헛구역질을 견디며 그가 힘겹게 꺼낸 말에는 도덕이 역전된 세계가 담겨 있다. 죽어야 할 자들을 살해하는 일이야말로 힘든 일을 견디면서 양심이 이끄는 대로 따라간 행동이 되었다. 폭력을 정당화하는 양심, 뒤집힌 도덕은 안와르 콩고의 자기변명을 넘어서 사회적 통제의 또 다른 형태다. 개인이 한 사회의 도덕과 규범을 학습해 가는 과정인 '사회화'는 '만인에 대한 만인의 투쟁' 상태의 폭력적인 인간을 온순하게 길들이는 방법으로 여겨져 왔다. 그러나 지그문트 바우만Zygmunr Bauman은 홀로코스트와 같은 제노사이드의 발생 과정을 살피면서 사회화와 폭력을 대척점에 두는 인식이 현대적인 신화에 불과할 뿐이라고 비판한다.

사회화는 분명 폭력적인 행동을 하지 않도록 인간에게 도덕을 교육할 수 있다. 그러나 사회화는 "도덕화 기능에 더해 또는 심지어 그것에 반해—도덕을 침묵시키는 힘으로 작용할 수 있"[21]다. 국가 권력은 새로운 사회에 대한 청사진을 사회 위에 그대로 투영할 수 있었다. 그리고 새로운 사회의 도덕률이 무엇인지 결정하는 권한 역시 가질 수 있다. 나치가 열등한 인종을 제거하는 것을 독일사회의 새로운 도덕적 과제로 세울 수 있었던 것처럼 말이다.

악한 행동, 사회규범을 준수하지 않는 일탈 행위는 시대와 문화, 지역에 따라 다르게 정의되었다. 사회화는 한 인간을 그 사회의 규범을 내면화한 구성원으로 만드는 과정이다. 그런데 문제는 제노사이드와 같은 사회적 폭력들은 사회화를 통해 획득하는 도덕을 다른 목적으로 전용할 수 있다는 것이다. 부도덕한 행위는 선험적으로 주어진 기준이 아니라 사회규범과 그 기준에 대한 저항으로 판가름할 수 있다. 이는 곧 홀로코스트와 같은 폭력이 일어나는 사회에서는 피해자를 구하려는 인도적 목표가 "사회적으로 지지받는 원칙들에 대한 불복종으로, 그리고 사회연대 및 사회합의를 공개적으로 부정하는 행동으로 자신을 드러"내야 한다는 의미다.[22] 오랜 시간 사회규범으로 받아들여졌던 행동들도 마찬가지다. 폭력을 가하는 새로운 사회에서 기존의 도덕과 규범은 오히려 반사회적인 행동으로 낙인찍힐 수 있다.

권력은 사회를 새롭게 만들려 한다. 20세기에 많은 권력은 사회와 세계를 자신들의 목적에 따라 조립하고 변형하려고 했다. 그러나 권력이 인간을 완벽하게 장악할 수는 없었다. 폭력을 정당화하는 도덕규범을 세우는 시도가 항상 성공하는 것은 아니다. 도덕규범을 완전히 바꾸려면 몇 세대 이상의 시간이 필요하며, 대규모 폭력이 그렇게 오래 유지되는 일은 아주 드물다. 그래서 대부분의 경우 폭력의 사회화가 계획한 대로 이루어지지 않았다. 하지만 완전히 실패하는 일 역시 드물었다.

모든 것을 처음부터 새롭게 만들어 낼 필요 없이 사람들을 폭력에 동참하게 하는 기존의 자원들이 충분했기 때문이다. 안와르 콩고는 공산주의자(이거나 혐의를 받은 사람)가 나쁜 사람들이라고 말한다. 그들이 신을 믿지 않을 뿐* 아니라, 잔혹하고 성적으로 문란하고 폭력적인 이들이었다고 비난한다. 안와르 콩고에게 트라우마를 남긴 공산주의자 심문 과정을 연기할 때도 이러한 비난을 반복한다. 공산주의자에 대한 적개심은 완전히 새로운 기준이 아니라, 그들이 전통적인 사회규범을 따르지 않는 부도덕한 인간이라고 낙인찍는 방식으로 만들어진다.

평범한 이들을 폭력에 동참하도록 만드는 장치에는 새로운 사회규범만큼이나 전통적인 기성의 사회규범들이 활용된다. 트라프 소령이 이끌었던 101경찰예비대대는 나치의 세계관으로 세뇌된 이들이 아니었다. 오히려 정반대였다. 대대원 대부분은 (나치와 대립했던 사민당이나 공산당 같은) 노동자 정당의 세력이 강했던 함부르크 출신의 중년 노동계급** 남성들이었다. 이들은 나치식 교육을 거의 받지 않았는데, 나치가 권력을 잡았던 1930년대 초에는 대부분 이미 성인이었기 때문이다. 그들은 독일에서 가장 반나치적인 지역에서 전통적인 독일

---

* 세계 최대의 이슬람 국가인 인도네시아는 이슬람교 이외에도 다양한 종교들이 공존하는 사회이지만, 종교를 가지지 않는 이들에 대해서는 부정적으로 인식한다. 인도네시아 헌법에 명시된 인도네시아 민족주의 이념인 '판차실라'는 다섯 가지 원칙으로 구성되어 있는데, '일신교 신앙'(이슬람으로 한정되지 않는다)이 민주주의와 함께 그 다섯 가지 원칙 중 하나로 포함된다. 그래서 신을 믿지 않는다는 말은 인도네시아에서는 사회규범에서 벗어난 부도덕함을 의미할 수 있다.

** 독일의 노동계급은 독일 사회에서 나치의 이데올로기적 개입에 가장 격렬하게 저항했던 집단 중 하나였다. 데틀레프 포이케르트, 김학이 옮김, 『나치시대의 일상사』, 개마고원, 2003, 147쪽.

식 교육을 받고 자랐을 뿐 아니라, 경찰예비대대에 들어온 동기도 후방 업무를 맡아서 참전을 피하려는 목적이었다.[23] 그들을 이끈 대대장 트라프는 오래된 나치당원인 '구투사'***였으나, 그의 정신적 동요가 보여 주듯 사람을 죽일 만큼 투철한 신념을 가진 이는 아니었다. 『아주 평범한 사람들』을 쓴 역사학자 크리스토퍼 R. 브라우닝Christopher R. Browning의 표현처럼 101경찰예비대대는 나치 고위층조차 정신적으로 힘겨워했던 홀로코스트 같은 잔혹한 일을 하기에는 전혀 적합한 이들이 아니었다. 하지만 그들은 얼마 지나지 않아 그 일을 아주 능숙하게 해낸다. 그들은 SS무장친위대 같은 나치의 신념으로 무장한 엘리트 군인들에 비견될 살인의 전문가로 탈바꿈한다. 극단적인 신념 없이 기존의 사회규범만으로 그런 일이 가능했다.

대대원들은 학살을 끔찍한 일이라고 생각했다. 그리고 그 일이 참혹하기 때문에 그만두지 못했다. 자신이 하지 않는다면 동료에게 끔찍한 일을 떠넘길 것이라는 책임감과 동료 집단에 대한 헌신이 그들을 살인자로 만들었다. 헌신은 사회 구성원으로서 가질 수 있는 좋은 자질이지만, 도덕이 뒤집힌 세상에서는 가해자가 되도록 만든다. 책임감과 헌신은 동료 사이에서뿐 아니라, 직업윤리나 소속된 집단을 향해서도 작동할 수 있었다. SS무장친위대 장교였던 아돌프 아이히만Adolf Einchmann은

*** 구투사는 1933년 히틀러가 집권하기 전부터 나치당원이었던 이들을 부르는 말이다. 나치당원 대부분은 히틀러가 정권을 차지한 이후 당원 신분이 출세에 유리할 것이라고 여겨서 가입한 이들이었고, 그런 이들과 기존 당원을 구분하기 위해 구투사라는 표현이 쓰였다.

유대인 이송 업무를 담당하던 홀로코스트의 실무자였다. 칠레에 숨어 살고 있던 그는 이스라엘 정보기관 모사드에게 붙잡혀와 1960년 예루살렘에서 국제전범재판을 받게 된다.

한나 아렌트Hannah Arendt의 『예루살렘의 아이히만』이라는 책으로 가장 유명한 가해자 중 한 사람이 된 아이히만은 잔혹함의 대명사보다는 전형적인 독일 군인답게 행동한 사람이었다. 이스라엘 정부는 국제사회에 유대인 국가가 나치 전범을 단죄하는 모습을 연출하고자 했고, 그래서 아이히만이 얼마나 사악한 인물인지 확인하려 했다. 그러나 결과는 전혀 다르게 나타났다. 아이히만을 검사했던 정신과의사 여섯 명 모두가 그의 정신을 정상이라 진단했고, 그중 한 사람은 그가 의사인 자신보다 더 정상이라고 탄식했다는 유명한 일화[24]가 말하듯 그의 악행은 사악한 동기에서 행해진 것이 아니었다. 명령받은 임무를 수행하려는 평범하고 성실한 관료적인 태도가 그를 제노사이드에 참여하도록 했다.

법정에 선 아이히만은 자신이 군인으로서 명령에 복종해야만 했다고 주장한다. 통일 이전 프로이센 시절부터 군사주의적 전통이 강했던 독일사회에서 군인의 직업윤리는 중요한 사회적 규범 중 하나였다. 군인은 명령권자에 대한 충성을 요구받는다. 그리고 합법적인 과정으로 권력을 가지게 된 정권의 정당성을 의심할 수 없다. 아이히만은 자신의 행동을 군인의 직업윤리를 통해서만 판단했다. 그는 자기 손으로 누구도 죽인 적이 없음을 강변했지만, 동시에 그런 명령이 내려왔다면 이를 따랐을 것이라고 순순히 시인했다.[25] 자신이 살인자가 아니라고 주장하면서도 한편으로 (명령만 있었다면) 적극적으로 살인을 했으리라고 주장하는 그의 모습은 모순적으로 보인다. 그러나 아이히만에게는 어떤 모순도 없었다. 그가 따르던 도덕은 오직 군인의 직업윤리였고, 이는 자신이 얼마나 명령을 잘 수행하느냐가 그의 도덕적 판단의 유일한 기준임을 의미했다.

직접 살해를 명령받지 않았으므로 그는 살인하지 않지만, 동시에 명령을 받았다면 해야만 했을 일이다. 그게 그가 짊어져야 할 책임이었다. 아이히만만이 그랬던 것은 아니다. 나치 이데올로기에 충실하지 않던 수많은 독일 군인은 전쟁이라는 특수한 상황에서 군인이라는 자신의 임무를 따르려고 했다. 이들은 군대가 요구하는 규범과 명령에 따랐고, 그렇게 나치 이데올로기의 영향 없이도 그들은 학살에 가담할 수 있었다.[26]

〈액트 오브 킬링〉의 초반부에서 안와르 콩고가 태연하게 과거의 살인을 재현할 때 그는 전선을 묶은 짧은 각목을 들고 있다. 안와르는 처음에는 사람을 몽둥이로 구타해서 살해했으나 피를 처리하기가 어려워서 목을 조르는 방법을 고안했다고 자랑스럽게 설명한다. 1000명이 넘는 사람을 살해한 이에게 피가 무슨 대수인가 싶겠지만, 옥상에 고인 피 웅덩이에서 풍기는 피비린내는 인간의 후각을 괴롭힌다. 안와르 콩고의 조잡한 살인 도구는 그가 맡은 '업무'의 부담을 줄이는 기술적 혁신이었다. 기술적 혁신, 합리적이고 효율적인 수단을 찾으려는 노력은 사건을 바라보는 초점을 옮기게 한다. 자신이 '옳은 일을 하고 있느냐'고 질문하는 대신에 '일을 잘하고 있느냐'로 넘어가게 한다. 도구의 혁신은 행동의 정당성이 아니라 작업의 효율성이 판단의 기준이 되었음을 상징적으로 보여 준다.

힘러와 같은 나치 상층부는 학살에 참여한 병사들의 트라우마에 대응해야 했다. 그리고 기술적 혁신은 이 문제를 해결할 좋은 방법이었다. 눈앞에 보이는 죽음은 인간을 고통스럽게 한다. 그러므로 죽음을 보이지 않게 한다. 어떻게? 처음에 병사들이 직접 사살을 맡았지만, 다른 이들과 역할을 나누었다. 폴란드 경찰이나 우크라이나 민병대 등 외국인들에게 처형을 맡겼다. 독일 병사들은 유대인을 감시하고 그들을 처형 장소로 보내기만 한다. 그래도 너무 가까웠다. 1930년대 정신질환자와 장애인 안락사*에 사용했던 이동식 가스차 기술을 활용했다. 내부 공간이 분리되어 있는 가스차에 유대인들을 가두고 가스를 넣었다. 가스차에 의해 죽은 이만 70만 명에 달했다. 하지만 운전석과 화물칸이 너무 가까웠다. 게다가 짐칸에 남은 시신을 독일인들이 처리해야 했다. 그래서 이번에는 공장을 건설했다. 트레블링카, 아우슈비츠 같이 죽음의 전 과정을 감당할 수 있는 절멸수용소를 말이다. 수용소에는 가스실과 화장장이 설치되었고, 이 과정의 많은 부분을 '존더 코만도'** 같은 유대인 작

---

* 나치가 독일의 장애인과 정신병 환자 등에 대해 자행한 강압적인 안락사 정책, T4 프로그램으로 전쟁 전부터 수만 명이 사망했고 이동식 가스차처럼 이 프로그램에 활용된 기술은 이후 홀로코스트를 실행하는 데 활용되었다. T4 프로그램뿐 아니라, 정치범을 대상으로 운영했던 수용소 등 유대인이 아닌 다른 독일 내 소수자와 정적들에 대한 탄압은 이후 홀로코스트에 필요한 기술과 경험을 제공했다.

** 아우슈비츠 같은 수용소에 수감된 유대인 노동자 중 학살 작업에 동원된 이들을 '존더 코만도'라고 불렀다. 이들은 다른 노동자들에 비해서 식량 배급 등에서 조금 더 좋은 대우를 받았지만, 비밀 유지를 위해서 주기적으로 살해당했다. 학살

업자들에게 맡겼다. 인사관리부터 경영학, 기계공학, 화학과 경제학 등 수많은 전문적 지식과 기술이 트라우마를 해결하기 위해 투입되었다. 그리고 기술적 수단은 사람이 사람을 죽인다는 끔찍한 목표에 대해 어떤 의문도 제기하지 않게 한다.

 기술적 혁신은 도덕을 다시 쓰는 것만큼이나 도덕의 초점을 바꾸는 일이 폭력의 수단이 될 수 있음을 보여 준다. 홀로코스트의 과정에서 나타난 기술적 혁신은 극도로 잔혹한 폭력의 본질을 조금도 바꾸지 않았다. 오히려 기술적 혁신과 함께 더욱 끔찍한 방식으로 발전해 갔을 뿐이다. 총을 든 병사들 대신 유대인의 노동력으로 돌아가는 가스실로 바꾸었다. 이러한 조치가 병사들의 트라우마를 일정 수준 줄일 수 있었다. 그들의 손에 묻는 피를 줄였고, 비명으로부터 그들을 멀리 떨어뜨려 놓을 수 있었다. 그래서 역설적으로 평범한 이들을 살인자로 만들기 더욱 쉬워졌다. 살인은 분업을 통해 아주 작은 일로 쪼개졌다. 이전처럼 죽여야 할 사람의 눈을 바라볼 필요가 없었다. 아니, 피해자의 얼굴을 볼 수 있는 이는 소수에 불과했다. 피해자들은 공문서 위에 적혀 있는 숫자에 불과했다. 정서적 충격을 완화하는 기술적 혁신은 은밀한 비밀조직이 아니라 공개된 사무실에서 공무원들의 노력으로 더욱 진전되었다. 한 사람의 손에 묻는 피는 줄였지만, 더 많은 이들이 공범이 되었

수용소 이전에도 존더 코만도들은 있었는데, 처형부대인 아인자츠그루펜 등이 존더 코만도를 동원하기도 했다. 티모시 스나이더, 함규진 옮김, 『피에 젖은 땅』, 글항아리, 2021, 369쪽. 다만 존더 코만도나 수용소 노동자가 모두 유대인이었던 것은 아니다. 폴란드인, 러시아인 수감자들도 많았고 그들 역시 대다수가 살해당했다.

다. 합리적 이성을 통해 사악한 가해자 한 사람 대신, 수백만의 성실하고 정직한 시민들이 가해의 전 과정에 동참했다. 그들은 알고 있었지만, 모르고 싶어 했다. 그리고 모르고 싶어 했기에 진실을 모를 수 있었다.

나만큼은 선하다는 믿음

〈액트 오브 킬링〉에 등장하는 가해자 대부분은 자신이 저지른 일로부터 도망치려고 한다. 자랑스럽게 과거의 일을 이야기했으나 한편으로 그 순간을 떠올리지 않기 위해서 거짓말이나 자기정당화에 매달린다. 조슈아 오펜하이머가 만났던 가해자 중 가장 솔직한 인물이었던 안와르 콩고는 옛 사무실 옥상에서 살인을 웃으며 재현하면서도, 이 일을 잊어버리기 위해서 했던 노력(심지어 그를 쫓는 피해자의 유령을 피하기 위해 퇴마의식을 했다는 사실까지)을 함께 이야기한다. 다른 가해자들도 이미 다 지난 일이라며 자신들의 행동을 사소한 일로 축소하려고 한다. 과거를 홍보하기 위해 영화를 만들면서 이미 지난 이야기에 대해서는 말하지 않아야 한다는 말을 반복한다는 사실은 기이하게 보인다. 이 모순적인 태도가 극적으로 등장하는 순간은 영화 촬영을 돕던 한 남성이 그들에게 도움이 될지도 모른다며 다른 이야기를 꺼낼 때다. 안와르는 영화의 리얼리티가 중요하기 때문에 그에게 이야기해 보라고 권한다.

그는 공산주의자 학살 당시 살해당한 한 중국인과 그의 가족에 대해서 이야기한다. 어떻게 살해당했고 남겨진 이들은 어떻게 살았는지. 사실 그때 죽은 사람이 자신의 새아버지였음을 고백하면서. 그는 안와르와 다른 가해자들의 눈치를 살피며 옛 잘못을 따지자는 것이 아니고 당신들을 원망하는 것도 아니라며 안심시킨다. 예상치 못한 이야기에 안와르는 갑작스레 태도를 바꾼다. 그는 영화적 완성도를 위해서는 너무 많은 이야기를 담을 수 없다면서, 그의 이야기가 영화에 나올 수 없다고 말한다. 안와르는 자신의 과거를 연출하고 싶었지만, 자신이 기억하고 싶은 방식이 아닌 형태로는 보여 주지 않으려고 한다. 그 사건의 의미가 무엇인지 결정하는 이는 가해자여야만 한다. 그래야만 자신이 나쁜 사람이 아니라는 믿음을 지킬 수 있다.

안와르는 자신의 과거를 연출한다. 안와르는 자신이 연출한 과거는 인내할 수 있지만, 타인의 시선은 견딜 수 없다. 안와르처럼 가해자들은 자신이 저지른 일의 의미를 스스로 쓰길 원한다. 몇 가지 사회적 각본을 통해서 그 잔혹한 일들은 트라우마를 남기지 않는, 죄의식을 가질 필요가 없는 기억으로 가공될 수 있다. 가해를 정당화하는 각본 중 하나는 전쟁이라는 특수한 상황이다. 국가폭력의 가해자 중 상당수는 반사회적 인간이 아니라 반대로 사회적 역할을 제대로 할 줄 아는 이들이었다. 담당 검사조차 매력적이고 예의 바른 인물이라고 느꼈던 아인자츠그루펜의 지휘관들(그중에는 오페라 가수도 있었다)은 전쟁 상황이 아니었다면 대부분 그런 참혹한 행동을 하지 않았을 것이다. 하지만 전쟁은 일상과 다른 사회규범을 제시했다.

일상에서 따르던 규범과 그 규범을 이해하는 맥락이 전쟁터에서는 전혀 달라진다. 전쟁과 군인의 세계에 들어오게 되면 받게 될 역할과 요구받는 의무가 새롭게 변화한다. 이런 새로운 사회적 상황에서는 이전에는 할 수 없던 일을 해내거나 전과는 다른 방식으로 세상을 바라보게 된다. 평소라면 누구도 해할 수 없던 사람에게 전쟁이라는 새로운 사회적 상황은 사람을 죽이길 요구하고, 그 방법을 훈련시킨다. 전쟁의 각본 위에서 평범한 사람은 전혀 다른 배역을 받게 된다. 그래서 군인들은 전쟁에서 돌아올 때 사회의 바깥에서 자신들이 행한 일을 정화하는 의례적 과정을 거쳐야 한다. 귀환하기 전에 보내는 몇 주간의 휴가나 휴식의 시간들 말이다. 이런 충분한 적응의 시간이 없으면 정신적 위기가 뒤따른다.[27] 전쟁이라는 새로운 사회적 각본이 세워질 때 그들은 일상생활에서 유지했던 도덕을 군사적 목표로 대체할 수 있다. 인종주의나 반공주의, 전체주의 같은 이데올로기의 힘보다는 이런 사회적 각본의 변경이 훨씬 강력한 힘을 발휘했다.[28] 물론 모든 군대가 학살 같은 잔혹 행위를 하지는 않는다. 하지만 군대라는 조직문화의 특성이나 문화는 극단적 폭력을 행하라는 명령에 더 쉽게 복종하게 할 수 있다. 폭력을 막는 안전장치가 약화되고, 가해자는 책임과 죄의식으로부터 한 걸음 더 멀어질 수 있다.

전쟁은 평화로운 일상으로부터 동떨어져 보이지만, 전쟁에 대비하는 군대라는 조직은 그보단 훨씬 친숙하다. 이 친숙함은 군대의 이미지가 아니라 원리다. 프랑스의 철학자 푸코

Michel Foucault는 근대국가가 국민을 관리하는 지식을 습득하고 시험하는 중요한 기관 중 하나로 군대를 뽑았다. 군사 훈련과 통제를 위한 체계는 인간의 신체를 국가 권력이 통제하는 지식을 획득하고 실험해 볼 수 있는 공간이었다.[29] 근대의 조직 원리는 일상의 기관들과 다르지 않다. 군대의 조직 문화 중 관료제는 공무원 사회부터 기업까지 대부분의 조직이 활용하고 있다.

관료제는 한국이나 중국 등 아시아 지역 전근대사회에서 거대한 규모로 운영되었지만, 이것이 전 사회 기관의 조직 원리로 확대된 것은 산업자본주의가 등장한 이후 현대사회에서 나타난 현상이었다.[30] 그리고 관료제는 군대가 그러했듯 행동의 판단 기준을 바꾸어 버린다. 관료제 조직은 행동이 올바른가 아닌가에 대한 질문을 품게 하는 대신, 자신에게 맡겨진 임무를 얼마나 잘 수행해 냈는가를 중심으로 판단하게 한다. 업무의 수행성, 즉 업무 기술의 성과는 그 자체로 도덕적인 것이다. 이는 한편 그 행동의 옳고 그름에 대한 판단을 할 때 도덕적 의미를 생각하지 않게 한다. 이러한 특징을 지그문트 바우만은 '기술의 도덕화'와 '기술적 문제들의 도덕적 의미 부정'이라는 관료제의 이중 업적이라고 불렀다.[31]

군사주의 문화나 관료제는 평범한 인간이 도덕적 판단을 내리지 않도록 만들 수 있다. 이 사실이 중요한 이유는 현대사회를 구성하는 이 제도적인 틀과 문화가 특정한 정치적 입장이나 이념에 한정되어 있지 않다는 사실이다. 대규모 폭력이 일어나는 방식은 비슷하지만, 그 폭력을 정당화하는 이념과 정치적 목적은 매번 다르다. 하지만 제도와 문화라는 이 사회적 형식은 수많은 폭력을 담을 수 있는 그릇이 될 수 있다. 왜 평범한 이들이 홀로코스트 같은 끔찍한 사건에 동참했는지 연구한 심리학자 스탠리 밀그램Stanley Milgram은 평범한 미국인들을 대상으로 난생처음 만난 권위자의 명령만으로도 사람을 고문할 수 있는지 실험했다. 1960년대 진행된 그의 유명한 '복종실험'에서 범죄경력이나 극단적인 사상을 가지지 않은 평범한 미국인 65퍼센트가 다른 실험 참가자를 죽일 수 있는 (한국의 가정용 전압인 220볼트의 두 배가 넘는) 450볼트의 전기 충격을 가했고, 모든 실험 참가자가 치명적인 고통을 가하는 수준인 300볼트를 넘겼다.[32] 실험 전에 진행한 설문조사에서 그렇게까지 가혹한 행동을 할 수 있다고 답한 미국인은 1~2퍼센트에 불과했고, 정신과의사 같은 전문가들 역시 반사회적 인격을 갖춘 1퍼센트 내외의 극소수나 그런 행동을 할 것이라고 예측했다.[33] 그러나 거대한 폭력이 사악한 생각에서 비롯될 것이라는 믿음은 깨졌다.

합법적인 권위, 믿을 만한 권위자의 명령을 따라야 한다는 사회적 책임감만으로도 대부분의 평범한 사람이 다른 이를 죽일 수 있는 행동에 나섰다. 나치의 신념을 따르지 않던 평범한 이들의 80퍼센트가 직무와 동료에 대한 책임감으로 수만 명을 죽이는 데 동참했던 것처럼 말이다.

우리가 사회의 정상적인 작동 방식이라고 여겼던 제도와 문화가 실은 인간을 폭력에 극도로 취약하게 만들었다. 이는 "민주사회의 특성이 악의적인 권위자의 지시에 따른 잔인하고 비인간적인 대우에서 시민들을 보호할 수 없다는 가능성"[34]을 보여 준다. 사회적인 인간을 거대한 폭력으로 동원하게 만드는 장치들은 실상 가해자의 세계와 우리의 사회 사이를 연결해 주는 다리인 셈이다. 자신의 전문성을 학살의 기술로 고도화하도록 이끌었던 독일의 조직 경영 기술이 전후戰後 경영학 기술로 확산되었다는 사실[35]은 이 다리가 여전히 견고하게 유지되고 있음을 보여 준다.

암표나 파는 삼류 폭력배였던 안와르 콩고는 관료제도, 군 조직에도 속하지 않았다. 그는 그런 집단에 속한 이들이 자신의 손에 피를 묻히지 않기 위해 사용했던 외주 작업자 정도에 불과했다. 서류 작업을 맡았던 살인자들, 아이히만과 같은 이들은 안와르 콩고 같은 자들로부터 거리를 둔다. 그들은 자신의 손으로 누구도 죽이지 않을 수 있었다. 그래서 자신은 전혀 몰랐다고 말할 수도 있다. 안와르가 영화를 촬영하고 있을 때 동행한 이 중에는 1965년에 기자였던 이도 있었다. 그는 조슈아에게 안와르와 아디 같은 프레만이 사람을 어떻게 죽이는지 자신은 알지 못했다고 말한다. 그런데 갑자기 아디가 그에게 질문을 한다. 정말 자신들이 했던 일을 몰랐느냐고 말이다. 안와르와 아디가 사람을 죽이던 곳은 다름 아닌 그 기자가 일했던 언론사 건물이었다. 프레만들이 언론사 사장이 지정한 이들을 살해했기 때문이다. 기자는 황급하게 자신은 몰랐다며, 프레만이 얼마나 유능했으면 자신 같은 사람도 모르게 일을 했다며 얼버무린다.

안와르 콩고 같은 프레만은 처형인이었지만 누굴 죽이고 누굴 공격해야 할지 결정하지 않았다. 결정할 수 있는 권한을 가진 사람들은 살인 현장에 없었다. 고작 한 층 위였을 뿐이지만, 그들은 그곳에 가지 않았다. 피를 묻히는 일을 타인에게 넘길 수 있다면, 살인의 책임은 온전히 자신에게 돌아오지 않는다. 더욱이 자신 역시 받은 명령을 처리하는 중간 관리자라면, 결정도 실행도 타인의 책임으로 돌릴 수 있었다. 관료제 조직에서 중간관리자들은 내려진 명령의 정당성을 질문하지 않는다. 그들에게 중요한 것은 명령하는 자에게 권위가 있느냐는 사실이다. 아이히만 같은 이들은 (독일 국내에서는) 합법인 명령을 따라야 했다고 주장한다. 그러나 이 시기 독일의 법제도는 형해화되고 있었다. 법률을 대체하는 시행령과 조직의 권한들에 의해 대부분의 일이 이루어졌다.[36] 안와르 콩고는 군부 쿠데타 세력의 명령대로 움직였다.

제주 4.3 당시에는 계엄법조차 없는 상태에서 계엄이 선포되고 폭력을 자행했다.[37] 권위의 합법성은 중요하지 않았다. 그저 권위가 선포되고, 도전받지 않는다는 명시적 사실만으로도 복종은 이루어졌다.[38] 그들은 의문을 품지 않았다. 나 대신 책임을 지고, 명령을 내릴 권위자가 있었으므로. 권위자가 도전받지 않거나 권위를 확신할 수 있게 하는 장치와 언어만으로도 모든 것은 그저 실적과 성과의 문제로 바뀔 수 있었다.

권력, 권위는 책임으로부터 실무를 맡은 가해자들을 자유롭게 해 준다. 트라프는 동요하는 병사들 앞에서 외쳤다. 모든 책임은 상급자들에게 있다. 우리는 그저 명령을 따를 뿐이다. 정식 명령 체계에 속하지도 못한 말단인 안와르 콩고는 그저 높으신 분들의 말을 따를 뿐이다. 그런 말단의 가해자와 달리 중간 관리자에게는 또 다른 특권이 있었다. 그들은 폭력의 결과를 볼 필요가 없었다. 그저 서류 작업을 하는 것만으로도 충분했고, 이를 통해 자신의 마음을 보호할 수단들을 확보했다. 그 수단 중 하나는 분업화의 과정에 필수적인 전문성이다. 전문성을 가진 권위자의 판단에 중간 관리직은 개입할 수 없다.

아이히만 재판에서 아이히만의 변호사는 가스를 사용한 살인과 같은 '의학적 문제'에 대한 책임을 피고인이 질 수 없다고 주장한다. 판사는 변호사가 착각한 것이 아닌지 의아해하며 다시 물었지만 그는 완고하게 홀로코스트가 의학적 문제라고 주장한다. 학살 과정을 준비한 것은 의사들이었고, 그런 점에서 "살인 역시 의학적 문제"[39]였기 때문이다. 홀로코스트는 안락사 프로그램의 기술만이 아니라 살 가치 없는 생명에게 죽음을 처방할 수 있다는 당대 독일 의학의 아이디어 역시 받아들였다.[40] 의학과 같은 과학적 전문 영역은 아이히만이 책임을 회피할 수 있는 방패였고, 밀그램의 실험에서는 폭력에 가담하게 하는 권위였다.

또 다른 기술은 원격화, 폭력과의 물리적이고 심리적인 거리였다. 눈에 보이지 않는 일 그리고 공감할 필요가 없는 이들, 심리적으로 멀리 있는 이들의 고통에는 쉽게 무덤덤해진다. '거리두기'는 업무를 나누는 관료제의 절차나, 원격으로 작동하는 기계적 장치들을 통해 가능했다. 기계의 사용은 물리적 거리뿐 아니라 심리적 거리를 두기에도 유용하다. 무엇보다 중요한 것은 자신이 받게 될 업무 평가와 동료 사이의 평판이다. 다르게 말하면 가해자는 자신의 행동에 무관심할 수 있었다.

폭력의 규모를 생각한다면 이들이 가담한 일에 무관심할 수 있다는 사실이 이해가 가지 않는다. 그러나 (심리적으로나 물리적으로나) 먼 곳에서 행해지는 일은 흐릿하게 보이며, 흐릿하게 보이는 존재는 아주 추상적이거나 단편적인 정보로 남을 수 있었다. 관료제 안에서 정보는 목적에 따라 가공될 수 있었다. 인간의 죽음이 아닌 숫자와 비용으로 말이다. 하지만 또 다른 방식도 있었다. 모호하고 구체적이지 않은 앎 말이다.

안와르 콩고의 일을 알지 못했다는 기자는 정말 몰랐을까? 무슨 일이 벌어지는지 그는 알았을 것이다. 구체적으로 알지는 못했을 수도 있다. 그가 더는 알고 싶어 하지 않았기 때문이다. 수많은 이들이 죽었다는 사실을 완전히 숨길 수는 없다. 그러나 중요하지 않은 정보로 만들 수는 있다. 알고 싶지 않은 끔찍한 사실을, 그것도 '우리'가 저지르고 있다는 사실을 확인하고 싶어 하는 이는 많지 않다. 피해자가 보이지 않게 되자 폭력은 모호하고 확인되지 않은 소문과 정보로 남게 된다. 그리고 확인되지 않은 사실에 대한 책임은 미미할 뿐이었다.

괴벨스 같은 이는 이를 잘 알고 있었다. 그는 유대인에 대한 독일인의 분노와 혐오를 불러일으키려 했으나, 차별과 폭력을 모호하게 알고 묵인하는 태도가 훨씬 효율적이라는 사실을 깨달았다. 은밀하지만 파편적으로 홀로코스트를 알고 있던 대다수 독일인에게 괴벨스는 암묵적인 합의를 끌어내려고 했다. 무엇인지 대략적으로는 알고 있으나 다수가 이에 찬성하고 있다는 사회적 분위기를 조성해서 의문을 던지지 못하게 하는 '침묵의 나선'이 그들 사이의 공모관계를 묵인하게 했다.[41] 이

언 커쇼Iam Kershaw는 "아우슈비츠로 가는 길은 증오로 건설되었지만 무관심으로 포장되었다"[42]라고 말했다. 죽음으로 가는 도로는 평범한 이들이 포장하고 관리했다. 아주 원활하게.

안와르 콩고는 중간 관리자가 아니었다. 그의 눈앞에서 끔찍한 일들이 매일 일어났다. 아니 그가 끔찍한 일을 매일 저질렀다. 그는 분업화된 폭력의 밑바닥이었고, 그의 손에서는 피가 마르지 않았다. 누군가는 미쳤지만, 안와르 콩고는 귀신들에게 쫓기면서도 자신의 삶을 이어 갔다. 마지막 안전장치가 죄의식으로부터 그를 지켰다. 스스로 선하다고 믿는 마음 말이다. 안와르 콩고를 눈물 흘리게 한 것은 피해자의 역할을 맡았을 때 느낀 공포와 고통이 아니다. 자신이 정말 잘못한 것이었느냐는 불안한 의문이었다. 그가 저지른 일들의 끔찍함을 생각한다면 도저히 공감할 수 없는 불안이다. 그러나 안와르 콩고에게는 진정 중요한 문제였다. 자신이 선한 사람임을 확인할 수 없다면, 죄의식으로 도망칠 수 있는 수많은 수단을 잃어버리고 그는 끔찍한 괴물로 남겨질 뿐이기 때문이다. 안와르는 기억의 연출이라는 영화적 장치를 활용한다.

안와르가 만든 영화에는 그가 꾸었던 악몽의 한 장면이 등장한다. 토막 난 시체로 널브러진 안와르를 기이한 존재가 괴롭힌다. 안와르는 헤르만에게 이처럼 고통받은 자신의 모습을 통해 관객에게 왜 그런 일을 했는지 설득할 수 있을 것이라 말한다. 하지만 헤르만은 의아해한다. 이 악몽은 그가 살인을 한 이후에 등장하는데 어떻게 이게 원인일 수 있느냐고 말이다. 안와르 콩고는 시간을 거스르는 타임터널 같은 영화적 설정을 이야기하며 인과의 역전을 수습하려고 한다. 그가 만든 영화의 마지막 장면은 천국처럼 보이는 공간에서 안와르 콩고와 그가 살해한 피해자들이 함께 춤을 춘다. 피해자는 자신의 목에 묶여 있던 전깃줄을 풀고 안와르 콩고의 목에 금메달을 걸어 준다. 안와르 콩고가 자신을 살해해서 천국에 보내 주었다고 감사를 표하면서.

안와르 콩고가 만든 영화 속에서 그는 선한 사람이다. 인과관계가 뒤집힌 영화 속의 시간은 그를 가해자가 아닌 악몽의 피해자로 만든다. 그가 저지른 끔찍한 일들은 그가 겪은 고통에 대한 반격으로 다시 쓰인다. 그리고 그 '정당한' 방어는 좋은 결과도 가져왔다. '나쁜' 공산주의자(그들이 정말 공산주의자였는지, 그리고 당시 공산당이 합법정당이었다는 사실도 중요하지 않다)를 천국으로 보내 주었기 때문이다. 사람을 살해하던 끔찍한 전깃줄은 그래서 그에게 명예를 부여하는 금메달로 바뀐다.

선과 악의 끔찍한 역전이야말로 안와르 콩고의 피비린내 나는 과거로부터 그의 정신을 지킬 수 있던 마지막 수단이다. 안와르 콩고는 자신이 선했다고 믿는다. 그리고 그 믿음을 지키기 위해서 시간의 인과도, 피해와 가해의 위치도 모두 바꾼다. 하지만 조슈아 오펜하이머가 그에게 맡긴 피해자 역할을 할 때 이 믿음은 흔들린다. 힘겨웠던 과거를 말하는 피해자의 말을 끊을 수는 있지만, 그들의 위치에서 생각하고 경험했던 감정을 막을 수는 없다. 결코 알기를 원치 않던 진실 말이다.

안와르 콩고의 기괴한 영화는 수많은 가해자의 삶과 정신 속에서 반복된다. 101경찰예비대대 병사들도 각자 나름의 선행을 찾으려고 했다. 어른보다는 아이의 총살을 맡는 걸 선호한 병사도 있었다. 끔찍한 전쟁 중에 부모를 잃은 아이들이 겪을 고통을 죽음을 통해 '구제'해 줄 수 있다고, 이미 정해진 죽음에서 고통을 덜어줄 뿐이라 합리화할 수 있었기 때문이다.[43] 안와르 콩고처럼 그는 죽음을 선행으로 여기려 했다. 한편 진짜 선행을 한 이들도 있었다. 중일전쟁에 참전했던 한 일본군 병사는 전쟁 중의 일을 떠올릴 때 자신이 한 조선인 여인이 고향으로 돌아갈 수 있도록 많은 여비를 주었던 일을 강조했다. 그 작은 선행이 수많은 중국인을 살해한 그가 실은 선한 사람이었다는 증거이기 때문이다.[44] 밀그램의 실험에 참여한 이들에게도 같은 반응이 발견되었다. 왜 그런 일을 했느냐는 질문에 변명할 때 참가자들은 자신의 선한 행적이나, 마음 한편에서는 주저했던 사실을 반복해서 이야기한다. 자신은 선하다는 믿음을 지킨 이들은 오히려 더 가혹한 폭력의 단계들에 동참한다. 그들은 잔혹한 행동을 자신의 인격과 분리하여 스스로의 품격을 지켰다.[45]

　　안와르 콩고가 만든 영화의 마지막 장면에서 그는 피해자를 연기하는 배우들과 눈을 마주치지 못한다. 그가 살해한 이들이 (영화 속에서) 안와르 콩고를 용서하는 순간임에도 말이다. 그는 두려운 것에서 눈을 돌리듯 자신이 연출한 과거의 시선을 피한다. 자신의 과거를 긍정하려던 안와르 콩고의 연출은 그때 완전히 실패했던 것인지 모른다. 자신의 과거를 정당화하려던 안와르 콩고의 입을 헛구역질이 닥아 버렸듯, 받아들일 수 없는 사실이 그를 괴롭힌다. 안와르 콩고는 자신이 믿어 온 기억의 경계를 의도치 않게 넘어 버렸다. 공감하지 않아야 했던 이들, 무시했어야 하는 이들의 감정을 알게 되었다. 가해자가 속해 왔던 사회, (권력자에 의해 재구성된 것이라 하더라도) 그가 믿었던 신념과 도덕에 의문을 품는 순간 같은 방식으로 과거를 정당화할 수 없다.

아이히만 사건은 '악의 평범성'이라는 말이 널리 퍼진 계기였다. 끔찍한 가해자가 실은 평범한 인간일 뿐이라는 사실, 오히려 평범한 이들이 다른 사회적 조건 속에서는 끔찍한 가해자 될 수 있다는 경고로 알려졌다. 그런데 '악의 평범성 Banality of Evil'을 한국어로 번역할 때 '악의 진부함'이라 표현하는 것이 더 정확하다. 아렌트는 아이히만 같은 이가 가해자가 된 것이 자신에게 주어진 사회적 권위에 대해 의문을 제기하지 않는 생각의 부재, '사유 없음' 때문이라고 말한다. 이미 알고 있고 믿고 있는 사실에 대해 의문을 품지 않는 그 진부함 말이다. 자신이 알고 있던 사실과 믿음이 시험받는 상황에서도 질문하지 않는 태도가 그를 복종하게 만들었다.

의심하지 않고 생각하지 않는 진부함으로부터 우리는 어떻게 벗어날 수 있을까? 안와르 콩고의 영화는 그를 의도치 않게 진부한 믿음으로부터 벗어나게 했다. 안와르 콩고는 '우리'가 아니었던 '그들'의 자리에 선다. 그가 서 있던 자리가 바뀌고, 더는 같은 방식으로 과거를 돌아볼 수 없다. 〈액트 오브 킬링〉의 감독 조슈아 오펜하이머는 안와르 콩고의 죽음을 접하고 자신이 느낀 슬픔을 이야기한다. 조슈아 오펜하이머는 안와르 콩고가 "얼마나 끔찍한 삶을 살았는지, 얼마나 끔찍한 선택을 했는지, 얼마나 많은 가족을 파괴했는지, 그리고 어떻게 죄책감이 그를 파멸시켰는지 알고 있"지만 그의 죽음에 눈물 흘린다. 그 눈물은 용서도, 이해도 아니다. 안와르 콩고가 "좋은 사람이 될 수 있었기 때문에 울"[46]음이 터져 나왔다고 말한다. 안와르 콩고는 그런 삶을 살지 않을 수 있었다. 그럼에도 그런 삶을 살았다.

이제야 안와르 콩고의 고통에 공감할 수 있었던 이유를 설명할 수 있겠다. 그도, 우리도 다른 삶을 살 수 있다. 끔찍한 일을 하지 않을 수도 있었다. 하지만 변화는 개인의 선택에 의한 것이 아니다. 명령을 거부하는 일은 권위와 우리 사이의 관계를 재구성하는 일이다.[47] 안와르 콩고가 사회적 지지를 받으며 끔찍한 행동을 할 수 있었다면, 그런 행동을 막는 역할도 사회적 뒷받침이 있어야 한다. 그가 조슈아 같은 이를 더 일찍 만날 수 있었다면 달라졌을까? 안와르가 주저하게 할 수도 있었겠지만, 더 많은 이들이 학살에 참여하길 요구했다면 그는 반복했을 것이다. 타자에 대한 폭력이 사회적 기준이 될 때 개인이 이를 벗어나기란 쉽지 않다. 폭력은 사회를 바꾸고 새롭게 설계하는 방식으로도 나타날 수 있기 때문이다. 극단적인 파괴처럼 보이는 제노사이드조차도 그랬다. 파괴가 아니라 새로운 설계를 위한 사회공학이었다.

2장   지극히 현대적인 제노사이드

오시비엥침의 시체 공장

인구 4만 명에 불과한 폴란드의 작은 도시, 오시비엥침 Oświęcim은 잘 알려지지 않은 곳이다. 폴란드 최남단인 마워폴스카주에 속한 오시비엥침은 주도인 크라쿠프시에서도 남쪽으로 50킬로미터가량 떨어져 있는 변방의 소도시다. 그러나 한때는 매년 수십만 명의 사람들이 이곳으로 향했다. 1942년 한 해에만 17만 5000명이 오시비엥침으로 이동[1]했고, 1944년까지 그 도시에 도착한 이들은 100만에 달했다. 그러나 이 시기 공식적으로 오시비엥침의 인구는 1~2만 명에 불과했다. 1942년에서 1944년 사이 그곳을 향한 100만 명 중 90퍼센트 이상이 그 지역을 떠나지 않았음에도 말이다. 이 이상한 도시 오시비엥침은 폴란드 땅이지만, 다른 나라의 언어로 더 잘 알려져 있다. 오시비엥침의 독일식 발음, 아우슈비츠Auschwitz로 말이다. 그곳은 홀로코스트의 상징이자 역사상 최대 규모의 학살수용소였던, 아우슈비츠-비르케나우Auschwitz-Birkenau 수용소가 있었던 도시다. 1944년까지 오시비엥침에 도착한 이들은 바로 그 죽음의 수용소로 보내진 100만 명이었다. 수용소가 폐쇄되던 때인 1945년 1월 그곳에 살아남은 수감자는 6만 7012명에 불과했다.[2] 90만에서 100만에 달하는 이들이 그곳에서 살해당했다.

'아우슈비츠수용소'라는 하나의 이름으로 기억되지만, 2차 세계대전 중에는 세 개의 수용소로 구분되었다. 아우슈비츠 I은 '아우슈비츠수용소', 아우슈비츠 II은 '비르케나우수용소', 아우슈비츠 III은 '모노비츠수용소'였는데 폐쇄 직전에 수용소 I과 II가 합쳐져 '아우슈비츠-비르케나우'라는 이름이 되었다. 아우슈비츠수용소는 나치가 유대인과 집시, 폴란드인 등에 자행한 제노사이드(집단 학살)인 홀로코스트를 상징하는 공간이다. 아우슈비츠가 최대 규모의 학살수용소였다는 이유도 있지만, 홀로코스트를 고발한 생존자 중 다수가 이곳의 수감자였기 때문이다. 홀로코스트를 대표하는 이탈리아의 작가 프리모 레비Primo Revi를 비롯해 『죽음의 수용소』를 쓴 정신과 의사 빅터 프랭클Viktor Frankl, 노벨문학상을 수상한 헝가리 작가 케르테스 임레Kertész Imre도 아우슈비츠에서 살아남았다. 이들이 증언하기와 글쓰기를 통해 고발한 아우슈비츠의 참혹한 광경은 소설과 수기뿐 아니라, 영화와 드라마를 통해서도 널리 알려졌다. 〈쇼아〉〈인생은 아름다워〉〈사울의 아들〉처럼 홀로코스트 영화 상당수가 아우슈비츠를 배경으로 한다. 여러 영화를 통해 알려진 아우슈비츠의 풍경은 유럽 각지에서 강제 이송한 유대인들이 기차에서 내려지고 샤워실로 위장된 가스실에 들어가는 죽음의 행렬이었다.

　독일의 정교한 행정 시스템에 의해서 작동하는 이 죽음의 공정은 공장의 컨베이어 벨트 작업 환경처럼 효율적인 분업 체계를 갖추고 있었다. 이 죽음의 공장에서 가장 참혹하고 더러운 일은 가해자가 아니라 같은 유대인, '존더 토만도'라고 불리는 이들에게 맡겨졌다. 전쟁 중에도 정확하게 운영되는 열차가 공장에 원료를 공급하듯 유럽 전역의 유대인 수백만 명을 아우슈비츠와 다른 수용소들로 이송했다. 가스실에서 사용된 독가스인 '치클론B'는 원래 목제 살충제였고, 가구공장에 납품하는 절차 그대로 수용소에 판매되었다. 귀금속과 옷가지와 금이빨, 머리카락까지 돈이 될 수 있는 모든 것을 희생자로부터 갈취했다. 아우슈비츠는 전후戰後 어느 독일 여성이 가장 끔찍한 광기로 느꼈다는 "규정을 따르고 물자를 절약하는 (독일인의—인용자) 정신"[3]에 의해 지배되고 있었다. 합리적이고 경제적인 행정을 가능하게 하는 이성적 능력으로 광기 어린 폭력을 뒷받침하는 곳이 바로 "시체를 생산"[4]하는 죽음의 공장, 아우슈비츠였다. 이처럼 산업화된 학살이라는 풍경은 홀로코스트가 20세기의 다른 제노사이드들과 구별되는 근거로 여겨졌다.

　아우슈비츠수용소는 죽음의 공장이었다. 그러나 수용소가 세워진 오시비엥침은 하나의 도시였다. 도시에 살고 있던 주민들의 삶도 수용소 건설로 인해 무너졌다. 인구 다수를 차지하던 유대인들이 수감되었고, 수용소 옆에 건설된 산업 단지를 관리하기 위해서 8000명에 달하는 독일인이 이주해 왔다. 수용소가 건설된 이후 오시비엥침은 전혀 다른 도시가 되었다.

아우슈비츠-비르케나우수용소에 도착한 유대인들이 선별되고 있다.
출처: Yad Vashem Photo Archives

하지만 아우슈비츠수용소가 오시비엥침이라는 도시 속에 존재했다는 사실을 기억해야 한다. 아우슈비츠라는 이름은 익숙해도 오시비엥침이란 이름이 낯설게 들리는 것처럼, 홀로코스트를 알고 있는 사람들 중 대다수는 수용소라는 공간을 모든 세상과 분리된 소름 끼치는 곳으로 여긴다. 너무나 당연한 사실이지만 아우슈비츠수용소 주변에는 마을들이 존재했다. 수용소는 지옥처럼 인간의 세상과는 분리된 공간에 있지 않았다. 수용소 바깥의 독일군 거주지를 배경으로 하는 영화 〈존 오브 인터레스트〉*처럼 이제야 오시비엥침의 풍경을 주목하는 사례가 나타나고 있다. 하지만 대다수 절멸수용소나 학살 장소가 단절된 세상이 아니라 마을과 마을 사이에 있었다는 사실을 자주 잊는다. 사라진 오시비엥침의 풍경은 아우슈비츠를 둘러싼 신화의 한 단면을 보여 준다. 수용소에서 일했던 수감자 중 일부는 바깥 사람들과 만났다. 프리모 레비가 『이것이 인간인가』에서 말한, 냄새나고 쇠약해진 수감자를 멸시하던 여성 사무원 같은 독일인이 많았다. 하지만 인근 마을에서 거주하던 폴란드 주민들뿐 아니라 나치에 저항하던 레지스탕스도 있었다. 아우슈비츠를 둘러싼 마을의 존재를 기억할 때, 수용소의 풍경은 다르게 보이기 시작한다. 죽음의 수용소는 삶의 한가운데에 있었고, 바로 그렇기에 나치만이 아니라 다른 이들도 그곳에 개입할 수 있었다. 수용소의 모든 것이 나치의 뜻대로만 통제되는 게 아니었다. 아우슈비츠 옆 마을들은 수감자의 고통을 나누지는 못했지만, 밀수와 밀거래로 저항에 필요한 자원을 제공한 중요한 창구였다. 그 저항이 비록 실패했다고 해도, 수용소에서 끝내 인간의 의지가 사라지지 않았다는 작은 증거를 남겼다. 이 저항의 증거를 어떻게 기억하느냐에 따라서 수용소, 그리고 제노사이드라는 가공할 비극에 대한 인식이 달라진다.

    아우슈비츠를 둘러싼 또 다른 신화는 합리성이다. 아우슈

---

* 〈존 오브 인터레스트〉는 유대계 영국인 영화감독 조너단 글래이저의 2023년 작 장편영화로 아우슈비츠수용소의 소장이었던 독일군인 루돌프 회스와 그의 가족이 수용소 바로 옆에 목가적인 저택에서 평화롭게 살면서 학살수용소를 운영하는 일상을 비판적으로 그린 영화다.

비츠는 홀로코스트의 역사에서 가장 정밀하게 설계된 죽음의 공정이었다. 그러나 이 공정의 합리성은 비합리적인 집착에서 비롯되었다. 전 유럽에서 유대인을 제거하겠다는 광기는 너무나 비합리적이었다. 비합리성은 그 잘못된 목표뿐 아니라, 극단적인 집착에서 더욱 두드러진다. 절멸수용소, 죽음의 공장은 목적과 수단이 뒤집힌 공간이다. 막대한 자원이 쓰인 이 공장은 국가의 모든 자원이 바닥나던 때 건설되었다. 수용소가 건설되던 때 동부전선에서는 소련의 반격으로 독일군이 무너지고 있었다. 독일의 패전이 다가오고 있었고 병력과 노동력, 모든 자원이 부족했다. 그러나 아우슈비츠의 가스실과 소각장은 계속 늘어났다.

홀로코스트를 상징하는 이 방대한 시설은 그 자체가 거대한 역설이다. 패전에 직면했던 나치 국가의 역량은 한계에 다다랐다. 그럼에도 거대한 살인 공장을 가동하기 위해 막대한 자원을 계속 투입했다. 전선으로 병력과 물자를 보내야 할 열차는 유대인과 집시, 폴란드인, 러시아인 포로 등 수백만 명을 수송하기 위해서 투입되었다. 독일의 권력 기관인 재무부와 군부가 한목소리를 내어 경제적 이유에서라도 학살을 잠시 연기하자고 주장하기도 했다. 수용소에 투입되는 노동력과 자원이 문제가 아니었다. 동유럽의 독일 점령지 산업을 지탱하는 숙련 노동자와 기술자, 경영인의 대다수가 유대인이었다. 이들의 죽음은 곧 점령지 산업의 붕괴를 의미했다. 약탈과 강제 노동이 이루어졌으나 산업 기반을 유지할 수 있는지는 고려하지 않았다.[5] 홀로코스트의 가해자들은 자원이 다 바닥나고 패배가 가까워질수록 종말이 나치 제국보다 유대인에게 먼저 도착하길 기원했다.

유럽 대륙 전체에서 유대인이라는 집단을 제거하려는 작전은 거대한 목표였다. 그리고 이 거대한 작전에 필요한 것은 대륙을 지배할 강력한 제국이었으므로 제국이 무너진다면 유럽의 유대인을 절멸한다는 나치의 목표는 불가능한 일이 된다. 그러나 제국을 지켜야 했던 자원은 홀로코스트를 위해 낭비되었다. 국가가 위기에 처한 시점에 오히려 더 가혹하게 폭력에 매달렸던 홀로코스트의 역설은 제노사이드의 역사에서 자주 발견된다. 20세기의 첫 현대적 제노사이드인 오스만 제국의 아르메니아인 학살[6]은 1차 세계대전으로 제국이 무너지고 있을 때 자행되었다. 전쟁 전에도 아르메니아인들과 비튀르크계 민족에 대한 탄압은 있었으나 세계대전 중에 가장 가혹한 공격이 가해졌다.

한국전쟁기에 자행된 학살 사건도 마찬가지다. 서울을 포기하고 후퇴하던 중 감옥에 정치범으로 수감된 이들에 대한 학살이 자행되었다. 낙동강 전선을 힘겹게 방어하면서 정부의 영향력이 경남 일대로 한정되었던 시기에 국민보도연맹원*에 대한 학살이 가장 강도 높게 이루어졌다. 인민군에 밀려나던 한국군과 경찰이 자행한 학살은 전선의 후퇴를 따라서 계속 남하

---

* '국민보도연맹 사건'은 한국 현대사 최대 규모의 학살사건으로 한국 정부가 사상전향을 위해서 만든 관변단체인 '국민보도연맹'의 연맹원과 그들의 가족을 한국전쟁이 발발한 직후 적과 협력할 수 있다는 이유를 들어서 불법적으로 학살한 사건이다. 이 사건으로 최대 30만이 사망한 것으로 추정되기도 한다. 한성훈, 『가면권력』, 후마니타스, 2014, 292쪽.

했다. 그래서 역설적으로 인민군이 남하하지도 못했던 낙동강 이남에서 가장 많은 사람이 죽었다.[7] 단 한 명의 병사가 절박했지만, 전선보다 후방에서 더 많은 사람이 죽고 있었다.

    20세기에는 제노사이드로 인해 두 차례의 세계대전만큼이나 많은 사람이 희생되었다.[8] 제노사이드의 가해자는 국가나 그에 준하는 강력한 세력이었는데, 이 폭력에는 그만큼 막대한 인력과 자원이 필요했다. 하지만 제노사이드는 이미 그 국가가 한계에 직면했거나 위태로운 시기에 시작되거나 더욱 가혹해졌다. 목적과 수단이 뒤바뀐 홀로코스트의 역설은 제노사이드의 맹목성에 대해서도 질문하게 만든다. 대체 제노사이드는 가해자에게 무엇이었는가? 전혀 관련이 없어 보이지만, 제노사이드의 맹목성을 이해하기 위해서는 아우슈비츠라는 수용소의 존재 때문에 잊은, 도시와 마을의 존재를 생각해야만 한다.

공동체라는 톱니바퀴

    제노사이드Genocide라는 단어는 2차 세계대전이 끝나가던 1944년에 출간된 라파엘 렘킨의 『유럽 점령지에서의 추축국 통치』에서 처음 등장한다. 렘킨은 나치가 유대인과 집시, 다른 소수자에게 가한 학살인 홀로코스트가 일반적인 전쟁의 과정과는 근본적으로 다른 행위라고 주장했다. 렘킨에 따르면 적과의 싸움에서 승리하기 위한 전쟁과 달리, 제노사이드는 특정한 집단이 더는 존속될 수 없도록 파괴하려는 행동이다.[9] '종족을 살해하는 행위'라는 어원에서 알 수 있듯 렘킨은 폭력의 피해자가 다수의 개인이 아니라 '집단'이라는 사실을 강조한다. 제노사이드의 피해자는 각각의 개인으로 죽는 것이 아니다. 이들은 집단의 파괴라는 목적에 의해 한 집단의 일원으로 살해를 당한다. 그래서 렘킨은 제노사이드를 막기 위해서는 개인이 아니라 집단을 보호해야 한다고 주장했다.[10] 집단을 표적으로 한 공격을 막아야 했다. 렘킨의 주장을 UN이 받아들여 1948년 '제노사이드 범죄의 방지 및 처벌에 관한 협약Convention on the Prevention and Punishment of Crime of Genocide'이 국제법으로 자리를 잡게 된다.

제노사이드라는 단어를 들으면 대부분은 바로 홀로코스트를 떠올린다. 나치의 제노사이드를 부르는 명칭인 홀로코스트The Holocaust는 원래 고대 종교들에서 신에게 희생양을 바치는 의식인 '번제'*를 의미했으나 중세부터는 유럽에서 재난과 참사 등을 의미하는 단어로 쓰였다. 홀로코스트가 나치의 집단 학살을 지칭하는 용어로 굳어진 것은 제노사이드 방지 협약이 체결되고도 한참 뒤였던 1960년대였다.[11] 홀로코스트가 제노사이드를 대표하는 사건이다 보니 집단 학살 일반을 지칭하는 표현으로 쓰이기도 한다.[12] 홀로코스트가 제노사이드를 대표하는 사건으로 기억된 데는 여러 이유가 있었다. 제노사이드라는

---

* 희생제의를 뜻하는 어원 때문에 홀로코스트라는 표현 대신 (민족적)재난을 의미하는 히브리어인 '쇼아Shoah'라는 말로 대신하기도 한다.

개념 자체가 홀로코스트를 막기 위해 고안되었다는 점[13]이나 유럽 전체 유대인의 3분의 2인 600만 명이라는 충격적인 규모로 인해 기억에 각인되었던 것도 한 원인이다. 사건이 일어난 장소가 당시 세계에서 가장 발달한 지역인 유럽이었다는 사실도 중요했다. 세계 문명의 중심부를 자처했던 유럽의 한복판에서 그런 일이 발생했다는 사실이 충격적[14]이었다는 점도 있지만, 서유럽 선진국의 사회적·문화적 역량이 영향을 끼쳤다. 대부분의 제노사이드 사건은 피해를 본 국가가 국제사회에 끼치는 영향력이 부족해서 잊혔다.[15]

홀로코스트는 제노사이드를 대표하는 사건이지만, 동시에 다른 제노사이드와 비교되지 않는 사건*처럼 여겨지기도 한다. "(홀로코스트 이전에는-인용자) 인류 역사에서 인간이 조립라인 방식으로 피살된 경우는 없었다"[16]라는 말처럼, 거대한 죽음의 공장은 이전에는 볼 수 없던 충격적인 공간이었다. 하지만 홀로코스트는 제노사이드의 역사에서 예외적이거나 유일무이한 사건은 아니었다. 홀로코스트만의 특징인 산업화된 학살을 상징하는 아우슈비츠에 대해서도 과잉 대표 되었다는 주장도 있다. 미국의 역사학자 티머시 스나이더Timothy Snyder는 홀로코스트에서 가장 강력했던 폭력은 마을과 마을을 오가며 자행된 총살이었다고 주장한다.[17] 스나이더에 따르면 가스실보다 총

---

* 이스라엘이나 국제 유대인 사회, 심지어는 홀로코스트 생존자 중에도 홀로코스트는 다른 제노사이드와 비교될 수 없는 유일한 사건이라고 주장하는 이들이 있다. 이러한 주장은 역설적으로 이스라엘의 정치적·외교적 자산이 되어 팔레스타인인에 대한 탄압을 정당화하는 근거로 쓰이고 있다.

살로 더 많은 이들이 목숨을 잃었고, 심지어 총살이 자행된 동유럽의 마을들에서 살아남을 가능성이 아우슈비츠수용소보다 더 낮았다. 스나이더의 주장은 일부 과장된 측면이 있지만[18] (충격과 같은) 폭력의 수단과 정치적 목적 등에서도 홀로코스트가 다른 제노사이드와 공통점이 많았다는 점을 생각해 보게 한다. 홀로코스트를 비교할 수 없는 예외적 사건이라고 주장하는 태도는 제노사이드에 대한 이해를 막을 뿐 아니라, 홀로코스트조차 제대로 설명할 수 없게 한다.[19] 이 책에서는 홀로코스트를 예외적 사건이 아니라 제노사이드 역사에서 나타난 대표적 사례로 본다.

홀로코스트의 역사를 집대성한 역사학자 라울 힐베르크는 군대와 나치 친위대, 경찰, 나치당과 같은 일부 권력 기관에 의해 자행된 범죄가 아니라, 독일사회 전체가 협력한 결과라고 주장한다. 무해하고 평범해 보이는 독일사회의 수많은 집단과 기관이 이 거대한 폭력을 가능하게 한 톱니바퀴들이었다. 그는 독일사회 전체가 파괴라는 목적을 공유하는 하나의 기계라는 의미로 '파괴 기계the machine of destruction'라는 단어를 사용했다. 홀로코스트를 계획하고 실행한 조직은 다른 나라에는 없는 특수하고 일탈적인 집단이 아니었다. 재무부와 외무부, 법원 심지어는 철도청과 같이 모든 나라가 가지고 있는 크고 작은 행정부처들과 관료 조직, 국가 기관이었다. 홀로코스트라는 끔찍한 목표가 주어졌을 때 이들 기관은 새로운 인력이나 권한을 얻을 필요조차 없었다. 평범한 정부 부처가 아무런 문제도, 변화도 없이 참혹한 폭력을 실행하는 기관이 될 수 있었다는 사실은 홀로코스트가 던지는 무서운 경고다. "파괴 기계는 조직화된 독일 사회 전체와 구조적으로 다르지 않았"고 "차이는 단지 기능"일 뿐[20]이었다. 사회를 지탱하던 관료 조직들은 죽음을 생산하는 파괴 기계가 되었고, 달라진 기능에 적응하는 데 별다른 어려움을 겪지도 않았다.

힐베르크의 '파괴 기계'는 잘못된 목표를 가지게 되었다는 사실을 제외하면, 지극히 평범한 현대적인 국가였다. 현대적 국가의 특징이 제노사이드가 쉽게 일어날 수 있게 하는 요소인지, 반대로 제노사이드를 어렵게 만드는 조건인지에 대해서는 학자들의 시각이 엇갈린다. 힐베르크처럼 현대적인 독일사회 전체가 제노사이드를 가능하게 한 조건이었다는 주장은 사회학자 지그문트 바우만, 철학자 조르조 아감벤 등이 이어 왔다. 바우만은 현대적인 사회구조에서, 아감벤은 현대의 법률에서 그 원인을 찾으려고 한다. 반면 티머시 스나이더는 침략이나 혁명 등으로 인해 국가 체제와 관료 기구가 파괴되면서 홀로코스트를 막을 최소한의 안전장치조차 사라졌다고 주장한다.[21] 제노사이드와 현대국가 사이의 관계를 보는 이들의 시각은 엇갈리지만, 제노사이드의 가해자들이 기존의 사회 질서와 구조를 파괴한다고 보는 점에서는 일치했다.

사회학자 지그문트 바우만은 현대사회가 '액체성'[22]이라는 특징을 가진다고 보았다. 근대 자본주의가 모든 낡은 것을 녹여 버리고 새로운 것을 만드는 힘을 가졌다는 마르크스의 말처럼, 현대사회는 전근대의 사회구조와 지역적 관계를 해체하고 새로운 사회를 만든다. 바우만은 현대사회의 중요한 특징이 낡은 것을 녹여 버리는 힘, 즉 액체성이라고 설명한다. 바우만은 현대의 제노사이드에는 기성의 낡은 것을 파괴하고 새로운 구조를 만들어 내려는 욕망이 강력하게 나타난다고 보았다. 역사학자 마르틴 브로샤트Martin Broszat에 따르면 나치 국가는 기존 독일의 사회 체계를 전면적으로 바꾸려는 일종의 혁명 정치였다.[23] 나치 국가는 기성의 조직과 단체들과 충돌하면서도 새로운 사회를 설계하려고 했다. 이런 나치의 야심에 적응하면서 독일의 관료 조직들은 사회를 액체화하는 이 폭력을 권한과 권력을 확장할 기회로 삼기도 했다.[24] 반면 국가 기관이 아닌 노동조합, 마을공동체, 종교, 정당 등은 해체에 훨씬 취약했고, 집요하게 공격의 대상이 되었다.[25] 물론 사회를 파괴하려는 힘이 가장 강력하고 일방적으로 가해진 곳은 전쟁 이후 독일이 차지하게 된 점령지였다.

권력을 가진 세력이 힘으로 낡은 사회를 해체하려는 시도는 다른 제노사이드에서도 유사하게 나타났다. 킬링필드를 자행한 세력인 '크메르 루주'는 공산주의적 인간과 사회를 만들기 위해서 다른 정치적·경제적 입장을 가진 캄보디아 사회 전체를 철저하게 파괴하려고 했다. 한국전쟁기 제노사이드에서도 국가는 전쟁과 이념대립을 명분으로 내세웠지만 실제로는 마을과 지역, 가족 사이의 친밀한 사회적 관계[26]에 공격이 집중되었고 이 피해는 쉽게 회복되지 못했다. 이러한 피해를 잘 보여 주는 이가 한국의 대표적인 제노사이드 문학 작가인 현기영이다. 어린 시절 제주 4.3의 참상을 경험했던 현기영은 학살이 개인의 생명뿐 아니라 공동체 역시 파괴했다고 증언한다. 그의 소설에서 제주 4.3은 제주도라는 역사적 공동체가 무너져 내리는 과정으로, 그리고 그 상처를 치유하는 길은 공동체의 삶을 복원하는 것이라 강조한다.

제노사이드는 사회적 관계를 파괴한다. 그러나 이는 제노사이드의 결과로 사회관계를 맺어 온 많은 사람이 죽었다는 이유만은 아니다. 오히려 사회구조와 관계들을 재편하고 또 파괴하는 것이 이 끔찍한 폭력의 출발점이었다. 힐베르크는 홀로코스트가 '정의-집중-약탈-학살'이라는 네 단계로 진행되었다고 설명한다. 각각의 단계는 그 시점에는 큰 위협이 되지 않는 조치로 보일 수 있지만, 돌이킬 수 없는 폭력의 다음 단계들을 불러온다. 그는 첫 단계인 '정의Definition'를 특히 강조했는데, 정의는 가해자가 피해자가 될 표적을 식별하기 위해서 그 대상의 성격과 범주를 규정하는 일이다. 많은 학자는 제노사이드가 일어날 때 피해자 집단이 누구인지 정의하고 범주를 설정하는 작업이 무엇보다 앞선다고 주장한다.[27]

파괴는 그 표적을 구별해 낼 수 있을 때만 시작된다. '집중'은 물리적으로나 심정적으로 피해자를 다른 집단과 분리하여 관리가 가능한 곳으로 모아 두는 단계다. 유대인 격리구역인 게토나 수용소가 물리적인 집중의 수단이라면, 유대인에 대한 소식을 알기 어렵게 하거나 적대하도록 유도하는 선전 작업은 심리적인 집중 수단이었다. 집중 단계에서 고립된 피해자는 때로 가해자에 협력하게 되기도 한다. 외부와 단절된 사회적 고립은 살아남기 위해서 자신들을 파괴하려는 이들에게 협력하는 것 외에는 다른 어떤 대안도 남기지 않는다.[28] 약탈 단계에서는 집과 귀금속뿐 아니라 회사의 경영권이나 지분까지 피해자의 모든 사회적·경제적 자본을 빼앗았다. 그리고 학살은 유대인의 생명조차 남기지 않는 파괴의 마지막 단계였다.

힐베르크는 파괴의 네 단계 중 정의를 핵심으로 보았다. 그는 "1933년 초 중앙 부처 관리가 공직자 훈령에 '비아리아인'을 처음으로 정의했던 그 순간, 유럽 유대인의 운명은 봉인되었다"[29]라고 말한다. '비아리아인'이라는 정의는 법령도 아닌 고작 시행령에 쓰인 단어일 뿐이었지만, 눈사태를 일으키는 작은 눈덩이처럼 빠른 속도로 파국을 향해 구르기 시작했다. 제노사이드에서 가해자는 정의를 통해 파괴해야 할 대상이 누구인지를 인식한다. 나치 국가에게는 유대인과 집시, 슬라브족 같은 '비아리아인'이었다. 한국에서는 국민이 아닌 자인 불온한 자, 즉 비국민인 '빨갱이'였고 캄보디아에서는 '반동'이었다. 하지만 정의에는 또 다른 기능이 있다. 바로 국가가 파괴하려고 하는 이들의 반대편에 자신들이 만들고 싶은 이상적 모델을 세울 수 있다.

'비'아리아인, '비'국민이라는 표현에서 알 수 있듯 제노사이드의 표적은 그 국가가 만들려는 사회에 속할 수 없는 사람들이다. 다르게 이야기하면, 속하면 안 될 자들을 제거한 뒤에야 그곳에 있어야 할 사람들이 누구인가가 분명해진다. (없애야 할) 외부라는 경계를 통해서만 내부를 만들 수 있는 관계를 '구성적 외부'라고 한다. 구성적 외부, 즉 우리와 타자를 나누는 경계가 된 이들은 훨씬 멀리 있는 이질적인 이들보다 훨씬 더 적대시된다. 나치의 경우 순수한 '아리아인'으로 구성된 나라를 만들기 위해서는 전체 인구에서 뒤섞이면 안 될 사람들을 제거해야 했[30]는데, 그중 가장 중요한 표적이었던 유대인은 역설적으로 독일사회에 동화되어 온 집단이었다. 이 시기 유럽 유대인 중 상당수는 스스로 유대인이라 생각하지 않았다. 오랜 시간 유럽 사회에서 살아온 유대인은 혈연적으로나 문화적으로 혼종적인 정체성을 가진 집단이어서, 유대인의 특징은 공통의 정체성이 없다는 사실이기도 하다. 불분명한 유대인의 정체성은 '순수한 우리'를 만들어 내려는 나치에게 큰 위협이었다.

나치의 악명 높은 인종차별은 독일 민족의 유전적 순수성을 지키겠다는 명분에서 이루어졌다. 하지만 역설적으로 유전자 검사 기술이 없던 1930년대 나치는 유대인의 유전자를 구분할 과학적 수단이 없었다. 나치는 유대인이 무엇인지 확실하게 정의하려고 하지 않았다. 가족 관계를 통해 (조부모가 모두 유대인인) '유대인'과 (유대인이 아닌 조부모가 있는) '혼혈 유대인'이라는 분류 체계를 세웠다. 하지만 이 역시 자의적으로 적용해서 독일 거주자와 점령지 거주자에게 적용하는 기준이 달랐다. 유대인 조부모를 구분하는 분류부터가 그가 유대교 신자이거나 유대인 공동체에 속해 있었는가와 같이 유전자와 관련이 없는 사실들을 근거로 삼았다. 이처럼 분류의 기준이 과학적인 근거도 없고 자의적이었다는 사실은 중요하지 않았다. 애당초 유대인 정체성이란 '비아리아인', 즉 나치 국가가 만들고자 하는 국민의 반대편으로 상상[31]되었을 뿐이다. 인종차별이 아니라 이념이나 사상 같은 기준을 세웠던 제노사이드도 기준이 자의적이기는 마찬가지였다.

'우리'와 '적'의 구분

한국전쟁기 민간인 학살 사건은 홀로코스트처럼 서로 다른 인종·민족 사이에서 발생한 제노사이드가 아니었다. 하지만 우리('반공 국민')와 제거되어야 할 타자('빨갱이')를 구분하는 방식은 동일했다. 38선을 기준으로 남과 북에 형성된 두 개의 국가는 각자 내세운 이념에 따라 새로운 사회를 만들려고 했다. 그리고 이는 곧 그 기준에 맞지 않는 이들을 내부의 적으로 규정하고 제거하는 일로 이어졌다. 38선 이북에서는 공산주의사회에 저항하는 '반동분자'와 사회주의적인 '인민'으로, 이남에서는 '(반공) 국민'과 '빨갱이'라는 기준으로. 좌익과 우익에 대한 평가가 반대라는 점만 제외하면 서로 구분될 수 없었던 남과 북의 이념적 분류법은 인종차별보다 기준이 더 불분명했다. 그뿐 아니라, 이념은 인종과 달리 바뀔 수 있었다. 그래서 '우리', 즉 국민이라는 지위는 행동을 통해 이념을 증명하지 못하면 언제든 박탈당할 수 있는 잠정적인 것[32]이었다.

누가 국민이고 국민이 아닌지 결정하는 권한은 오직 국가에 있었다. 그리고 그 결정권자인 국가는 '빨갱이'라는 국민이 아닌 적대적 타자를 없애려 했을 뿐 아니라, 국가의 행정력을 통해서 통제하고 관리하려고 했다. 이념과 사상은 인종을 결정짓는 유전적 요인과 달랐다. 변할 수 없는 유전자와 달리 사상은 바뀔 수 있었다. 문제는 사상을 자발적으로 바꾸는 것이 아니라, 국가의 강제력을 통해서 바꾸려고 했다는 점이었다. 자신의 사상을 버리고 다른 이념을 받아들이는 것을 전향이라고 하는데, 한국전쟁을 전후한 시기에는 전향의 과정을 국가기관이 적극적으로 관리했다. 국가보안법이라는 사상통제 법률과 경찰과 검찰 등 강제력을 갖춘 행정기관들을 동원해서 대대적인 사상 전향 절차를 운영했는데, 이게 바로 전향자 관리를 위한 전국 조직인 '국민보도연맹'이었다.

국민보도연맹에 가입한 이는 최대 30만 명에 이르렀다고 알려져 있다. 국민보도연맹의 운영은 법무부와 경찰, 검찰 등 행정부가 담당했다. 명목상 단체에 가입하는 것은 개인의 자유였다. 그러나 국민보도연맹에 가입하면 법적인 처벌을 면제해 주겠다는 회유와 형사나 공무원들이 찾아가 협박하는 등의 압박이 병행되었다. 특히 공공기관들에는 가입자 할당량이 정해졌고, 이를 채우기 위해 강제로 가입하게 된 이들이 많았다. 전향은 비국민에서 국민으로 정체성을 바꾸고 이를 국가가 인정해 주는 절차였다. 그러나 전쟁이 발발하자 전향자 명부가 학살대상자 명단으로 바뀌었다. 한국전쟁이 발발하자 한국 정부는 감옥에 수감된 정치범에 대한 학살을 시작했고, 뒤이어 국민보도연맹도 표적이 되었다. 6월에서 7월 초까지 경기도 일대에서 정치범과 보도연맹원 수천 명이 희생당했고 서울을 버리고 남쪽으로 후퇴하는 한국 정부의 경로와 학살의 진행 방향이 거의 일치했다.[33]

보도연맹원에 대한 학살은 좌익이었던 그들이 적군을 도울 수 있는 잠재적 위험이라는 이유로 정당화되었다. 정작 한국전쟁이 발발한 직후에 검사들이 보도연맹을 시민을 돕는 업무에 투입했었는데도 말이다.[34] 그럼에도 그들이 다시 한번 사상을 바꿀 수 있다며 학살을 자행했다. 한번 사상을 바꾼 이들이라면, 다시 반대로 갈 수도 있을 것이었다. 보도연맹을 전향시키겠다던 근거가 그들이 배신할 이유로 둔갑했다. 국가는 경계를 넘나들 수 있는 자들을 결코 용서하지 않았다. 그들 중 대다수가 이념이 무엇인지도 모르고 단지 할당량을 채우기 위해 가입된 이들이라는 사실은 중요하지 않았다. 공식적인 재판 절차도 법적 근거도 부족했지만, 이 역시 중요하지 않았다. 내부와 외부를 나누는 경계는 어떤 불분명함도 허용할 수 없었다. 섞여서는 안 될 것을 철저하게 '파괴'할수록 내부를 견고하게 만들 수 있다고 믿었다. 학살은 국민을 만드는 도구였다.[35] 그리고 누가 국민인지 결정하는 것은 국가였다.

제노사이드에서 때로 피해자는 가해자에 의해서 만들어진다. 피해자가 가해자에 의해서 만들어진다는 것은 표적이 누구인가를 결정하는 일 같은 협소한 의미가 아니다. 가해자는 피해자가 될 집단을 상상해 낼 수 있다. 누가 유대인이고 빨갱이인지 식별하는 것은 국가의 몫이었다. 그렇게 분류될 수 없다는 명확한 근거가 있다고 하더라도, 국가가 내린 결론을 뒤바꾸는 일은 거의 일어나지 않았다. 심지어 가해자의 상상 속에서만 존재하는 범주라 하더라도 말이다 스탈린에 의해 자행된 대숙청 중에 많은 이들이 반혁명분자인 '쿨라크(부농)'로 몰려서 살해당하거나 수용소에 보내졌다. 대숙청 과정에서 소비에트의 사회 개혁에 저항하는 부농이라는 음모 세력은 실제로는 존재하지 않았다. 그래서 학자들은 제노사이드의 피해자 범주가 가해자에 의해서 상상된 가상의 집단인 경우도 있다고 지적한다.* 피해자가 누구이든 국가가 정의한 모습으로만 보일 뿐이었다.

피해자가 국가에 의해 정의된다는 것은 자신이 누구인지 규정하는 사회적 관계망이 무력화되었음을 의미한다. 유럽의 유대인 중에는 종교나 국적 등을 이유로 자신이 유대인이 아니라 다른 민족이나 국가의 구성원으로 인식하는 이들도 있었다. 아우슈비츠의 생존자였던 프리모 레비는 수용소에 보내지기 전까지 자신을 유대인이 아니라 이탈리아인이라고만 생각했다. 하지만 스스로 인정하는 사회적 정체성은 중요하지 않았다. 나치가 유대인으로 보는 이상 그는 유대인일 뿐이었다. 평생 스스로를 독일인, 프랑스인, 폴란드인이라 여겼고 (중·동부 유럽의 유대인 언어인) 이디시어 한마디, (유대교 경전인) 토라 한 구절 읽은 적 없던 이들조차 독일의 행정 기관에 의해 유대인이라는 낙인이 찍혀 학살당했다. 이들은 원래 살던 나라에서는 동등한 시민으로 대우받았지만, 나치가 점령한 뒤에는 다른 민족과 구분되는 유대인이 되어 법적 권리도 박탈당했다. 좌익도 우익도 아니었던 한반도의 주민들도 마찬가지였다. 이념에 따라 분류되기 전에 그들은 지역과 가족에 속한 사람들이었다. 하지만 서류 위에 이름이 오르고, 경찰과 관료가 손가락으

---

* 초크와 조나슨은 가해자들이 가진 신념, 이론, 이데올로기 등에 의해서 희생자가 정의된다고 보았는데 이때 희생자들에 대한 정의는 가상적인 것일 수 있다고 지적한다. 프랭크 초크, 커트 조나슨, 장원석 옮김, 「제노사이드의 유형과 인권 의제」, 『현대사회와 제노사이드』, 각, 2005, 57쪽.

로 그들을 가리키면 공산주의자나 빨갱이가 되었다. 공산주의가 무엇인지 들어 본 적도 없는 이들뿐 아니라 공산주의에 반대했던 사람도 경찰 등 권력자와의 원한 관계 대문에 빨갱이로 몰려 살해당하는 일도 있었다.

그렇다고 제노사이드의 표적이 된 피해자들은 가만히 당하고만 있지는 않았다. 살길을 찾기 위해서 다양한 방법을 동원했다. 나치가 독일 국민 중에서 비아리아인, 유대인을 색출하고 있을 때, 유대인으로 분류된 지인들을 구하려는 로비와 압력, 거래가 횡행했다. 유대계 독일인들 중 일부는 법원에서 유대인이 아니라는 판결을 받아 내기도 했다. 권력자와 친분이 있던 사람이나 군부처럼 권력 기관에 소속된 이들 중에는 지인이나 조직의 보호를 받기도 했다. 명백하게 유대인이나 혼혈 유대인이라는 분류가 된 경우에도 수단이 없지는 않았다. 나치 최고위층은 '해방'이라고 불리는 유대인 사면권을 행사했다. 이 혜택은 대부분은 군과 정부 기관의 고위공무원들이 대상이었으며 그중에는 히틀러를 보좌하던 혼혈 유대인인 총리실 직원과 그의 혼혈 유대인 아내도 포함되었다.[36] 피해자가 권력에 의해 자의적으로 규정된다는 점을 이용해 살아남으려는 시도는 한국의 제노사이드에서도 비슷했다.

한국전쟁 중에 자행된 제노사이드는 이념을 기준으로 적과 우리를 나눴다. 하지만 인간의 마음속에 있는 이념을 바깥에서 읽어 낼 수는 없었다. 그래서 역설적으로 이념과는 전혀 관계가 없는 가족 관계가 식별의 수단으로 쓰였다. 가족의 죄로 다른 가족들도 함께 처벌받는 연좌제는 불법이었지만 사상이 다른 이들을 분류하는 근거로 쓰였다. 한 가족 구성원이 가진 사상은 곧 가족 전체의 사상이었다. 가족 관계를 통해 사상을 식별하는 방식은 비합리적이지만 그리스내전 등 냉전 시기에 국가 권력들도 사용했던 방법이었다.[37] 마치 유전자 검사를 할 수 없던 나치가 가족 관계를 통해 유대인을 식별했던 것처럼 말이다. 인종과 사상은 전혀 다른 범주였지만, 가해자의 필요에 의해 자의적으로 쓰인다는 점에서는 다를 바가 없었다.

 국가가 가족 관계를 식별하는 수단으로 사용하자, 피해자들은 이를 역이용하기도 했다. 가족 중에 경찰이나 군인인 이들의 도움을 받아서 혐의를 벗거나 살아남는 경우가 많았다. 만일 그런 가족이 없다면 결혼으로 연줄을 만드는 경우도 적지 않았다. 제주 4.3 당시에는 가족을 살리기 위해 진압군이나 서북청년단 같은 민병대원과 딸을 결혼시켜서 살아남는 이들이 있었다. 경찰이나 민병대원 등 진압군과 결혼한 여성을 '순경각시'라고 불렸는데, 원치 않는 결혼이었을뿐더러 성폭력의 피해자가 되는 경우도 빈번했다. 살아남기 위해서 연줄을 동원하거나 안전한 관계를 만들려는 시도는 대부분 끔찍한 과정이었다. 현기영의 소설「잃어버린 시절」에서 주인공 '종수'의 아버지는 도박판을 벌이다가 경찰을 보고 도망친다. 제주 4.3이 한창이던 시기에 경찰을 보고 도망쳤다는 이유만으로 종수의 아버지는 빨갱이로 몰린다. 어머니는 종수에게 경찰이 심문하면 아버지는 이미 죽었다고 말하고, 경찰인 외삼촌의 사진을 내밀어서 신분을 증명하라고 신신당부한다. 국가의 기준을 통과하고 국민으로서 살아남기 위해서는 의심받는 가족의 존재를 지워야 했다.

　제노사이드는 사회제도가 파괴된 진공상태에서 발생하지 않는다. 오히려 사회적 통제력이 극도로 강력한 시점에 나타난다. 다만 이 모든 것을 통제하려는 하나의 세력에 권력이 극단적으로 집중되었을 때 나타났다. 통치자의 이념을 이유로 국민을 학살하려고 한다면 다른 정당이나 권력 기관이 반대할 것이다. 인종이 다르다는 이유로 소수민족을 표적으로 삼는다면 시민사회나 종교단체 등의 반발에 직면한다. 또 UN과 같은 국제기구나 외국 정부가 학살을 막기 위해서 개입하기도 한다. 가자전쟁에서 팔레스타인인에 대한 제노사이드를 자행하고 있다는 비판을 받은 이스라엘에게 국제사회는 전방위적인 압박을 가했다. 남아프리카공화국은 이스라엘을 제노사이드 혐의로 국제사법재판소에 기소했다. 판결이 내려지기 전에 국제사법재판소는 이스라엘에 제노사이드 방지 조치를 시행하고 관련 사안을 보고하라고 명령한다. 총리를 비롯한 이스라엘 정부 고위인사들은 국제형사재판소에 전쟁 범죄 혐의로 기소되었다.*

　UN인권조사국의 조사위원은 이스라엘이 제노사이드를 저지르고 있다는 보고서를 발표하기도 했다. 국가의 폭력을 막을 다른 세력이나 집단이 있다면, 제노사이드는 쉽게 일어나지

---

　* UN 산하의 국제기구인 국제사법재판소ICJ와 국제형사재판소ICC는 모두 전쟁범죄 등을 다루는 국제법 기구이지만, 각기 담당하는 영역이 다르다. 국제사법재판소에서는 국가범죄를 다룰 수 있는 데 반해 국제형사재판소는 전범 등 개인에 대한 재판을 담당한다.

않는다. 하지만 내부에서 다른 목소리를 낼 수 없는 사회는 제노사이드를 자행할 수 있다. 이스라엘은 건국과정에서 또 다른 홀로코스트를 막기 위해서 (팔레스타인인을 하나의 민족으로 인정하지 않아서) '아랍인'들을 몰아내야 한다고 주장했다.[38] 이스라엘사회 내에서의 이 같은 정당화는 건국 과정부터 지금까지 이어지고 있는 팔레스타인 영토에 대한 점령과 폭력에 대한 사회적 합의로 굳어졌다. 국제사회의 노력에도 불구하고 팔레스타인인에 대한 이스라엘의 탄압이 쉽게 해소되지 않는 중요한 이유가 바로 그 사회 내부의 견고한 합의였다. 그리고 진정한 문제는 모든 사회적 힘을 국가가 독점할 가능성이 현대사회의 내부에 잠재해 있다는 사실이다.

제노사이드의 가해자는 자신이 만들고자 하는 사회에 속하는 자와 제거해야 할 자를 자의적으로 나눌 수 있다. 권력자의 말이 곧 법이기 때문은 아니다. 오히려 법이 한계를 직면해서 멈춘 시점에 권력의 결정만이 힘을 가지기 때문이다. 전시나 긴급한 재난 상황에 직면했을 때, 국가는 계엄령 등을 통해서 법의 작동을 일시적으로 중단할 수 있다. 이처럼 긴급한 상황에서 법의 지배가 중단되는 상황을 '예외상태'라고 부른다. 법이 정해 놓은 요건을 통해서 대응할 수 없는 극단적 상황을 전제하고 있기에 예외상태는 그 이름 대로 예외적인 상황의 문제일 것 같다. 하지만 조르조 아감벤Giorgio Agamben은 오히려 그 반대로 법이 예외상태에 의해 만들어진다고 이야기한다.

아감벤에 따르면 예외상태는 법의 한계가 아니라 근본적인 구조다. 법조문에는 전부 조건을 정해 둘 수 없는 긴급한 상황에 국가가 결정권을 독점하게 된다. 무엇이 예외적 상황인지 국가만이 선언할 수 있기 때문이다. 예외상태는 국가 주권에 법이 종속되어 있음을 보여 준다.[39] 예외상태는 국가가 법을 포함해 다른 사회적 권리의 원천들을 통제하고 판단과 결정할 수 있다는 것, 그리고 이것이 예외적인 상황이 아니라 근대국가의 본래 성격일 수 있다는 경고다.[40]

제노사이드는 전쟁과 같은 예외상태에서 일어나는 경우가 많지만, 꼭 전쟁 중에만 일어나지는 않는다.[41] 전쟁이나 내전, 혁명 등 사회의 모든 결정이 한 사람이나 하나의 집단에 집중되는 상황에서는 극단적 폭력이 발생할 가능성이 높다. 이렇게 사회적 힘이 한 사람이나 집단에 집중이 되었을 때 일어나는 일을 바우만은 정원사와 정원의 관계로 비유한다.

> 정원사는 잔디밭과 울타리, 그리고 잔디밭과 울타리를 분리시키는 고랑에 대한 상세한 설계를 갖추고 있고, 조화로운 색깔들에 대한 비전, 그리고 즐겁게 하는 화음과 불쾌감을 불러일으키는 불협화음의 차이에 대한 비전을 지니고 있으며, 질서와 조화에 대한 자신의 계획과 비전을 간섭하는 모든 제멋대로 자란 식물들을 잡초로 취급하려는 결의에 차 있고, 그러한 잡초들을 제거하는 일에 적합한 기계와 제초제를 갖고 있으며, 전체적 계획에 의해 요구되고 규정되는 구획들을 온전히 유지했다.
> ─지그문트 바우만, 정일준 옮김, 『현대성과 홀로코스트』, 새물결, 2013, 112쪽.

정원사는 정원 안에서 어떤 식물을 죽이고 어떤 식물을 기를지 결정한다. 정원사가 자신의 눈길에 닿은 식물을 화초라고 부르면 정원에서 길러질 것이고, 잡초라고 부르면 뿌리뽑힌다. 정원이라는 비유를 사용한 데서 알 수 있듯 바우만은 제노사이드의 목적을 파괴로 보지 않았다. 그에 따르면 현대적 제노사이드의 목적은 "더 나은 그리고 근본적으로 다른 사회에 대한 거대한 전망"이며, 그 가공할 폭력은 "완벽한 사회의 계획에 적합한 사회질서를 이끌어내"기 위해서 사용하는 수단, 즉 사회공학이라고 주장한다.[42]

제노사이드가 권력자가 꿈꾼 유토피아를 만들어 내기 위한 사회공학이라는 바우만의 말은 그 권력이 제거할 것과 가꿀 것을 구분하면서도, 왜 제거하려던 것들에 더 집착하게 되었는지 설명해 준다. 나치는 그들이 열등하다고 여긴 민족과 집단을 파괴함으로써 아리안족의 이상적 세계를 건설하려고 했다. 그러나 아리안족의 제국을 지키는 데 써야 할 자원을 홀로코스트에 낭비한 극단적인 집착이 보여 주듯이, 내부를 만들기 위해서 외부를 파괴하려는 사회공학은 역설적으로 끝없이 적을 필요로 한다. 즉 제거해야 할 자들인 구성적 외부 없이는 '우리'가 누구인지 이해할 수 없었다. 이러한 양상은 다른 제노사이드에서도 반복된다. 스탈린은 소비에트 연방을 견고하게 만들기 위해 (실제로 존재하는지 불확실했던) 부농과 반동들에 대한 대숙청을 자행했다. '빨갱이'라는 내부의 적을 학살한 국가는 혈연으로 이어진 집단인 민족을 '반공 민족'이라는 새로운 형태로 바꾸려고 했다.[43] 이처럼 죽음은 권력자가 자신의 사회적 비전을 극단적으로 밀어붙이려고 할 때 사용하는 도구였다.

정원사의 정원은 독재체제였던 나치처럼 사회가 한 집단이나 권력자가 설계한 방향대로 통제되는 상황에 대한 비유다. 물론 현대국가는 너무나 크고 복잡해서 한 사람이 모든 것을 담당하지 않는다. 거대한 관료 조직에 소속된 수백만에 달하는 사람들이 성실하게 움직이고 있지만, 이들은 목표가 아니라 효과적인 수단을 개발하기 위해서 노력하고 경쟁했다.[44] 바우만은 정원사의 정원처럼 사회적 권력이 한 세력에 집중되는 상황이 독일뿐 아니라 현대국가 대부분에서 일어날 수 있는 일이라고 말한다. 국가 이외에 힘을 가졌던 지방 세력이나 종교집단, 가문 등 다양한 사회 집단이 근대화의 과정을 거치면서 점차 녹아내리고 단일한 사회 시스템 안에 통합되고 있기 때문이다. 낡고 오래된 사회구조, 그러나 서로 견제하던 그 힘들을 액체화한 현대사회는 단일한 의지를 가진 정원사의 등장에 취약할 수 있다. 그래서 바우만은 제노사이드를 막기 위해서는 사회적 다원성이 중요하다고 강조했다. 다원성은 한 사회 내에서 극단적인 입장이나 목표가 관철되지 않도록 막는 견제 세력이자 다른 사회적 비전이었다. 그리고 국내적으로 단일한 세력이 권력을 독점한 상황이라면 국제사회 같은 외부의 개입이 제노사이드를 방지하기 위해서는 필요하다.[45] 정원사가 지배하는 사회는 사회를 구성하는 힘들이 공적인 제도 안에 통합된 현대사회의 취약성을 보여 준다. 다르게 말한다면 정원사의 사회는 마을(국가 이외의 다른 사회적 권력)이 사라진 세계이고, 세상의 모든 것을 수용소에 가두어 버린 세계다.

수용소에 존재한 지하사회

헝가리 태생의 영화감독인 라슬로 네메스의 영화 〈사울의 아들〉은 아우슈비츠수용소를 배경으로 죽은 아들의 장례를 치러 주기 위해 사투를 벌이는 '사울'이라는 한 남자의 이야기다. 영화의 주인공인 사울은 아우슈비츠의 다른 수감자들처럼 아직 일할 수 있기에 살아남은 자다. 수용소는 일할 능력이 있는 자들만을 살려 두었다. 그러나 사울은 자신의 전임자를 본 적이 없다. 아니 그는 자신의 전임자였던 것을 만졌다. 그리고 그가 만졌던 모든 것들의 흔적을 지우는 일을 맡았다.[46] 사울은 아우슈비츠의 가스실과 시체소각로를 청소하던 사람이다. 사울은 아우슈비츠-비르케나우의 존더 코만도였다.

영화가 시작되면 열차를 통해서 유럽 각지에서 수용소로 강제 이송된 유대인들이 샤워실로 위장된 가스실에 들어가서 살해당하고, 그들이 가졌던 모든 재산과 옷가지, 심지어는 머리카락까지 수집된다. 사람을 끌고 와서 시체로 생산하는 수용소의 공정이 쉴 틈 없이 이어진다. 그리고 사울과 존더 코만도들은 분주하게 움직이면서 그 일을 처리한다. 가스실에서 물자를 수거하고 시체를 옮기던 존더 코만도들은 살아남은 아이를 발견한다. 그러나 이 죽음의 공장은 그런 기적을 반기지 않는다. 생존한 아이가 있다는 사실을 보고받은 수용소의 간부들은 아이를 죽이고 그 시신을 해부하기로 한다. 아이가 죽은 뒤에야 무표정한 얼굴로 어떤 말도 하지 않던 사울이 움직이기 시작한다. 그는 부검실에서 일하는 수감자인 헝가리인 의사에게 가서 아이를 해부하지 말아 달라고 말한다. 죽은 소년이 자신의 아들이라면서.

〈사울의 아들〉은 홀로코스트에 대한 영화에서 드물게도 존더 코만도를 주인공으로 내세운 작품이다. 영화에서 구체적인 시기가 언급되지는 않지만, 영화의 배경은 1944년 10월일 것으로 추정된다. 1944년 10월에 아우슈비츠에서 처음이자 마지막으로 일어난 존더 코만도의 무장봉기[47]가 영화의 중심적인 사건이기 때문이다. 그러나 의아하게도 주인공인 사울은 계속 무장봉기를 일으키려는 존더 코만도 저항 세력과 일정한 거리를 둔다. 사울에게 중요한 것은 죽은 아이의 장례를 치르고 매장하는 것뿐이다. 사울은 아이의 장례를 드와줄 랍비를 찾기 위해서 수용소의 곳곳을 돌아다니고, 카메라는 사울의 뒷모습을 쫓아가며 이 죽음의 공장에서 자행되는 파괴 공정의 전 과정을 포착한다.

랍비를 찾아 나선 사울의 행보는 현실에서는 한 사람의 존더 코만도가 볼 수 없었을 수용소의 전체 풍경을 보여 준다. 가스실과 소각장이라는 수용소의 대표적인 장소만이 아니라, 가스실의 수용 능력을 초과했을 때 사용되었던 처형장인 구덩이와 화장된 시신의 재를 버리던 강가와 부검실, 수감자의 성별에 따라 나뉘어 있던 수용소와 수집한 물품을 보관하던 창고, 그리고 수용소 바깥까지. 사울은 수감자의 시선에서 포착할 수 있는 최대한 넓은 범위에서 수용소를 바라본다. 그러나 사울의 눈에 포착된 수용소의 모습은 나치가 만들어 낸 공식적인 시설들만이 아니다. 사울은 수감자가 만들어 놓은 또 다른 은밀한 사회, 수용소의 지하사회에 속해 있다.

수용소는 나치가 절대적인 권력을 행사하는 공간이지만, 그곳에서 일어나는 모든 일을 파악하고 있는 것은 아니다. 수감자들 사이에서도 맡은 역할이나 가지고 있는 권한, 개인의 능력, 심지어는 성격 등에 따라서도 격차가 발생하게 된다. 이러한 수감자들은 각자의 능력과 권한을 이용해서 살아남기 위해 노력하고, 자신들만의 규율을 만들기도 했는데, 이러한 행동 중 많은 경우가 나치가 허락하지 않은 일들이었다. 하지만 아무리 철저하게 통제된 공간이라고 하더라도, 수감된 자들은 그곳의 규칙에서 벗어나 자신의 삶을 보존하려고 한다. 미국의 사회학자 어빙 고프먼Erving Goffman은 수용소에서 수감자는 외부와 단절되고 그 규칙에 적응하는 과정뿐 아니라, 그 집단에서 승인되지 않은 행동과 목표를 가지게 된다고 보았다.[48] 이러한 은밀한 행동들은 수용소에서의 생활이 완전한 고립이 아니라는 것을 보여 준다. 수감자들은 빵이나 속옷처럼 배급받는 물품을 교환할 뿐 아니라, 그들이 가져서는 안 되는 처형된 이들의 소유물이나 외부로부터 들어오는 밀수품까지 거래했으며, 이는 수용소에서 활동하는 여러 중개인의 손을 거쳐서 이루어졌다.[49] 〈사울의 아들〉에서 봉기를 준비하는 존더 코만도들은 나치의 눈을 피해서 가스실에서 금붙이 같은 귀금속을 조금씩 모은다. 이 은밀한 거래에는 외부인들뿐 아니라, 때로는 경비를 서고 있던 나치의 병사들까지 가담한다. 영화는 수용소의 지하사회에서 각자의 목표와 욕망에 따라 움직이고 있는 많은 사람의 모습을 담고 있다. 그리고 사울은 랍비를 찾기 위해서 수용소의 지하사회에서 활약하는 이들과 거래하거나 협력하고, 때로 그들의 기대를 배반하기도 한다. 수용소의 지하사회와 그 속에서 이루어지는 비공식적인, 허가받지 않은 관계들은 영화의 또 다른 주인공이다.

제노사이드를 막거나 최소한 한 사람을 구하는 동기는 국가만이 부여하지 않는다. 침략자에게 주권을 침해받은 국가가 저항하는 것처럼 가해자의 목표에 공감하지 않는 여러 집단은 폭력에 반대하거나 방해하고, 고발하거나 최소한 기억하게 한다. 파괴라는 가해자의 목표에 동의하지 않는 또 다른 사회는 곳곳에 숨어 있다. 이 지배받는 자들의 은밀한 연대는 점령된 마을에도, 심지어는 어떤 희망도 보이지 않는 수용소에서도 '지하사회'라는 또 다른 사회적 관계들이 삶을 연결하고 있었다.

사울은 부검실에서 헝가리인 의사의 도움으로 해부 예정이었던 아이의 시신을 몰래 빼돌린다. 존더 코만도의 중간관리자 역할을 맡은 수감자들은 숨겨둔 금이빨이나 금붙이로 수용소의 안과 밖에서 여러 물품을 밀수하고 이를 위해 감독관이나 병사들에게 뇌물을 주기도 한다. 자신이 속한 작업반 안에서 랍비의 도움을 받을 수 없었던 사울은 중간관리자들이 계획하고 있는 일에 협력하거나 도움을 요청하여 수용소의 여러 공간을 오간다. 사울은 어떤 죽음의 증거도 남기지 않으려는 수용소에 맞서서 밀수해 온 사진기로 홀로코스트의 진상을 촬영하려는 존더 코만도 저항 세력을 돕는다. 그러나 랍비를 찾기 위해서 무리하게 행동을 하다가 다른 이들을 위험에 빠뜨리고 무장봉기를 위해 밀수한 화약까지 잃어버린다. 존더 코만도와 수용소의 지하사회에서 사울은 협력자이자 방해자다. 자신의 목적을 위해서는 무슨 행동도 불사하는 사울은 저항 세력의 입장에서 이해할 수 없고 이기적으로 보이기까지 한다. 화장터에서 불태워졌을 아이의 시신을 지키기 위해서 다른 이들을 위험에 빠뜨릴 수도 있는 행동도 서슴없이 하는 사울에게 존더 코만도 동료인 아브라함은 따져 묻는다. 왜 모두를 죽일 수 있는 행동을 하느냐고. 사울은 단호한 목소리로 답한다. "우린 예전에 죽었어"라고. 이미 죽은 자, 그리고 죽은 자를 매장하려는 자의 모습에서 수용소의 지하사회가 가진 또 다른 얼굴이 드러난다.

아우슈비츠에서는 인간이 죽는 것이 아니라 시체로 생산된다는 아감벤의 말처럼, 그곳에서 인간의 죽음은 존중받지 못한다. 죽음이 만연했기 때문이 아니다. 인간의 죽음이 존중받아야 한다는 가장 오래된 믿음을 수용소가 부정하기 때문이다.[50] 제노사이드의 희생자들은 사회에서 가졌던 자신의 자리를 박탈당한 자들이다. 이는 곧 그가 누려야 했던 사회적 존중 역시 사라졌음을 의미한다. 삶에서 받았던 존중뿐 아니라, 죽음 이후에 마땅히 누려야 할 존중까지 말이다. 죽은 자를 향한 추모와 애도는 한 인간이 그 사회에서 존중받은 구성원이었음을 보여준다. 그리고 동시에 떠나간 이를 함께 기억하는 과정이기도 하다. 그렇기에 자신들이 만든 사회에서 희생자를 지우려는 이들은 죽은 자에 대한 예우도 박탈하려고 한다. 수용소에서 죽은 자의 시신을 불태우고 재마저도 버리는 것은 증거를 없애는 일만이 아니다. 권력은 완전한 승리를 위해 어느 곳에도 (심지어 기억 속에서도) 피해자의 자리를 남기지 않는다. 대부분의 제노사이드에서 가해자는 피해자를 추모와 애도의 공간에서조차 쫓아내려고 한다. 인간을 시체로 가공하고, 그 시체조차 완벽히 폐기하려고 하는 수용소는 피해자를 세계에서 궁극적으로 지워 버리려는 수단이다. 사울은 바로 그런 곳에서 죽은 아이에게 장례를 치러 주고 시신을 묻으려 한다. 학살의 증거를 남기고 봉기를 준비하던 존더 코만도들이 수용소의 생명에 대한 지배에 맞선다면, 사울은 죽음에 대한 지배에 맞선다.

수용소의 지하사회에서 수감자들은 단순히 살아남기 위한 자원만을 교환하지 않았다. 인간을 인간으로 살게 하는 정신과 문화 역시 수용소의 지하사회에서 교환되었다. 빅터 프랭클은 수감자들 사이에서 종교활동이나 토론이 활발하게 이루어졌다고 기억한다.[51] 수용소의 지하사회에서 이루어지는 종교활동이 수감자들이 살아남는 데 얼마나 큰 도움이 되었을 것인가에 대해서는 분명하지 않다. 프랭클은 삶의 의미를 지켜 내는 것이 생존에 필수적이었다고 주장한다. 반면 레비는 살아남은 이들이 다른 이들보다 선하지 않았다고 말한다. 수용소의 규칙과 (선하다고 말할 수 없는) 수단에 더 잘 적응하고, 생존할 확률이 더 높은 일을 맡았기 때문이라고 말한다. 레비는 선과 악이라는 수용소 바깥의 도덕적 기준이 적용되지 않는 지하사회의 모습을 그린다.[52] 그럼에도 그의 기억 속에는 빵을 건네며 이탈리아어를 배우고, 함께 단테의 시를 읽던 수감자의 모습이 남아 있다. 수용소에 갇힌 인간도 인간을 인간이게 하는 것들을 기억하려고 한다. 마치 사울처럼.

아이의 죽음을 애도하려는 사울의 행동은 죽음을 격하하고 희생자의 존엄을 지우려는 이들에 맞서 시체가 아닌 인간으로 남기 위한 저항이다. 제주 4.3과 보도연맹 학살에서 가족을 잃은 이들은 위험 속에서도 그 시신을 찾으려고 했다. 4.19 혁명 직후 짧은 일 년 동안 가족의 억울함을 풀기 위해 세상에 나왔던 희생자 유족들이 가장 중요하게 여긴 일은 유해 발굴이었다. 애도는 정의를 되찾은 일만큼이나 중요하다. 장례도 없이 처리될 시신들을 나치는 '토막'(또는 '형상Figuren')이라고 격하해서 불렀다. 그것은 존엄한 죽음이 아니라 그저 처리해야 할 물질일 뿐이다. 하지만 장례를 치르게 된다면, 아이는 인간으로서 죽는다. 가해자가 결코 허락하지 않은 인간의 자리로 사울은 아이를 돌려보내려고 한다.

인간으로 남을 수 있는 자

사울은 죽은 아이를 매장하고, 인간의 자리에 돌려보내려고 한다. 반면 아직은 살아 있으나 인간으로서 죽을 권리를 박탈당한 수감자들은, 사울의 눈에 이미 죽은 자일 뿐이다. 그들은 인간의 삶이 아니라, 오직 언제든 시체로 가공될 수 있는 신체적 생명만을 불안하게 유지하고 있을 따름이다. 그렇기에 사울에게 랍비를 찾는 일은 무장봉기를 준비하거나 이 끔찍한 범죄의 증거를 남기는 일보다 가벼운 것이 아니다. 하지만 그 아이는 사울의 아들이 아니다. 사울 이외에 누구도 그 아이를 그의 아들이라 말하지 않는다. 동료인 아브라함은 사울에게 반복해서 말한다. 사울, 너에게는 아들이 없다고. 영화는 끝까지 죽은 아이가 사울의 아들인지 확인해 주지 않는다. 마치 그 진실이 전혀 중요하지 않다는 듯 말이다. 수용소의 지배에 맞서 아이를 매장하려는 사울에게 그 아이가 자신의 아들인가는 중요하지 않다. 애도와 장례는 봉기*처럼 자신이 수용소의 지배에 저항할 수 있는 인간임을 확인시켜 줄 것이었다. 수용소는 수감자의 사회적인 삶의 근거를 박탈하고 그를 포획한다. 하지만 지하사회에서 수감자들은 지배하는 자들에 맞서서 새로운 자아를 만들어 간다.[53] 정말 자신의 아들이 맞는지 증명하지도 않으면서도 필사적으로 아이를 묻어 주는 일은 사울이 이미 죽어 버린 자인 자신을 인간의 자리로 되돌리려는 절박한 행동이다. 성공할 수 없을 봉기를 준비하면서 위험을 감수하고, 전달할 수 있을지 알 수 없는 사진을 찍어서 필름을 땅속 깊이 묻어 두는 행동들처럼 말이다.

〈사울의 아들〉에서 존더 코만도들은 전임자들이 그랬듯 자신들도 '교체'당할 때가 왔음을 알게 되자 봉기를 단행한다. 이 봉기에서 사울은 위험을 무릅쓰고 처형장에서 빼돌린 랍비와 함께 아이의 시신을 가지고 탈출하려고 한다. 겨우 아이의

---

* 1944년의 존더 코만도 봉기는 처참하게 실패했다. 이 사건으로 수용소 시설 일부가 파괴되었지만 독일군은 3명이 사망했을 뿐이고, 진압에 의해 죽은 수감자의 수는 450명에 달한다.

존더 코만도가 촬영한 아우슈비츠 II 수용소에서 가스실로 이동 중인 여성들.
출처: Wikipedia

시신을 묻어 줄 자리를 찾았지만, 랍비라고 했던 그 수감자는 기도문조차 제대로 외우지 못한다. 살아남기 위해 사울의 도움이 필요했던 그가 거짓말을 한 것이다. 최소한 아이를 땅에 묻어 주려던 사울은 독일군을 피해서 강을 건너려다가 시신을 놓치고 만다. 아이는 강물에 떠내려간다. 살아서 수용소 바깥으로 도망친 사울과 소수의 존더 코만도들은 숲속의 오두막에 숨어서 어디로 도망칠지 고민한다. 그러나 폴란드인 아이가 우연히 그들을 발견하게 되고, 아이는 자신도 모르게 군인들의 길잡이가 된다. 아이를 쫓아온 독일군에게 존더 코만도가 몰살당하는 것으로 영화는 끝이 난다. 의도치 않게 존더 코만도들을 죽음에 이르게 한 아이를 본 것은 사울뿐이다. 그는 생존을 위해 아이를 위협하거나 해를 가하는 대신, 그저 바라보며 웃는다. 사울은 죽었지만, 살아남기 위해 끔찍한 행동을 하지 않는다. 삶을 연명할 가능성을 조금이나마 높이기 위해 인간을 시체로 생산하는 공정에서 일했던 이, 수용소의 모든 이들이 가장 비참한 존재라고 여겼던 존더 코만도였던 사울. 그는 그 지옥에서 인간 이하의 존재로 격하되지 않고 인간으로서 죽는다.

〈사울의 아들〉은 상대적으로 잘 알려지지 않았던 절멸의 과정과 여러 장소를 소개[54]하는 데 머물지 않는다. 표면적으로 보이는 수용소의 공간만이 아니라, 수감자들이 인간의 삶을 유지하기 위해 지하사회에서 행하는 여러 행동의 면모가 펼쳐진다. 〈사울의 아들〉은 홀로코스트의 재현을 둘러싼 논쟁적 쟁점들과 지하사회의 문제를 통해 연결된다. 한편 클로드 란츠만은 다큐멘터리 〈쇼아〉에서 홀로코스트를 영화적으로 재현하는 것이 역설적으로 재현하지 않는 일을 통해 가능하다는 것을 보여주었다.

〈쇼아〉는 수용소에서 살아남은 생존자의 목소리를 통해서만 기억을 전달하려고 한다. 홀로코스트에 대한 다른 영화들처럼 당시의 사건을 연출하거나 자료 화면이나 논평을 덧붙이기를 거부*하고 대신 피해자의 증언을 청취한다. 경험적 사실

---

* 하지만 란츠만이 모든 상황에서 연출을 거부한 것은 아니다. 홀로코스트 당시에 열차를 운행했던 이에게 열차를 운전하게 하면서 당시 상황에 대해서 말하게 하는 등 현재의 시점에서 과거를 상상하게 하기 위해 그는 다양한 연출적 요소를 활용한다. 이상빈, 『아우슈비츠 이후 예술은 어디로 가야 하는가』, 책세상, 2021, 92쪽.

로서는 알기 어려운 상황, 홀로코스트를 진행하는 독일 사회체제 등에 대한 설명이 필요한 경우에는 역사학자인 라울 힐베르크의 설명에 의지하지만, 감독은 계속해서 증언을 듣는 청자의 자리에 남아 있으려고 한다.* 란츠만의 영화는 '재현의 불가능성'이라 불리는 폭력의 재현에 대한 중요한 쟁점을 보여 주는 대표적 사례이고 〈사울의 아들〉은 그 〈쇼아〉가 시도한 재현 방식의 대척점에 서 있는 것처럼 보인다.

〈쇼아〉가 생존자의 증언을 듣는 데 집중하고 있다면 〈사울의 아들〉은 극적으로 상황을 연출하면서 폭력의 전말을 저항의 영역과 함께 제시한다. 이러한 재현 방식의 차이는 '홀로코스트는 재현될 수 있는 것인가'라는 미학적 쟁점, 예술의 윤리 문제로 이해되지만 실은 제노사이드를 어떻게 바라 보고 있는가를 둘러싼 인식의 차이가 깔려 있다. 란츠만의 〈쇼아〉가 연출을 통한 홀로코스트의 재현을 거부한 것은 증언자 이외에는 이를 재현할 자격이 없다는 것, 그리고 재현하지 않음으로써 란츠만은 기억이 부재하는 현재의 장소 위에서 증언을 따라 나서며 상상하고 파고드는 관객들의 참여를 유도한다.[55] 누가 재현할 것인가 하는 증언자의 자격에 대한 질문을 던진 이는 프리모 레비였다. 레비는 그의 마지막 저작인 『가라앉은 자와 구조된 자』에서 진정한 증언자로 수용소의 심연을 본 자들, 그리고 구조되지 못한 자인 '무젤만Muselman'을 이야기한다. 독일

---

* 반면에 가해자였던 독일인이나 (란츠만이 판단하기에) 사건의 방관자였다고 여기는 폴란드인에 대해서는 감독인 란츠만이 개입하여 추궁하기도 한다.

어로 이슬람교도를 의미하는 '무젤만'은 수용소 은어로는 참혹한 고통 속에서 삶의 의지를 모두 잃고, 시체처럼 인간적 삶이나 자신을 보호하려는 어떤 행동도 할 수 없는, 능력을 상실한 자들을 의미한다. 레비는 무젤만과 같은 이들이야말로 진정한 증언자라고 이야기한다. 그들이야말로 자신과 같은 '특권층'과 달리 수용소의 심연을 바라보았던 이들이며, 그리고 그곳에서 돌아오지 못한 자들이기 때문이다.

레비는 수용소에서 살아남은 생존자들이 오히려 예외적인 조건에 속한 이들, 즉 특권층이었다고 말한다. 물론 수용소에서의 특권은 바깥에서의 권력과 비교할 수 없이 초라하다. 나치가 필요한 업무를 할 줄 알거나 간수의 변덕으로 기회를 얻어서 남들보다는 조금 더 편한 일을 맡은 경우다. 죽음의 공포를 앞둔 이들이 조금 덜 춥고 약간 더 많은 빵을 쥐었다고 해서 특권이라 말하기는 쉽지 않지만 이러한 특권은 삶과 죽음의 경계를 나눈다. 특권에 대한 강조는 살아남은 자들을 비난하기 위함이 아니다. 오히려 증언하는 이들의 반성을 촉구한다. 레비는 증언자, 운이 좋아 살아남은 특권층의 예외적인 경험이 수용소의 세계를 과잉대표한다고 본다. 그는 수용소에 대한 증언과 기록이 자신처럼 "바닥까지 가보지 못한 사람들에 의해서 쓰였다고 단언"한다. 무젤만처럼 수용소의 극한을 체험한 이들은 "돌아오지 못했거나, 자신의 관찰 능력이 고통과 몰이해로 마비되어 있었"[56]기 때문이다.

레비는 수용소에 대한 재현이 죽은 자와 살아남은 자, '가라앉은 자와 구조된 자' 사이의 격차를 반영하고 있음을 지적한다. 가해자들만이 과거를 은폐하지 않는다. 홀로코스트에 대한 증언은 너무나 참혹하기에 듣는 이도, 말하는 이도 견디기 쉽지 않다. 반복되는 증언은 익숙한 형태로 고정되거나 왜곡되고, 달라지기도 한다. 메도루마 슌目取眞俊의 소설「물방울」에서 태평양 전쟁에 참전했던 오키나와인 '도쿠쇼'는 전쟁 경험을 이야기해 달라는 학교의 요청을 받는다. 그는 말하기 고통스러운 자신의 기억을 말하는 대신 "상대방이 어떤 얘기를 듣고 싶어 하는지 알게 되"[57]고 그에 맞는 증언을 한다. 이처럼 상투화된 기억은 과거의 폭력에 대해서 말하는 듯하지만, 실은 어떤 것도 말하지 않고 그 폭력성을 숨기고 만다. 홀로코스트의 증언자들도 기억을 정형화하고 마치 해롭지 않은 장식처럼 남겨두려는 사회의 힘과 정신적 고통으로부터 자신을 보호하려는 마음 등으로 들려줄 수 있는 증언만 하기도 한다.[58] 레비가 무젤만의 존재를 강조하는 것은 이처럼 증언이 반성적 역량을 상실하고 장식이 되어 버리는 상황, 사건을 그저 이해 가능하고 간접적으로 체험할 수 있는 것으로 격하하고 마는, 폭력성을 부인하고 사소한 것으로 만드는 서사들에 대한 경고다.[59]

프리모 레비가 『가라앉은 자와 구조된 자』를 발표했던 1986년에 홀로코스트는 나치에 의해 은폐되고 말할 수 없는 사건이 아니었다. 오히려 전 세계에서 인류의 비극을 상징하는 사건으로 확고히 자리를 잡은 이후였다. 홀로코스트는 잊히지 않고 많은 이들에 의해서 말해지고 있었지만, 모든 과거의 기억이 말해진 것은 아니다. 티머시 스나이더가 '아우슈비츠의 역설'[60]이라고 불렀던, 오히려 아우슈비츠에서 더 많은 이들이 살아남았기에 더 유명해졌다는 사실처럼 과거의 기억은 불균형적으로 남게 되고는 한다. 최악의 상황을 피할 수 있었던(물론 생존자의 고통이 결코 가볍다는 의미는 아니다) 생존자의 경험이 과잉 대표되면서 무젤만 같은 참혹한 순간들이 말해지지 않은 기억으로 남겨지게 된다. 진정한 증언자가 누구인가에 대한 레비의 질문은 공식화된 홀로코스트의 기억에 속하지 못하고, 잊히고 있는 말해지지 못한 잔여를 이야기한다. 그리고 이 말해지지 못한 잔여는 동시에 그것을 말하는 것이 가능한 것이냐는 질문이기도 하다. 너무나 끔찍한 고통 속에서 인간적 능력을 상실한 그들이 경험한 심연을 우리는 말할 수 있는가? 증언할 수 있는 자는 심연에서 구조된 자이며 구조되지 못한 자는 증언할 수 없다는 아우슈비츠의 '아포리아'(모순 혹은 난제)가 증언의 문제에 놓여 있었다.[61]

한편 조르조 아감벤은 증언하는 자와 심연을 경험한 자가 분리될 수밖에 없는 아우슈비츠의 아포리아를 역설적으로 증언의 본질이라 이야기한다. 증언의 주체란 원래부터 분열되어 있다. 아감벤은 인간이 인간 이하의 존재가 될 수 있음을 증명하는 무젤만과 살아남은 증언자 사이의 관계를 상호협력적인 것으로 규정한다.[62] 서로를 보증하는 이 증언의 두 주체는 인간이 인간 이하가 될 수 있다는 것, 그리고 그 모든 것이 권력에 의해 사라질 수 있었다는 참혹한 어둠을 증언한다. 재현될 수 없는 사건, 증언될 수 없는 사건을 증언하는 일이란 곧 언어로 표상될 수 없는 사건의 잉여가 존재한다는 사실을 인식하게 한다.[63] 아감벤은 레비가 던진 진정한 증언자가 누구냐는 질문에 대해서 재현될 수 없으니 재현해서는 안 된다고 주장한다면 이는 그 의도와 관계없이 홀로코스트를 은폐하려고 했던 나치의 목적에 부합하는 일이라 경고한다.[64] 그렇게 홀로코스트는 재현될 수 없다는 말은 이미지의 부재가 아니라, (란츠만의 표현을 빌린다면) '상상력 없는 이미지', 사건을 표면적으로 재현하고 연출하며 상투적이고 진부한 장면으로 만들어 버리는 또 다른 형태의 망각에 저항한다. 그렇다면 수용소의 전 과정을 연출을 통해 시각화한 〈사울의 아들〉은 재현할 수 없는 것을 너무 쉽게 보여 주고 있던 것일까? 그렇지 않다. 〈사울의 아들〉의 출발점이 된 네 장의 사진은 란츠만, 아감벤 등이 지나쳐 버리고만 또 다른 증언할 수 없음에 대해서 생각하게 한다.

사울은 랍비를 찾기 위해 다른 지역으로 가야 했고, 이 과정에서 존더 코만도 저항 세력이 밀수한 카메라로 수용소에서 자행되는 학살의 순간을 찍는다. 존더 코만도가 아우슈비츠-비르케나우의 참상을 촬영한 사진들의 행방을 영화는 이야기하지 않는다. 그러나 사진은 사울보다, 아니 아우슈비츠보다 오래 남았다. '알렉스'[65]라는 이름으로 알려진 존더 코만도가 촬영하고 지하사회의 비밀스러운 네트워크를 통해 폴란드 레지스탕스에까지 전달된 초점도 제대로 맞지 않던 네 장의 사진은 학살 사건에 대한 증거이자, 살아남은 자의 말과는 또 다른 증언이 존재했음을 증명한다. 존더 코만도들이 남긴 네 장의 사진을 분석한 프랑스의 미학자 조르주 디디-위베르만Georges Didi-Huberman은 수용소를 권력에 의해서 완전히 장악되고, 모든 가능성이 사라진 세계로 보는 아감벤의 시각을 비판한다.

그렇게 수용소에서 모든 가능성이 사라진다면 저항이란 그저 자살과 다름없는 일이 되지 않느냐고 묻는다.[66] 위베르만은 극한의 폭력 속에서도 네 장의 사진으로 외부에 신호를 보내려고 했던 이들을 주목한다. 그는 인간을 인간 이하의 것으로, 인간으로서의 이미지를 파괴하려는 폭력에 맞서는 저항의 형태가 "모든 것을 무릅쓰고 그 이미지를 유지하는 행위"[67]라고 보았다. 모든 기록을 파괴하는 자들에 맞서서, 수용소의 지하사회를 통해 존더 코만도들은 사진을 남겼다. 그리고 그 사진이라는 재현물은 사라지지 않았다.

존더 코만도가 마주한 재현의 불가능성은 전쟁 이후 생존자들의 증언과는 전혀 다른 성격의 문제였다. 레비는 홀로코스트를 인간과 세계에 대한 근본적인 질문이 아니라 그저 이미 지나간 비극적인 과거로 여기는 무관심과 상투적 이해를 경계했다. 그러나 사진을 찍은 존더 코만도들은 진부한 증언의 방식을 걱정하지 않았다. 그들은 어떤 기록과 증언도 불가능하게 하는 폭력의 금지를 두려워했다. 존더 코만도들이 남긴 재현은 말 그대로 '모든 것을 무릅쓰고' 감행한 위험한 행동이었고, 이는 홀로코스트라는 예외적 사건을 제외한다면 대부분의 제노사이드를 재현하려던 이들이 겪는 공통적인 상황이다.

영화 〈액트 오브 킬링〉의 엔딩 크레딧에는 미국인 감독 조슈아 오펜하이머 등 제작에 참여한 외국인들의 이름만 공개했다. 영화에 관여한 인도네시아인 대부분은 자신을 보호하기 위해 익명으로 남았다. 학살이 자행된 지 사십 년 이상이 지났지만, 가해자들이 여전히 권력을 장악하고 있었기 때문이다. 한국

전쟁기에 한국 정부가 자행한 제노사이드는 1970년대에 들어서야 문학을 통해서 조심스럽고 또 우회적인 방식으로 이야기되기 시작했다. 1960년 4.19 혁명 직후에 희생자 유족들이 진상 규명과 책임자 처벌을 요구하며 목소리를 내었지만, 이듬해 군부 쿠데타 세력에 의해 잔인하게 탄압당했기 때문이다. 2차 세계대전에서 나치가 패배하고 주요한 가해자들이 전쟁범죄자로 재판에 회부되었던 홀로코스트와 달리 거의 모든 제노사이드 사건 이후에도 가해자들의 권력은 흔들리지 않았다. 그들은 사건을 부인했을 뿐 아니라, 진실을 말하려는 이들을 잔인하게 탄압했다. 계속 권력을 쥐고 있던 가해자들의 힘에 맞서서 과거사를 기억할 수 있게 되는 과정은 1980년대부터 2000년대까지 '이행기 정의'라 불린 민주화와 체제 변화를 거치며 상당한 시차를 두고서 가능했다. 반면에 홀로코스트는 전쟁으로 나치가 몰락하면서 증언이 가능한 시기가 오기까지 오래 걸리지 않았다.[68] 홀로코스트의 증언이 겪었던 상투화의 우려는 제노사이드의 재현들에서 볼 때 예외적인 상황이었다. 증언은 상투화가 아니라 금지와 고통스러운 싸움을 벌여야만 했다.

 제노사이드의 재현은 불가능한 것이기 이전에 금지된 것이다. 금지에 의한 재현의 불가능함은 수용소가 어떤 빈틈도 없이 권력에 의해 장악된 공간이라는 인식 속에서는 해결될 수 없다. 아감벤의 말처럼 수용소가 인간을 인간 이하로 만들 수 있는 권력의 최종적 승리를 확인하는 장소라면, 사진을 남기는 것은 어떻게 가능했겠는가? 위베르만은 아감벤이 권력의 강력한 힘을 비판하지만 역설적으로 억압받는 자들이 저항하기 위해 기록하고 재현할 수 있는 힘을 두시하고 말았다고 지적한다. 궁극적으로 승리하는 곳은 권력이라 말하면서 수용소의 잔혹함을 강조하는 아감벤의 주장은 오히려 억압받는 자를 무력한 자들로, 인간을 권력에 예속된 존재로 만들었다고 비판한다.[69] 그렇다. 수용소에서 권력에 의해서 죽음이 사소한 것이 되고 인간이 시체로 생산될 뿐이라면, 모든 것을 무릅쓰고 아이의 장례를 치르려고 했던 사울조차 그저 시체에 불과한가?

아감벤은 홀로코스트가 끝난 직후부터 나타난 수용소의 지하사회를 둘러싼 엇갈린 평가*에서 살아남은 자의 반성을 고민했다. 하지만 재현의 조건은 반성 속에서 이루어지는 증언만이 아니었다. 수감자들은 지하사회에서 자신들을 인간 아닌 것으로 밀어내려는 권력의 정의하기에 맞서서 다른 이미지를, 인간인 자신을 남기려고 했다. 권력의 시선과는 다른 이미지로 자신을 바라볼 수 있는, 아니 다른 이미지를 만들어 낼 수 있는 인간의 능력은 사라지지 않는다. 가해자는 폭력이라는 사회공학적 수단을 통해 세계를 자신의 설계도대로 만들려고 한다. 하지만 미약한 빛이라도 권력과 다른 시선이 삶의 경계를 다시 그리려고 한다. 가해자가 피해자를 격리된 수용소로 밀어 넣고 인간의 모든 것을 완전히 박탈하려고 했을 때조차, 이 힘은 사라지지 않는다. 삶의 경계를 다시 그리는 일은 가해자에 맞서는 무장봉기(전투-저항)만큼이나 중요한 싸움이다. 그래서 사

---

* 수용소 내부의 지하세계, 생존하려는 수감자들의 사회적 행위를 빅터 프랭클, 테렌스 데 프레, 츠베당 토도로프 등은 긍정적으로 평가했지만, 프리모 레비와 부르노 베텔하임은 이를 생존자의 영웅적 행동으로 바라보는 시각을 경계했다.

울은 끝내 아이의 시신을 버리지 않는다. 수용소에서의 죽음을 사소한 것으로 만들려는 권력에 맞서 그는 추모받아야 할 죽은 자의 권리를 지키려는 '존중-저항'에 나섰기 때문이다.[70] 제노사이드 가해자들에 대한 문화적 저항, 증언이 금지된 세계에서 재현하는 일은 가공할 폭력 속에서도 인간적인 것, 인간들의 사회가 완전히 파괴되지 않음을 보여 주는 증거다. 금지 속에서 이루어지는 재현, 문화라는 은밀한 전장은 수용소의 지하사회라고 불렸던 것, 권력에 의해 점령되었을지언정 완전히 사라지지 않는 사회적 관계 속에서 보존되며 또 그곳에서 맞서 싸울 수단을 찾는다.

3장 존재했지만 들리지 않은 목소리

전쟁을 기록하는 여성

대다수 연구자가 마찬가지겠지만 박사학위 논문을 쓰는 시기에 평생 가장 많은 글을 읽게 된다. 비평가로 일을 하기 위해서 읽어야 할 책도 상당히 많았지만, 학위논문을 쓰기 위해서는 도서관의 지하창고에 들어가서 먼지가 쌓인 오래된 책도 꺼내 보아야 했다. 과거에 대한 기억이 으레 그러하듯, 어떤 작가에 대해 가지고 있는 현재의 이미지가 당대의 평가와는 상당히 다른 경우가 왕왕 있다. 한국의 제노사이드 문학에 대한 박사학위 논문을 준비하던 중에 발견했던 한 문학 잡지의 대담도 그랬다. 지금은 사라진 『한국문학』이라는 이름의 이 월간 문학 잡지는 1985년 6월에 한국전쟁 35주년 특집으로 꾸렸다. 지금이야 6월이 되더라도 한국전쟁이 특집 주제가 되는 일은 문학뿐 아니라, 대부분의 매체에서 거의 없지만 1980년대는 조금 달랐다. 한국전쟁을 경험한 이들 대다수가 살아 있었고, 냉전도 계속 이어지고 있었다. 휴전으로부터 삼십여 년의 시간이

지났지만, 그 시간은 전쟁을 잊는 시간이 아니라 전쟁의 공포가 이어지는 시간이었다.

문학잡지『한국문학』의 한국전쟁 35주년 대담에는 총 6명의 작가와 평론가가 참여했는데, 이 중 전쟁을 기억하지 못하는 이는 한국전쟁 때 세 살이었던 소설가 이문열뿐이다. 분단문학이라는 용어는 최근의 한국 문학 연구에서도 잘 쓰이지 않는 과거의 개념이 되었지만 1980년대까지만 해도 관련된 작품도, 그에 관한 관심도 매우 많았다. 내가 당시에 이 잡지를 찾아 본 이유는 두 가지였다. 한국전쟁 시기를 배경으로 한 제노사이드 문학을 연구했으므로 분단과 전쟁에 대한 문학계의 논의를 볼만 한 자료가 필요했다. 물론 더 중요했던 다른 이유가 아니었다면, 꼭 이 잡지를 찾아 보지 않았을 것이다. 내가 도서관의 지하 창고를 뒤져 가면서 나보다 나이가 많은『한국문학』 1985년 6월호를 꼭 읽어야 했던 이유는 소설가 박완서가 그 대담에 참여했기 때문이다.

한국을 대표하는 소설가 박완서는 당시로써는 늦은 나이였던, 마흔 살에 작가로 데뷔한다. 박완서는 한 여성 잡지의 장편 공모전을 수상하면서 작품 활동을 시작했는데, 여전히 그의 대표작 중 하나로 기억되는『나목』이 그 수상작이었다. 데뷔작부터 한국전쟁을 소재로 했던 박완서는 말년에 이를 때까지 전쟁기의 기억과 이후의 삶에 대한 많은 소설을 썼다. 그의 작품 중 가장 많이 알려진 자전적 장편소설『그 많던 싱아는 누가 다 먹었을까』도 일제강점기에서 보낸 어린 시절의 경험부터 시작하지만, 전쟁 중 서울이 점령당하고 피난을 가지 못한 박완서 가족이 겪은 고통스러운 일상이 담겨 있다. 박완서는 한국전쟁에 대한 소설을 논할 때 빼놓고 이야기하기 어려운 작가였고, 1985년의 대담에서도 전쟁과 분단에 대한 소설을 대표하는 이 중 한 사람으로 초청받았다.

    나는 이 대담에서 박완서가 말했다고 알려진 어떤 내용을 찾고 있었다. 박완서에 대한 다른 연구논문에서 발견했던 한 구절이 내 관심을 끌었기 때문이다. 그 논문에 따르면 박완서는 이 대담의 참석자 중 유일하게 '거짓말'에 대해서 이야기를 한다. 대담 과정에서 박완서는 당시로써는 위험한 이야기일 뿐 아니라, 작가인 자신에 대한 신뢰도를 떨어뜨릴 수도 있는 이야기를 꺼낸다. 그는 한국전쟁에 두 가지 형태의 죽음이 있었다고 말한다. 하나는 '반동'이라고 낙인이 찍혀서 북한에 의해 살해당하는 것이고, 다른 하나는 '빨갱이'라고 몰려서 남한에 의해 살해당한 일이었다. 박완서는 전쟁 중에 이 두 가지 형식의 죽음을 보았다. 소름 끼치고 고통스러운 그 죽음에 진저리 칠 만큼이나 많이. 그러나 자신이 소설을 쓸 때는 이 모든 죽음을 쓰지 못했다고 고백한다. "모든 죽음을 빨갱이가 반동이라고 해서 죽인 것으로만 썼"[1]다고 말이다. 자신이 겪은 일을 쓴 내용이 '사실이 아니었다'는 소설가의 고백, 특히 자전적인 작품을 써 온 작가의 말이라면 논란이 될 수 있는 발언이다. 하지만 더 놀랍게도 대담에 참여한 그 누구도 놀라거나 그 문제에 대해서 더 이야기하지 않는다. 사실 당시 작가라면 누구나 예상할 수 있고, 또 했었을 일이기 때문이다.

    민주화 이전 한국사회에서는 전쟁의 기억에 대해 모두 밝힐 수 없었다. 전쟁은 전선뿐 아니라, 후방에서도 가족이고 이웃이던 이들이 서로를 살육하는 끔찍한 방식으로 자행되고 있었다. 그중 많은 죽음이 국가에 의해, 국민을 지키겠다고 말했던 국가에 의해 자행되었다. 박완서의 삼촌도 한국 정부에 의해 살해당했다. 대담에 참여한 이들이 박완서의 가족사를 알지는 못했겠지만, 말할 수 없는 죽음들에 대해서는 알고 있었다.

당시 나는 박완서의 고백이 어떤 맥락 속에 있었는지 알고 싶었다. 내 논문에서 박완서는 가장 중요한 작가 중 하나였고, 나는 그의 소설 속 '거짓말'의 의미를 해명해야 했다. 한국전쟁에 대한 박완서의 가족 이야기에는 오빠의 죽음이 자주 등장한다. 전쟁 중 죽은 오빠를 대신해서 힘겹게 키운 조카가 가족의 마음도 모르고 성실하게 살면 된다는 믿음이 얼마나 허망한 것인지 따져 묻는 「카메라와 워커」나 무당집과 불당을 오가는 엄마의 변화무쌍한 신앙심에 투덜거리면서도 수십 년만에 지낼 수 있게 된 오빠의 제사에 동행한 딸의 이야기인 「부처님 근처」 같은 소설처럼 슬픈 가족사는 박완서 소설의 많은 부분을 차지했다. 박완서의 오빠가 죽는 장면이 직접 등장하는 소설도 여럿이었다. 당장 그의 데뷔작이었던 『나목』에서도 오빠들이 미군의 오폭으로 죽는 장면이 등장한다. 칠 년 뒤에 쓴 장편소설 『목마른 계절』에서는 한때 좌익이었지만, 현실을 겪고 냉담해진 지식인이었던 오빠가 전쟁 중 배신자로 몰려 어느 인민군 장교에게 살해당한다. 그로부터 사 년 뒤에 쓴 연작소설 「엄마의 말뚝 2」에서는 내용이 미묘하게 달라진다. 인민군 장교의 총격에 사망하는 것은 동일하지만, 그 과정이 이상해진다. 오빠를 탈영병이라고 의심한 인민군 장교는 그에게 진실을 말하라며 총을 쏘지만, 그 자리에서 죽이지 않고 며칠 뒤에 다시 와서 물어보겠다고 한다. 한국군에 의해 서울이 수복되기 직전이라 후퇴 준비를 하던 인민군이 총까지 쏘고도 며칠이나 여유를 주겠다는 상황은 너무 기이하게 읽힌다. 「엄마의 말뚝 2」에서 오빠는 총상을 입고 며칠을 앓다가 세상을 뜬다. 소설 속 박완서의 오빠는 두 사람이었다가, 한 사람이 되고 폭격에 희생당했다가 기이한 심문으로 고통받기도 한다. 박완서가 말한 '거짓말'이 오빠의 죽음에 대한 것임을 짐작하게 한다.

박완서는 1985년의 대담이 있고 사 년 뒤, 민주화 직후를 배경으로 한 소설 「복원되지 못한 것들을 위하여」를 쓴다. 이 작품에 오빠의 이야기는 등장하지 않는다. 대신 박완서와 비슷한 처지의 한 가족이 등장한다. 박완서의 스승이었던 소설가 박노갑의 모델로 한 월북 작가 '송사묵'의 가족들이다. 송사묵의 가족은 민주화 이후 월북 작가의 책을 낼 수 있게 되자, 아버지의 작품들을 책으로 내기로 하고 아버지의 제자 중 유명한 소설가가 된 주인공을 찾는다. 책의 추천사 격으로 북에 있는 송사묵 선생에게 편지를 써달라고 부탁하기 위해서다. 주인공은 이 상황을 혼란스러워한다. 그는 송사묵이 사상범으로 감옥에 갇혔다가 전쟁이 터지자 정부에 의해 살해당했다는 사실을 알고 있기 때문이다. 그는 망설임 끝에 송사묵의 아들에게 이 사실을 알려 주려고 하지만, 그의 가족은 이미 알고 있었다. 단지 외부의 적대적 시선을 피하기 위해 덜 끔찍한 방식으로 이야기한 것이었다. 박완서도 마찬가지다. 박완서의 오빠는 전쟁 중 한국군의 오발 사고에 총을 맞고서 몇 달을 앓다가 죽었다. 그는 이 사실을 1990년대 들어와서야 두 편의 소설로 나누어 보여 줄 수 있었다.

서울의 주인이 몇 번이고 바뀌던 그 참혹한 전쟁 속에서 (처음엔 서울이 안전하다는 이승만의 말을 믿었고, 다음엔 부상을 입은 오빠를 놔둘 수 없어서) 피난조차 갈 수 없던 박완서의 가족은 남과 북 모두로부터 고통받았다. 하지만 지금 자신이 살고 있는 사회의 치부를 말하는 것은 전혀 다른 문제다. 자신의 고통을 이야기해도 들어줄 사람이 없을 수도 있고, 오히려 국가를 탓하는 것이냐며 끔찍한 보복의 위험도 어른거렸다. 그럼에도 그 억울한 사연에 대해 털어놓고 공감받고 싶은 것이 사람의 마음이다. 거짓말은 그래서 등장한다. 「부처님 근처」에서 전쟁 중 허망하게 가족을 잃은 주인공은 그 비극에 조금은 관대해진 시절이 오자, 한풀이하듯 사람들에게 이야기를 쏟아 내지만 돌아오는 것은 무관심뿐이다. 그는 사람들이 귀를 기울이게 하기 위해 "내 얘기를 들어줄 사람의 비위까지 어림짐작으로 맞춰 가며 요모조모 내 이야기를 꾸며"[2]내다가 나중에 가서는 소설을 쓰기까지 한다.

박완서가 말했던 거짓말이란 무언가를 숨기기 위함이 아니라, 오히려 말할 수 없던 사건을 이야기하기 위한 절박한 방식이었던 셈이다. 그리고 거짓말에 대한 고백 또한 이를 말할 수 없게 하는 사회를 고발하는 방식이었다. 「복원되지 못한 것들을 위하여」 속 송사묵의 아들은 아버지가 죽은 것이 아니라 월북했다고 말하는 가족의 거짓말이 실은 "불행해진 것도 억울한데 홀로 특별하게 불행해지는 거라도 면"하기 위한 "일종의 자구책"³이라고 답한다. 한국전쟁 때 가족을 잃은 사람은 수없이 많았다. 그리고 그렇게 사라진 가족 중에는 죽은 이도 있지만, 자발적이거나 비자발적으로 월북한 이들이나 실종된 자들도 있었다. 월북자의 가족들은 사상적인 의심을 받았고, 연좌제에 시달리기도 했다. 그러나 사상범으로 학살당한 이의 가족들에게는 더한 의심과 위협이 있었다. 승사묵의 가족도, 그리고 박완서 자신도 그 위험을 피하기 위해 가족의 죽음을 숨기거나 에둘러 이야기했다. 가족의 죽음조차 함부로 말할 수 없게 하는 사회는 얼마나 참혹한가? 묵계와 거짓의 고백은 바로 그런 사회에 대한 고발이었다.

박완서가 자신의 소설 속 거짓말을 고백하는 과정은 실은 '진짜 거짓말', 자신과 같은 이들이 겪은 고통에 대해서 말할 수 없었던 현실의 작위를 보여 준다. 신군부의 폭정이 이어지고 있던 시절 누구나 다 알고 있었지만, 누구도 말하지 않는 사실*을 고백한다는 것은 두려움을 견뎌 내야만 가능한 일이다. 박사 학위 논문을 준비하던 중에 나는 그 고백의 맥락을 읽어 내고 싶었다. 그런데 대담을 읽기 시작한 지 얼마 되지 않았을

* 한국의 대표 국문학자이자 비평가였던 김윤식은 한국전쟁의 참혹한 폭력과 그로 인해 말할 수 없는 가족사 문제, 그의 표현을 빌리면 "아비는 남로당이었다"라는 명제가 1970년대 한국 문학의 뒤편에 어른거리는 '숨은 신'(숨은 신이란 프랑스의 평론가 루시앙 골드만의 용어로 시대나 문화에서 표면적으로 나타나지 않으나 강력한 영향력을 가진 시대정신이나 무의식 등을 의미한다)이었다고 주장했다. 김윤식,「문학사적 개입과 논리적 개입」,『문학과사회』겨울호, 문학과지성사, 1991, 1504쪽.

때, 전혀 다른 부분이 눈에 들어왔다. 대담이 시작될 때 사회자는 한국전쟁을 어떻게 경험했는지를 기준으로 '직접체험세대' '간접체험세대' '미체험세대'라는 세 가지 유형으로 나눈다. 직접체험세대는 전쟁 중에 성인이어서 전쟁의 참상을 직접 목격한 이들이고 간접체험세대는 당시 어린아이거나 청소년이었던 작가들이다. 미체험세대는 전쟁 중 갓난아이였거나 태어나지 않은 작가들을 의미했다. 이러한 작가 분류는 꽤 오랜 시간 동안 한국의 전쟁 문학을 이야기할 때 사용되었다.

사회자는 대담의 독자들을 위해 그 자리에 모인 작가들이 어떤 세대에 속하는지 설명하는데 박완서를 간접체험세대의 작가로 칭한다. 이상한 일이었다. 한국전쟁이 발발했을 당시 박완서는 서울대학교 1학년 재학생이었다. 그런데 사회자는 박완서보다 열두 살이나 어린, 전쟁 당시 여덟 살에 불과했던 소설가 조정래와 박완서를 같은 세대로 묶는다. 스무 살이 많은 나이는 아니지만, 대부분이 십 대 후반에 결혼하고 고등학교만 졸업해도 지식인 취급을 받던 시절에 서울대학교 대학생이었던 박완서가 어떻게 초등학교를 막 입학했을 때 전쟁을 겪은 이들과 같은 취급을 받았던 것인가? 사회자는 이 사실을 의식했는지 변명처럼 덧붙인다. 박완서는 연령으로 본다면 분명 직접체험세대 작가(당시 대담에 참여한 다른 체험세대 작가 중에는 박완서보다 딱 한 살 연상의 남성도 있었다)이지만, "여성이라는 특수성 때문에 현장의 참여보다는 상황의 응시 내지는 관찰 쪽에 속하기 때문에 그렇게 구분"[4]했다고 말이다.

1980년대에 박완서는 이미 여러 편의 전쟁에 대한 소설을 썼고, 전쟁 중에는 주인이 바뀌길 반복하는 서울 한복판에서 여러 차례 죽을 위기를 겪었다. 그는 전쟁을 어딘가 안전한 후방에서 겪은 이가 아니라, 전투와 학살, 노역과 부역자 색출이라는 위태로움을 몸으로 겪고 살아남은 사람이었다. 당시 박완서의 소설들만 봐도 그가 얼마나 많은 위기를 겪었는지 알 수 있다. 그러나 사회자는 박완서가 전쟁의 현장에 "참여보다는 상황의 응시 내지는 관찰"하는 쪽, 즉 전정에서 싸우지 않은 여성이라고 말한다. 여성이라는 사실만으로 그는 전쟁의 당사자가 아닌 관찰자가 되었다. 그래서였을까. 대담을 따라 읽다 보면 대담자들은 박완서의 말에 화답하기보다는 민족과 국가 등에 대한 거시적인 이야기를 던지면서 자신들만의 대화를 이어가는 듯 보인다. 그들 중 전쟁터에 나갔던 이는 몇 되지 않지만, 전쟁의 관찰자로 취급받았던 여성과 달리 전쟁은 남자의 이야기라고 생각하기 때문에 훨씬 당당하고 자연스럽게 그 시기에 대해서 말한다.

오늘날 한국 문학에서 박완서는 한국 현대소설의 대가 중의 대가로 손꼽히는 작가다. 물론 대담 당시에도 데뷔한 지 십오 년 정도의 중견 작가였으며, 당대의 주요 작가라는 사실에는 이견을 제시하기 어렵던 인물이었다. 그런 박완서조차 자신과 가족을 괴롭혔고, 그의 문학의 핵심적인 문제였던 전쟁에 대해서 말할 때는 관찰자로 취급받았다. 오직 그가 여성이라는 이유만으로 말이다. 전쟁이 여성의 경험이 아니라고 여기는 경향은 문학계에서만 나타나는 특징이 아니다. 오히려 인류사에서 오랜 시간 반복되어 온 정형화된 인식에 가깝다.

한국전쟁을 경험한 평범한 사람에 관한 역사 연구, 그들의 말을 직접 들어 보는 '구술사'에서는 한 가지 흥미로운 경향이 나타난다. 한국전쟁을 겪은 노인들을 만나서 전쟁 당시의 일에 관해서 물어보면, 남성 노인들은 전투의 내용이나 당시의 정치적 상황에 대해 상세하고 또 활발하게 대답하지만 이상하게도 여성 노인들은 전쟁에 대한 이야기는 아니라는 식으로 에둘러서 과거에 대해 말한다.[5] 여성 노인들은 전쟁을 이야기할 때 전투나 정치가 아니라 가족의 죽음이나 생계를 잇기 위해 받았던 고통, 피난길, 굶주림 등에 대해서 집중한다. 당시 군인으로 싸운 여성이 결코 많지 않았기 때문에 나타나는 경향이라 생각할 수도 있다. 그러나 여성들이 군인으로 많이 나섰다고 해서 이러한 상황은 달라지지 않는다. 2차 세계대전 당시 소련에서는 최대 100만 명에 달하는 여군이 참전했으며, 의무병 같은 보조 업무뿐 아니라 전차병, 전투기 조종사, 소총수 등 거의 모든 병종에서 남성들과 함께 싸웠다.[6] 그러나 스베틀라나 알렉시예비치Svetlana Alexievich의 말처럼 소련의 전쟁 기억에서 그 여자들은 존재하지 않았다.[7] 여성이 싸웠느냐 싸우지 않았느냐는 중요하지 않았다. 전쟁의 기억에서 여성의 존재를 지워 버리는 일은 세계적인 현상이었다. 여성이 싸운 기억만 지워진 것이 아니다. 전시 성폭력 같은 참혹한 고통도 함께 지워졌다.

최근까지도 사람들은 전쟁을 남자의 일이라고만 여긴다. 전쟁터에서 싸우는 군인들 다수가 남성이었다는 사실 때문은 아니다. 현대적인 국가조차 군인다운 모습을 남성적인 것으로 강조하고 적대감을 고취해야 할 때 그들을 전쟁터에 어울리지 않는 '여성적' 존재로 묘사하는 방식에 의존한다.[8] 그러나 여성을 그저 전쟁의 관찰자로 보는 시각, 전쟁은 남성의 문화라는 시선에는 그저 누가 전쟁터의 주인공인가에 대한 판단만이 있는 것이 아니다. 더 깊은 핵심에는 전쟁이 무엇이냐에 대한 근본적인 물음을 감추고 있다. 전쟁에서는 군인들이 싸운다. 그러나 군인이 아닌 사람들은 항상 전쟁터에 존재했고, 전투가 이루어지지 않았던 곳들조차 전쟁에 휘말려 있었다. 점차 멀리 날아가는 포탄과 미사일이 상징하듯이, 현대전에서는 군인들이 싸우는 전선과 민간인들이 생활하는 후방의 구분이 점차 희미해지고 있다. 그리고 전쟁이 시작된 이후의 삶은 결코 전과 같을 수 없다. 총을 든 이들만 전쟁을 겪는 것이 아니며, 전쟁 이후에 살아남기 위해 겪게 되는 모든 일이 전쟁이다. 전쟁을 남자의 일이라고 말할 때, 무기를 들지 않은 자들을 그저 관찰자라고 여긴다면 후방의 전쟁은 모두 잊히고 만다. 그곳에서 훨씬 많은 이들이 희생되고 있었음에도 말이다. 이 장에서는 그렇게 잊힌 전쟁과 아무도 들으려고 하지 않았지만 끝내 목소리를 냈던 이에 대해서 읽어 보려고 한다. 『함락된 도시의 여자』는 2차 세계대전 말기 소련군에 함락당한 독일의 수도 베를린의 참상을 겪은 어느 '이름 없는 여자'가 남긴 기록이다.

파괴된 도시의 주인들

전쟁에 대한 기록을 읽다 보면 자주 놀라는 장면들이 있다. 20세기의 전쟁은 평범한 이들은 상상조차 할 수 없는 방식으로 진행된다. 문자 그대로 도시와 국가 전체를 파괴할 수 있는 막대한 화력을 전장에 쏟아부었다. 핵무기가 등장하기 전부터 그랬다. 2차 세계대전 당시 미군으로 참전했다가 독일군의 포로로 잡혔던 소설가 커트 보니것Kurt Vonnegut은 포로의 입장으로 지상에서 완전히 파괴된 도시를 목격했다. 그의 소설『제5도살장』에는 지하에 숨어 있던 미군 포로들이 폭격으로 완전히 파괴된 독일의 도시, 드레스덴 한복판을 걷는 장면이 등장한다. 그 광경은 소설에 짧고 건조하게 묘사된다. "드레스덴은 이제 달 표면 같았다"[9]라고 말이다. 1000대가 넘는 미국과 영국의 폭격기가 투하한 막대한 폭탄으로 인해 드레스덴에서는 단 하룻밤 사이에 3만 5000명이 사망한다. 2차 세계대전 중 폭격으로 사망한 독일의 민간인만 60만 명을 넘었다.[10]

참혹한 파괴를 보고 나니 의문 하나가 뒤따랐다. 그렇게 파괴된 도시는 버려졌을까? 대부분의 도시는 그 막대한 폭격 이후에도 제 기능을 유지했다. 대규모의 파괴 이후 상황에 대해서는 당시 독일의 군수부장관이었던 알베르트 슈페어Abert Speer의 회고록에서 찾아볼 수 있다. 슈페어는 연합군의 막대한 폭격으로 독일의 핵심 산업 시설들이 상당한 피해를 입었고, 연합군이 좀 더 체계적인 폭격을 가했다면 나치의 군수 산업이 조기에 붕괴했을 수도 있다고 이야기한다. 그러나 연합군의 오판과 독일의 필사적 조치로 전쟁 말기에 오히려 군수 생산이 증가하기도 했다.[11] 그 막대한 파괴에도 불구하고, 도시는 계속 작동하고 있었다. 슈페어는 당시 독일 수뇌부의 대응과 인식, 군수부장관이었던 자신이 어떻게 대처했는지 등에 대해서 상세하게 기록한다. 그런데 그의 회고에서 빠진 이들이 있다.

그들은 파괴된 도시에 살아남은 사람들이었다. 즉 전쟁터로 징병이 되어 빠져나간 독일의 남성들을 대신해서 일했던 수많은 사람이 언급되지 않는다. 슈페어는 가혹한 강제 노역으로 죽을 위기에 처한 유대인 수감자들에 대해서는 홀로코스트에 대한 단죄를 의식해서인지 많은 분량은 아니지만 기록을 남기긴 했다. 그러나 남자들이 떠난 도시에서 살아남기 위해 쉴 틈 없이 일하고, 방공호에 숨기를 반복했던 여성들에 대해서는 별다른 이야기를 하지 않는다. 그들 없이는 결코 도시를 유지할 수 없었음에도 말이다. 독일 고위층의 기록에서도 거의 언급되지 않았지만, 전쟁이 끝날 때까지 도시를 지켰던 여자들이 있다. 그들은 전쟁이 끝난 이후에도 이어지는 또 다른 전쟁까지 견뎌야 했다. 독일의 수도 베를린이 소련군에 의해 함락된 이후를 기록한 수기 『함락된 도시의 여자』는 여성이 경험한 전쟁에 대해 이야기해 준다.

『함락된 도시의 여자』에 수록된 첫 번째 일기는 여자들의 도시 베를린의 모습으로 시작한다. 독일의 패배가 확실해진 상황에서 베를린의 시민들은 밀려서 들려오는 포성에 귀가 먹먹하고, 폭격으로 타버린 주택가의 폐허를 지나간다. 신문을 기다리던 사람들은 간이매점 근처에서 방금 도착한 신문을 훑어본다. 이번에는 또 어떤 도시가 전선에 삼켜졌는지, 특히 연합군이 진격하는 서부 전선의 소식보다 소련군이 진군해 오는 동부 전선의 소식에 촉각이 곤두서 있다. 베를린에 먼저 도착해서 도시를 장악할 이들은 미국이 아니라 소련군이기 때문이다. 일기를 쓴 이는 집이 폭격을 당하자 전쟁터로 나간 친구의 빈집에서 머물면서 일하고 식량을 교환한다. 폭격이 계속되었으나 아직 전선이 되지 않은 도시에서 사람들은 굶주린다. 굶주림은 현재뿐 아니라, 미래의 공포이기도 하다. 하루하루 베를린으로 진격하고 있는 소련군이 "독일인들을 일단 팔 주 정도 굶기기로 했다"[12]라는 소문이 그들을 괴롭혔다. 나치당 기관지가 적국을 악마화하기 위해서 퍼뜨렸던 소문, 소련군이 자행했다는 끔찍한 성폭력의 공포 역시 저자의 머릿속에 남아서 불안을 증폭한다. 나치의 선전과 주민들의 공포 속에서 자라난 이야기의 절반은 실제로 일어난다. 그리고 그 끔찍한 폭력을 기록했던 이에게 더욱 고통스러운 사실은, 소문 속의 악행들이 실은 독일이 다른 나라에서 자행했던 폭력이라는 것이다.

『함락된 도시의 여자』는 1954년 미국에서 출판되었다. 2차 세계대전이 끝나가던 1945년 4월 말부터 소련군에 베를린이 함락되고 독일이 항복한 직후인 6월 22일까지 두 달간 경험한 일을 쓴 일기를 외국에서 익명으로 출간한 것이다. 독일인이 독일의 전쟁 경험에 관해 쓴 책이지만 독일 국내에 소개된 것은 2003년이 되어서였다. 그때는 이미 저자가 사망하고 이 년이 지난 뒤였다. 1950년대 후반에 독일어권인 스위스에서

베를린 점령에 성공한 소련군이 깃발을 올리고 있다. 출처: Wikipedia

이 책의 독일어판이 출간되었지만, 무관심은 계속되었다. 『함락된 도시의 여자』가 출간되는 과정은 묘한 기시감을 준다. 슈페어의 책에서 일하는 여자들의 존재가 희미해졌던 것처럼, 극한의 폭력 속에서 살아남은 이 여성의 목소리를 정작 고국인 독일은 그가 죽은 뒤까지 오랜 시간 외면한다.

『함락된 도시의 여자』가 놓여 있는 자리는 그래서 복잡하다. 저자가 생생하게 기록으로 남긴 참혹한 점령하의 폭력은 독일사회에서는 철저히 무관심의 대상이 되었고, 오히려 미국 등 다른 국가에서만 읽혔다. 독일에서 출간된 직후에는 이 책이 수기가 아니라 누군가에 의해 창작된 내용이라는 의심에 진실 공방까지 이어졌다. 독일 여성들이 경험한 끔찍한 폭력에 대해서 독일사회가 병적으로 무관심하고 외면했던 이유는 무엇이었을까? 여러 이유가 있겠지만 일차적으로는 점령을 앞둔 시기 저자를 괴롭혔던 불길한 소문들이 실은 적국이 행한 일(물론 끔찍하게도 소문의 일부는 현실이었다)이 아니라 독일이 행한 일이라는, 가해자로서의 위치와 깊게 연관되어 있다.

독일 태생의 소설가 제발트W. G. Sebald는 독일사회가 전쟁 중 자신들이 경험한 폭력에 대해서 말하는 것을 병적으로 기피했다는 점을 주목한다. 그는 전쟁 말기에 태어난 전후戰後 세대이자 20대 초반에 영국으로 이주한 독일사회의 외부자로서 계속 질문을 던진다. 왜 독일은 수많은 도시를 파괴하고, 수십만 명을 희생시킨 가혹하고 비윤리적일 뿐 아니라, 충분히 불법적일 수 있었던* 민간인 폭격 사건에 대해서 공개적으로 문제를 제기하지 않는가? 가장 큰 이유는 역시나 독일이 홀로코스트와 같은 끔찍한 파괴를 자행한 가해자였다는 사실[13] 때문이다. 600만 명이 넘는 유대인과 2000만 명에 달하는 소련과 동유럽의 슬라브계 국가 주민들이 독일의 전쟁으로 사망했다. 물론 독일인 수백만 명도 전쟁과 폭격과 강제추방 등으로 사망했다. 하지만 독일이 피해를 말하는 것은 쉽지 않았다. 전쟁을 시

---

* 2차 세계대전 당시 미공군의 대규모 폭격작전을 지휘했던 커티스 르메이는 1960년대 미국 국방장관을 역임했던 로버트 맥나마라와 대화하면서, 자신들이 민간을 대상으로 감행한 대규모 폭격은 전쟁에서 패배했다면 전범재판에 오를 수 있던 일이라고 회고한다. 이들의 대화는 다큐멘터리 〈전장의 안개The Fog of War〉에 수록되어있다.

작한 것도, 참혹한 제노사이드를 자행한 것도 독일이었으니까.

가해자라는 죄의식 때문에 독일사회는 민간인이 겪은 폭력도 함께 잊으려고 했다. 독일은 전쟁을 끝낸 후 전쟁에 의한 집단적 죄의식을 끊어 내고, 새로운 출발선에 서고 싶어 했다. 이에 피해에 대해서도 집단적 침묵을 일관하게 된다. 제발트에 따르면, 독일사회와 독일 문학에서 폭격이라는 끔찍한 폭력에 대한 기억은 거의 기록조차 되지 않았다.[14] 독일사회에 떠돌던 이러한 죄의식과 침묵은 분명 『함락된 도시의 여자』가 증언하는 점령 이후의 끔찍한 참사를 외면한 것도 일부 설명할 수 있다. 그러나 충분한 설명은 아니다. 또 다른 문제, 즉 전쟁은 남성의 경험이라는 인식이 이 집단적인 침묵과 망각의 기반이었다.

『함락된 도시의 여자』는 베를린을 소련군이 점령한 이후 일어난 끔찍한 전시 강간 사건을 겪었던 이가 남긴 기록이다. 책에는 저자 자신뿐 아니라, 소련군에게 강간을 당한 여성 수십 명의 이야기가 등장한다. 책의 배경이 되는 베를린에서는 최소 11만 명이 전시 강간의 피해자가 되었다.[15] 전시 베를린의 인구 270만 명** 중 여성은 4분의 3에 달하는 약 200만 명이었으니, 최소한 20명당 한 사람이 희생당한 셈이다. 그리고 이 엄청난 피해에 대해 독일사회는 침묵했다. 전시 성폭력에 대한 독일사회의 침묵은 기이하게도, 잠잠한 침묵이 아니라 소란스

** 전쟁 발발 직전 베를린의 인구는 420만 명이었으나 전시 동원으로 대다수 남성이 전쟁터에 보내지면서 270만 명까지 인구가 감소했고 도시에 남은 남성은 부상자나 노인, 미성년자가 대부분이었다.

럽지만 귀담아듣지 않는 방식으로 나타났다. 『함락된 도시의 여자』의 마지막 일기에서는 전쟁터로 나갔던 저자의 남자친구가 귀환한다. 베를린으로 돌아온 남자친구 '게르트'*는 살아서 연인과 재회했다는 기쁨을 누렸지만, 저자의 감정은 훨씬 복잡했다. 그는 게르트가 살아남은 이들과 대화하는 과정에서 소외되고 있는 것처럼 느꼈다. 저자와 지인들은 게르트에게 많은 이야기를 들려줬지만, 그럴수록 그와의 간극은 커져만 갔다. 게르트에게 자신이 겪은 일을 말할 때, 그리고 끝내 그 일기장을 보여줬을 때 관계는 파국으로 향했다. 게르트는 소리친다. 살아남은 이들이 묵고 있던 건물 전체가 이상하다고, 너희들도 그만큼이나 끔찍하다고, "너희는 그 모든 가치 기준을 잃어버렸"[16]다고 말이다. 게르트의 비난은 살아남은 자들에게 향한다. 그리고 이런 비난을 하는 이가 게르트 한 사람만은 아니었다.

전쟁터에서 돌아온 독일의 남성들은 자신들이 알던 집이 있을 것이라고 여겼다. 그러나 그들이 돌아온 집은 전에 알던 곳이 아니었다. 그들은 폭격과 전투로 자신들의 집이 파괴되어 있을 것이라는 점은 예상했다. 그러나 자신들이 '정상적'이라고 여겨 왔던 가족 관계의 형태가 사라질 것이라는 점은 예상하지 못했다. 그들은 독일의 여자들이 자신이 알던 사람과는 다른 사람이 되었음을 눈치챘다. 참혹한 폭력이 그들의 삶을 휩쓴 뒤였지만, 피폐하고 망가진 귀향자와 달리 오히려 밝

---

* 이 이름은 가명이다. 『함락된 도시의 여자』에 등장하는 보통 사람들의 이름은 전후戰後 사회에서 그들을 보호하기 위해서 가명으로 처리되었다.

고 당당해진 여성들의 모습을 보게 된다. 한 귀향자가 남긴 기록은 이를 상징적으로 잘 표현해 준다.

> 내가 없는 동안 아내는 '나'라고 말하는 법을 배운 것 같았다. 그 사실을 깨닫기까지는 오래 걸렸다. 아내는 항상 '내가 이랬고 내가 저러고 싶다'고 이야기했다. 그러면 나는 늘 '미안한데, 우리가 이랬고 우리가 이러는 게 어떠냐'고 이야기했다.
> —하랄트 애너, 박종대 옮김, 『늑대의 시간』, 위즈덤하우스, 2024, 174쪽.[17]

아내가 '나'라고 말할 줄 알게 되었다는 사실은 고향에서 벌어진 끔찍한 범죄만큼이나, 아니 그 이상으로 남성들에게 당혹감을 주는 경험이었다. 나치 독일은 근대적인 의미에서의 국가가 아니라 가부장적인 '민족공동체'[18]를 건설하고자 했고, 독일의 여성들을 남성 가부장에게 종속된 가정 내의 존재로 훈육했다.** 물론 나치의 영향이 아니더라도, 군사주의적 전통이 강력했던 독일사회에서는 여성을 순종하는 존재로 양육해 왔다. 그러나 전쟁터로 간 남자들을 대신해서 여자들이 도시를 지켜야 할 상황이 되자, 여자들은 가족 안에만 머물 수 없었다. 전

** 나치는 여성을 민족을 재생산하는 수단으로 보았지만, 동시에 그들의 노동력을 효율적으로 활용하고자 했다. 여성이 가정 내의 존재이면서도 동시에 효과적으로 일할 수 있는 가사노동과 비슷한 (컨베이어 벨트 같은) '단순한' 작업 영역을 찾아내려고 했던 것이다. 나치의 세계관 속에서 여성은 여전히 가부장에 종속된 모성으로 한정되었지만, 역설적으로 여성의 노동과 사회진출을 촉진하기도 했다. 데틀레프 포이케르트, 김학이 옮김, 『나치시대의 일상사』, 개마고원, 2003, 266~269쪽.

쟁이라는 특수한 상황 때문에 많은 여성이 집 밖에서 자신의 일을 찾을 수 있었고, 이미 일하고 있던 여성들은 더 높은 직급으로 올라갈 기회를 얻기도 했다.

괴벨스의 비서 중 한 사람이었던 독일 여성 브룬힐데 폼젤Brunhilde Pomsel이 후자의 경우였다. 폼젤은 우연히 나치당 인사와 알게 된 인연으로 방송국에서 일하던 중 전쟁을 겪었고, 남성들 상당수가 전장에 나간 사이에 권력이 있는 부서인 괴벨스의 선전부까지 올라갈 수 있었다. 전에는 누린 적 없던 사치와 '선택받은' 것만 같은 자긍심도 누릴 수 있었다.[19] 정작 전쟁 이전부터 기자로 일했던 『함락된 도시의 여자』의 저자에게는 사회적 상승의 경험이 전혀 없었다. 하지만 동시에 그 역시도 자신이 알아 왔던 세계, 강인한 남성들을 찬미하고 여성을 순종적인 존재로 만들려고 했던 나치의 세계관이 흔들리는 것을 느꼈다. 그리고 '남성'에 대한 신화가 흔들릴 때, 여성들은 새로운 자긍심을 발견한다.

> 나아가 '남성'이라는 신화가 무너지고 있다. 지금까지의 모든 전쟁에서 남자들은 조국을 위해 죽고 죽일 수 있는 특권이 남자에게만 있다고 주장해왔다. 이 전쟁에서 우리 여자들도 그 특권에 가담한다. 전쟁은 우리를 변화시켰고, 우리는 담대해졌다.
> —익명의 여성, 염정용 옮김, 『함락된 도시의 여자』, 마티, 2018, 58쪽.

독일의 여성들은 남성들의 업무라고 여겨 왔던 공장에서 일할 수 있었고, 남성의 것이라 여겨 왔던 전쟁의 한복판에 서게 되었다. 그들은 남자들과 대등한 위치에서 '나'를 이야기할 수 있게 되었다. 물론 이러한 상황은 독일 이외의 국가들에서도 유사하게 나타난다. 2차 세계대전 당시 대부분의 국가가 산업 현장에 있던 남성 인력의 대규모 유출을 경험한다. 국가의 산업 능력이 전쟁의 결과를 좌우하게 된 20세기의 '총력전' 체제에서 전쟁터로 군인을 보내는 것만큼이나 무기를 만들고 공급할 수 있는 후방의 산업 능력을 지켜야 했다. 전쟁 전까지는 여성들이 가정 안에서 순종적이길 원했던 이들은 전시 경제를 지탱하기 위해 여성들을 노동 시장에 끌어들이려고 적극적으로 나서게 된다.

 2차 세계대전 후반기 미국에서는 여성을 방위 산업체에 근무하도록 하기 위한 캠페인과 광고가 전체 광고의 16퍼센트를 차지할 만큼 정부가 나서 막대한 비용을 투입해 여성이 일하도록 독려했다.[20] 1980년대 미국 페미니스트들이 주체적 여성의 상징으로 재발견한 군수 공장에서 일하는 여성 '리벳공 로지'도 이러한 캠페인의 과정에서 등장했다. 전쟁으로 가장 큰 인명 피해를 보았던 소련의 경우 더 필사적으로 여성들에게 의존했다. 여군을 전투 병력으로 활용하는 것을 극도로 꺼렸던 대다수의 나라와 달리, 소련은 당시 세계 최대 규모의 여군을 운영했다. 자원입대한 소련 여성들은 소총수나 저격병, 전차병, 전투기 조종사 등 모든 전투병과에 투입되었다.[21] 이러한 조치가 얼마나 파격적이었는지는 유럽의 다른 나라와 비교할 때 선명해진다.

 1930년대 스페인내전 당시 반란군 세력에 의해 존망이 위태롭던 스페인 공화국군을 지원하기 위해 여성 자원병들이 나서기도 했다. 한 사람의 전투 병력이 아쉬웠지만 공화국군은 여성이 총을 드는 것이 적절하지 않다며 이들의 무기를 회수해 간다.[22] 『함락된 도시의 여자』에서도 비슷한 장면이 등장한다. 베를린 코앞까지 소련군이 진격한 상태에서 군병원을 돕기 위해 여성 시민들이 모여든다. 하지만 군인들이 그들을 막아선다. "총이나 한번 잡아보고 병정놀이나 할 셈이냐는 투"로 "말도 안 돼, 당신들에게 시킬 일은 없"[23]다며 그들을 돌려보낸다. 패배를 피할 수 없는 순간조차 독일 군인들은 자신들을 돕기 위해 찾아온 여성들을 뿌리쳤다. 전쟁은 남성의 일이라는, 프로이센 시절부터 뿌리 깊은 그 문화를 지탱하는 것이 생존이나 승리보다 중요했기 때문이다. 물론 여성을 전쟁에 적절하지 않은 존재로 보는 인식은 소련도 마찬가지였다. 소련군은 막대한 여성 인력에 의존했고, 그들과 함께 싸웠다. 그러나 전쟁터의 여성들은 적군과 싸우고 돌아온 뒤에도 싸워야 했다. 소련사회에서는 그들을 여자답지 않은 사람들, 그래서 부끄러운 존재로 여겼기 때문이다. 남성의 가슴에 달린 훈장은 명예였지만, 훈장을 달고 다니는 여성은 여자답지 않은 사람이라고 멸시를 받았다.[24] 여자들은 전쟁을 겪었지만, 여전히 사람들은 전쟁이 여자들의 일이 아니라고 여겼다. 그들을 전쟁터로 불러낸 국가조차 말이다.

전쟁 중 여성의 노동력과 여군에 의존했던 국가들은 전쟁이 끝나자 여성들이 일터를 떠나 집으로 돌아가길 원했다. 전쟁이 끝나자 남성들이 돌아왔고, 산업 현장의 여성들이 없어져야만 그들의 일자리를 확보할 수 있었다. 전쟁이 끝나자 무기를 생산하던 군수 산업부터 대규모 감원이 시작되었고, 그 대상은 여성에 집중되었다. 2차 세계대전이 끝난 1945년의 연말 삼 개월 사이에 뉴욕주의 해고자 중 60퍼센트가 여성이었으며, 전체 산업 영역에서 여성의 해고율은 남성보다 75퍼센트 이상 높았다.[25] 반면 소련이나 독일처럼 많은 남성이 전쟁에서 사망하여 남녀성비가 뒤바뀐 나라들의 사정은 조금은 달랐다.

독일의 경우 전후戰後 극심한 성비 불균형에 시달렸다. 전쟁이 끝나고 포로로 잡혔던 독일군 수백만이 돌아온 1950년에도 남녀의 성비가 1:1.36에 달했[26]으므로 여성 노동력에 의존해야 하는 상황은 바뀌지 않았다. 그러나 동시에 남성 가장이 가족의 경제를 책임진다는 인식은 강하게 유지되었다. 일하는 여성 중 기혼 여성의 경우, 혼자 생계를 감당해야 하는 미혼 여성들과 남성 가장이 밖에서 일하고 여자는 가정을 지켜야 한다는 보수적인 사회 사이에 끼어서 노동 시장에서 가장 먼저 퇴출되었으며, 그 자리는 가장이 되어야 할 남자들에게 돌아갔다.[27] 소련의 경우 여성의 노동에 자본주의 국가들에 비해 긍정적이었지만, 군인으로서의 여성에 대한 차별은 견고했다. 소련에서 '대조국 전쟁'이라고 불렸던 2차 세계대전에서 헌신한 수백만의 여성들은 사회적 기억 속에서 잊혔다.

한국전쟁이 끝난 직후의 한국사회에서도 비슷한 경향이 나타난다. 전쟁으로 남성이 죽거나 군인으로 끌려 나간 사이에 여성들은 가족의 생계를 위해 수많은 일을 시작했고, 독일의 여성들이 그러했듯이 이러한 사회 활동 경험이 그들에게 자긍심을 주기도 했다. 전쟁 중 여성의 경제 활동 참여 비율은 2배 이상으로 증가했고, 상업 분야에서는 전체 종사자의 거의 절반이 여성이었다.[28] 하지만 전쟁이 끝난 직후부터 경제 발전이 이루어지는 1970~1980년대까지 한국 정부와 사회는 여성들을 남성 가장의 경제력에 의존하고 집안일을 담당하는 '가정주부'로 만들기 위해서 지속적으로 노력했다.[29] 전쟁이 끝나고 이십 년 가까이 한국사회에서 가정주부가 사실상 환상에 가까운 것이었다는 사실은 중요하지 않았다.*

박완서의 소설에는 전쟁을 경험한 가정주부가 등장하는 작품이 적지 않다. 박완서 소설의 가정주부는 누구보다 성실하게 정상적인 가족의 모습을 만들려고 노력한다. 그 노력의 뒤에는 국가의 의심을 사면 안 된다는 두려움이 깔려 있다. 「부처님 근처」의 주인공인 '나'와 어머니는 전향한 좌익이었던 오빠의 죽음을 오랫동안 숨긴다. 그리고 그 과거를 숨기는 방식 중에는 결혼도 있었다. 주인공은 사상을 가졌던 오빠와 달리, "처자식의 먹이를 벌어들이는 것 외에는 자기가 속한 사회에 설

---

* 한국전쟁으로 인한 빈곤화와 남성의 경제능력의 약화 등으로 대다수 한국의 가정은 여성의 경제활동 참여 없이는 생계를 이어 나가기 어려웠다. 이는 본격적인 경제 발전이 시작된 1960년대 이후에도 크게 달라지지 않았는데, 섬유업 등 여성 노동력에 의존하는 경공업 중심의 경제가 1970년대까지 유지되었기 때문이다. 또 전쟁 이후 미군기지촌 등을 중심으로 성장한 성산업은 1970~1980년대까지 한국의 외화벌이의 중요한 축이었고, 한국 정부는 암묵적으로 이를 허용하는 것을 넘어 적극적으로 성산업을 활용하고 여성들을 통제했다. 보수적 한국사회는 여성의 노동을 원치 않았지만, 성노동은 오히려 국가적 사업으로 관리되기까지 했다. 이러한 경향은 독일, 일본 등 전후 경제위기를 겪은 국가들에서 거의 동일하게 반복된다.

불리 참여하지도 저항하지도 않는 남자"[30]와 결혼하기로 한다. 그 결혼은 자신이 순응하고 저항하지 않을 자임을 확인받기 위한 사회와의 거래였다.

박완서 소설의 가정주부는 교육받은 중산층(으로 상승하는 데 성공한)이라는 작가의 경제적 위치만을 반영한 것은 아니었다. 그것은 연좌제와 사상 통제로 위협받는 여성들이 포기하고 숨겨 왔던 것을 포착하는 방식이었다. 그러나 한편으로 그 여성들은 완전히 고개 숙이고 순응하는 이들만은 아니었다. 박완서의 또 다른 소설인「그 가을의 사흘 동안」에는 임신중절 수술만을 전문적으로 하는 산부인과 여의사가 등장한다. 그 의사의 고객 중 적지 않은 수가 기지촌의 성매매 여성이어서 포주로부터 동업자 취급을 받기도 하고, 주민들로부터 '사람 백정'이라는 멸시를 당하기도 한다. 그러나 그가 중절 수술을 전문으로 하게 된 것은 의사로서의 책임감 때문이었다. 그 자신이 전시 성폭력으로 인해 임신중절 수술을 받았던 피해자였고, 그래서 그런 폭력을 겪은 이들의 고통을 치유하고 싶었다.[31] 가정주부라는 환상은 전시 성폭력과 극한의 경제적 위기에 내몰린 여성들이 흘러가게 된 성매매 산업의 존재 역시 추문으로 남기고 숨기려는 상징이다. 그렇게 사회가 말하지 못하게 남겨 둔 상처를 이해해 주는 이는 그 불안을 공유해 본 여성들뿐이었다. 그래서 박완서 소설 속 가정주부는 생존을 위한 사회적 전략이자, 동시에 공감과 기억의 형식이었다.

전쟁은 여자들의 것이 아니었고, 전쟁으로 인해 집 밖으로 나온 여자들은 다시 돌아가야 했다. 물론 그 과정에서 겪은 끔찍하고 수치스러운 일들에 대해서는 침묵하면서 말이다. 그러나 침묵하고 귀담아듣지 않는다고 해서 그 모든 기억이 사라지는 것이 아니다. 결국 그 기억은 돌아오고야 말았다.

피해자가 짊어진 책임감

『함락된 도시의 여자』를 읽다 보면 계속해서 고통스러운 문장들과 마주하게 된다. 어떤 문장들은 그 상황이 너무 무겁고 참혹해서 견디기 어렵다. 1945년 4월 말 독일의 수도 베를린을 소련군이 장악하게 된다. 변변찮은 저항을 뚫고 도시를 손에 넣은 소련 군인들은 승리감을 만끽하고, 장교들의 묵인하에 전리품을 챙기기 시작한다. 책에 등장하는 한 소련군은 팔에 수많은 손목시계를 차고 있다. 책의 저자가 보았을 때 그 시계들의 가치는 정말 제각각인데, 가난했던 러시아 제국 시절과 소비재가 부족했던 소련 시절에 자란 그 군인은 시계의 가치를 잘 구분하지 못했다. 그저 시계는 귀한 것이었고, 점령된 도시에서는 어떤 식으로든 시계를 구할 '기회'가 많았다. 그가 어떤 식으로 시계를 잔뜩 구했는지 알 수 없다. 다만 그 병사가 횡재할 수 있었던 '기회'가 무엇이었는지 다른 전리품을 획득하는 장면들을 통해 확인할 수 있다. 인류의 전쟁에서 가장 오래된 전리품, 즉 강간 말이다. 베를린이 함락된 이후 소련의 병사들은 무리를 지어 독일인의 거주지에 들어가서 필요한 물건을 약탈하고 강간을 저질렀다. 그리고 그런 일이 벌어질 때 대부분의 독일인은 숨죽이고 눈을 돌렸다. 이름 없는 여자는 소련 병사들로부터 끔찍한 일을 겪고는 사람들이 숨어 있던 지하실로 돌아가 그들에게 소리를 친다.

> 나는 고래고래 소리를 지르기 시작했다. "이 더러운 인간들아! 내가 두 놈한테 당하고 있는데도 문을 걸어 잠가? 오물 덩어리 취급을 해?" 그러고는 뒤돌아 나가려 하자, 침묵이 깨지고 갑자기 말소리가 터져 나왔다. 모두가 말을 하고, 뒤엉켜 고함을 지르고, 서로 언쟁을 벌이고, 팔을 마구 휘둘렀다.
> ─익명의 여성, 염정용 옮김, 『함락된 도시의 여자』, 마티, 2018, 72쪽.

전시 강간은 범죄였지만, 동시에 범죄가 아니었다. 전시 강간을 금지하는 법령은 수백 년 전에도 존재했지만, 제대로 지켜지는 일은 없었다. 점령 이후 며칠의 광란이 이어진 뒤에 소련의 서기장 스탈린이 명령을 내린다. 대숙청으로 수백만 명을 죽음으로 내몰았고, 절대적인 권력을 누렸던 스탈린의 말이었지만, 정작 이 명령만은 모두 대수롭지 않게 여기고 심지어 누군가는 반발하기까지 한다. 그 명령은 전시 강간을 금지한다는 내용이었다. 유럽 각지를 누볐던 기자 출신이라서 러시아어를 어느 정도 할 줄 알았던 저자는 그 명령이 전달되고 이를 들은 소련군이 한 반응을 정확히 기억한다. 장교는 스탈린의 훈시를 전파하면서도 대수롭지 않다는 듯 (전쟁터에서) "'그

일'은 당연히 일어나기도 한다"라는 듯 어깨를 으쓱이고, 병사는 "독일 놈들이 우리 여자들에게 한 짓을 생각해"보라며 따진다.[32]

절대적인 권한을 가지고 있던 독재자의 명령을 무시하면서까지 성폭력을 자행한 사례는 놀랍게도 결코 드물거나 예외적인 상황이 아니었다. 전시 강간을 멈추라는 스탈린의 훈시는 스탈린이나 소련 정부 모두 결코 중요하게 여긴 내용은 아니었다. '그 일'은 일어나기도 한다는 투로 으쓱거린 소련군 장교의 태도는 소련 당국의 태도와 별반 다르지 않았다. 소련의 유명한 반체제 작가였던 솔제니친조차 독일 점령지에서 자행한 군인들의 폭력에 대해서 별로 대단한 일이 아니었다는 듯 회고하면서, 그런 행동으로 처벌받는 일이라고는 고위 장교의 현지처가 된 여성을 노렸을 때 뿐이라고, 비밀로 여길 필요가 없다는 듯 이야기했다.[33] 독일군 수뇌부나 장교들 역시 전시 강간이 문제라고 생각하지 않았다. 그러나 나치 정권의 입장은 달랐다. 그들이 성폭력을 막으려고 했거나, 처벌하려고 한 것은 아니다. 점령되고 복속된 자들, 더 나아가 유대인처럼 멸종되어야 할 자들의 권리를 나치는 조금도 신경을 쓰지 않았다. 그들이 걱정한 것은 인종 오염, 즉 아리안 민족의 순수성이 다른 인종의 피로 오염되는 것이었다.

1935년 독일에서 제정된 뉘른베르크 인종법은 엄격하게 (나치가 서로 다른 존재라고 분류한) 인종 간의 성적 결합을 금지했다. 인종차별을 제도화한 미국의 법률들에 영향[34]을 받은 이 인종분리법률은 아리아인과 비아리아인이 결혼하는 것을 금지했을 뿐 아니라, 포괄적으로 성관계 역시 금지하는 조치로 확대된다. 점령지에서 저지르는 독일군의 전시 강간은 여성을 향한 폭력이라서 문제가 아니라, 민족의 유전자를 오염시키는 행동이라며 금지되었다. 인종 간 분리는 나치에게 있어서 가장 중요한 목표였지만, 독일군은 그럼에도 전시 강간을 자행했다. 독일군 대다수는 나치 이데올로기를 충분히 내면화하지 않았으며, 그들은 전통적인 의미의 전쟁이라는 틀 안에서 자신의 행동에 대해서 판단했다.[35] 전쟁에서 '그 일'은 당연히 일어나기도 한다는 생각은 독일군 역시 공유했으며, 이는 나치의 인종주의적 세계관보다 강력했다. 물론 그 이데올로기를 완전히 무시했던 것만은 아니다. '인종 오욕'으로 처벌받는 일을 피하기 위해서 독일군은 특히 유대인과의 성관계를 갖은 직후 그들을 살해했다.[36] 전쟁이라는 상황은 그런 일이 정당한 일이라고 여기도록 만들었다.

독일군과 소련군은 자신들의 모든 것을 걸고 치열하게 싸웠지만, 그들이 전쟁에서는 무엇을 해도 되는지 이해하는 방식은 별반 다르지 않았다. 태평양전쟁에서 일본군이 어찌했는지는 말할 필요조차 없을 것이다. 여전히 일본군 '위안부' 문제를 부정하는 일본의 정치인들은 소련군 장교와 똑같은 투로 이야기한다. 전쟁은 원래 그런 것이라고 말이다. 그런데 이 이야기 속에서 한 가지 이해가 되지 않는 말이 있다. 장교에게 항의하던 소련 병사가 했던 말, 독일군이 소련 여성들에게 했던 짓을 생각해 보라는 말 말이다. 독일군은 끔찍한 만행을 저질렀다. 그런데 그 병사가 보았다는 참혹한 일들은 베를린의 여자들이

한 행동이 아니지 않은가.* 그러나 소련의 군인들은 독일군뿐 아니라, 독일의 여성들에게도 그 책임을 물었다. 병사들은 전시 강간은 폭력을 통해 욕망을 푸는 행동이 아니라, 적을 징벌하는 방식의 일종이라고 정당화한다. 이러한 생각은 전시 강간의 성격 중 일부를 설명해 준다.

앞서 1장에서 극단적인 폭력을 행하는 가해자들의 악함이 개인적 문제가 아닌, 전쟁처럼 일상과 분리된 사회적 상황 속에서 정당화된다는 사실을 지적했다. 이는 전시 강간의 경우에도 적용될 수 있다. 전시 강간은 여성을 표적으로 삼은 폭력일 뿐 아니라, 동시에 전쟁의 연장으로 이해되었다. 즉 '적의 여자'에게 성폭력을 가함으로써 적에 대한 승리를 확인받고, 상대에게는 패배의 굴욕감을 선사하는 상징적 전쟁[37]을 벌인다고 믿는다. 이는 여성의 몸을 전쟁터의 연장으로, 그리고 피해자 여성을 개인으로 보는 대신 적국이나 적대적인 민족의 영토로 보는 시각이었다. 이런 태도가 독일군에게 보복하겠다는 소련 병사만의 시선은 아니었다. 20세기 후반 발칸반도의 내전에서는 전시 강간이 민족 간 대립에서 적대적 민족의 '재생산'을 단절하기 위한 무기로 기획되기도 한다.[38] 여성의 몸을 두고 벌이는 전시 강간이라는 상징적 전쟁은 피해자 입장에서는 말도 안

---

* 물론 예외가 없는 것은 아니다. 독일의 점령지에 군이나 정부 기관의 일원으로 이동한 여성들도 점령자라는 우월적 지위를 이용해서 자신의 성적 욕망을 채울 수 있는 기회를 누렸는데, 남성의 행동과 별 차이가 없었음에도 독일 남성들은 이러한 여성들을 경멸조로 비난했다. 정켈 나이첼, 하랄트 벨처, 김태희 옮김, 『나치의 병사들』, 민음사, 2015, 263쪽.

되는 주장이었다. 그런데 『함락된 도시의 여자』의 저자에게는 이 모든 끔찍한 말들이 훨씬 복잡한 형태로 경험된다. 살아남기 위한 자신의 노력과 그리고 원치 않은 순간순간 그에게 다가오는 '책임'의 고통 말이다.

    책의 저자, 전쟁 전 기자였던 이 이름 없는 여자는 전쟁에 대한 어떤 책임도 없다. 그는 나치도 아니었고, 군이나 정부를 위해서 일하지도 않았던 평범한 독일 시민이었다. 그러나 바로 그 사실, 평범한 독일인 중 한 사람이라는 사실이 그에게 견딜 수 없는 고통으로 다가오는 순간들 역시 일기에 남아 있다. 기자로 유럽 곳곳을 돌아다니면서 러시아어도 어느 정도 할 줄 알았던 그는 점령군과 독일인들 사이에서 일종의 통역 역할을 여러 번 맡게 된다. 그 자신도 성폭력의 피해자였지만, 그래도 다른 이들과 자신을 지키기 위해 그는 능숙하지 않은 러시아어로 그들과 대화한다. 어느 날 그는 성난 얼굴을 한, 고작 열일곱 살에 불과한 소련군 병사가 하는 말을 통역해야 했다. 병사는 독일군이 고향 마을에서 아이들을 어떻게 살해했는지 이야기한다. 이름 없는 여자는 그 끔찍한 내용을 듣고 믿을 수 없었는지, 병사에게 묻는다. 그런 이야기를 전해 들었던 것인지 아니면 직접 보았던 것인지 말이다.

    일기에는 그가 소련군의 말을 통역하는 장면이 여러 번 등장하지만, 그 내용을 실제로 확인했는지 되묻는 일은 거의 없다. 무자비한 폭력을 저지르는 점령군에게 사실이냐고 되묻는 일은 절대 쉬운 행동이 아니다. 그러나 받아들이기에는 너무 끔찍한 사건 앞에 그는 되묻는다. 그 일을 직접 보았던 것인지,

아니면 전해 들은 것인지. 병사는 단호하게 말한다. "두 번이나 직접 보았지요."[39] 병사의 말을 통역하자, 다른 이들은 믿을 수 없다고 탄식한다. 그러나 얼마 지나지 않아서 "우리 군인들도 그곳에서 아마 별반 다르지 않았을 거야"라는 체념이 시민들 사이에 맴돈다.[40]

『함락된 도시의 여자』를 쓴 이름 없는 여자는 자신을 온전히 피해자로 느낄 수 없다. 자신과 같은 독일인들이 저질렀던 일들이, 어느 날 갑자기 비수처럼 그에게 전해진다. 일기에는 홀로코스트에 대한 언급이 단 두 차례 등장한다. 한 번은 점령하에서 살아남기 위해 그와 다른 여성들이 해야 했던 노역에 대해 이야기하고, 라디오 방송이 다시 시작되었다는 사실을 짧게 덧붙인다. 그 라디오 방송은 강제수용소에서 수백만 명의 사람을 죽이고 그 시체조차 불태웠다는 내용을 알려준다. 뉴스가 끝나고 베토벤의 곡이 흘러나왔지만, 그는 라디오를 꺼버린다. 그 모든 끔찍한 일들을 장부에 하나하나 꼼꼼하게 기록한 "그야말로 착실한 민족"[41]의 한 일원이라는 고통스러운 사실과 마주했기 때문이다. 또 다른 기록은 점령 이후의 삶이 조금씩 안정을 찾고, 그 역시 일자리를 얻어 자신의 생활을 회복해 갈 무렵의 일기다. 페르시아인들의 침공에 대한 고대 그리스의 희곡을 읽던 그는 이야기 속 상황들이 자신의 처지이면서도, 또 자신의 처지가 아니라고 쓴다.

정복당한 자들의 비통한 외침을 담고 있는 이 작품은 지금 우리의 처지와 잘 들어맞았다. 그러나 전혀 들어맞지 않기도 했다.

우리 독일인의 불행은 역겹고 병적이고 광기 어린 뒷맛을 남기기 때문이다. 방금 라디오에서 또 강제수용소 르포가 흘러나왔다. 가장 끔찍한 것은 규정을 따르고 물자를 절약하는 정신이다. 수백만의 인간이 비료, 매트리스 충전재, 비누, 양모 매트로 변하다니, 아이스킬로스의 작품에는 없는 것이다.

—익명의 여성, 염정용 옮김, 『함락된 도시의 여자』, 마티, 2018, 319쪽.

이름 없는 여자는 자신이 겪은 고통에도 불구하고 온전히 피해자로 있을 수 없었다. 그와 그의 세계가 연루되어 있던 파괴의 이미지들이 머릿속으로 계속 침입해 들어오기 때문이다. 자신들이 정복했던 자들을 잔인하게 살해하고, 약탈한 이들이 이제는 정복당한 자라는 현실. 『함락된 도시의 여자』가 전하는 혼란스러운 감각은 바로 그 역설적인 현실에서 오는 것이다. 물론 전쟁에 가담하지 않았던 저자의 책임감이 과도하게 느껴질 수도 있다. 그러나 수백만 명을 말 그대로 '물자'로 바꿔버린 독일인의 끔찍한 성실성은, 학살당한 자들뿐 아니라 정복당한 이들에게도 영향을 끼쳤다.

중부유럽 국가였던 독일은 전쟁 내내 식량과 자원 부족에 시달렸다. 특히 나치 정권은 국민을 포섭하기 위해 여행과 휴가 등 상당한 물질적 보상을 약속했고, 이에 필요한 자원은 미래에 벌어질 전쟁을 통해 조달해야 할 것이었다. 그래서 독일은 역설적으로 전시 물자가 부족한 상황에서도, 소비재와 사치재를 충분히 공급하기 위해 열을 올렸다.[42] 그럼에도 전쟁 내내 식량은 부족했다. 나치 체제하에서 독일사회의 식량난은 만성적인 문제였다.⁴³ 그러자 독일은 점령지의 식량을 본국으로 보내는 방식으로 이를 만회하려고 했다.⁴⁴ 이는 단순한 약탈을 넘어 점령지에 의도적으로 기아를 발생시켜 최대 수천만 명을 굶겨 죽임으로써 독일인이 충분히 먹을 수 있는 식량을 확보하려는 것이었다.⁴⁵ 이름 없는 여자가 먹고 마셨던 것들은 결국 전쟁의 산물이었다.

영화 〈존 오브 인터레스트〉에는 수감자들의 재산을 약탈하는 독일 친위대 장교의 부인들이 등장한다. 그들은 모피코트나 귀금속 등 수용소에서 약탈한 장물을 서로 비교하며 평화롭게 이야기한다. 누군가 그걸 어디서 얻었느냐고 물으면 아무렇지 않은 듯 '캐나다'에서 온 것이라 답한다. '캐나다'는 수감자로부터 약탈한 물품을 보관하는 창고를 부르는 은어다. 이름 없는 여자가 입고 먹었던 것들도 과정은 조금 다를 수 있지만, 결국 또 다른 '캐나다'로부터 온 것이다. 전쟁이 끝난 이후 독일의 철학자 야스퍼스Karl Jaspers는 평범한 독일 시민이 전쟁의 책임으로부터 결코 자유로울 수 없다고 주장한다. 직접 범죄에 가담하거나 정책 결정을 바꿀 수 없었기에 법적이나 정치적 책임을 물을 수 없을지라도, 그들 모두가 죄를 짊어지고 있다고. 야스퍼스는 '형이상학적 죄'라는 말로 이를 설명했는데, 자신이 속해 있던 세계의 책임을 함께 나누어 가져야 한다고 말한다.⁴⁶ 이름 없는 여자가 자신이 독일인이라는 사실로부터 느껴야 했던 고통은 역설적으로 그가 제국에 복종한 사람이 아니라, 자신의 책임을 짊어질 줄 아는 주체적인 사람임을 증명한다.

이름 없는 여자가 독일사회가 저지른 끔찍한 행동에 대해서 책임감을 느끼는 모습은 괴벨스의 비서였던 폼젤의 인식과 극적으로 비교된다. 폼젤은 이름 없는 여자와 달리 전쟁을 사회적 성공의 기회로 누렸다. 그는 괴벨스의 여러 비서 중 한 사람이었을 뿐이다. 하지만 그는 전쟁을 기회로 여기면서 자신이 얻을 수 있었던 것이 무엇인지 정확히 알고 있었다. 그는 나치의 전쟁을 뒷받침하기 위해 자신의 능력을 활용했다. 이름 없는 여자가 소련군에 대한 적개심을 높이기 위한 당 기관지의 기사(소련군이 한 여성에게 스물네 번이나 성폭력을 가했다는)를 읽고서 "누가 곁에서 세어봤단 말인가!"[47]라는 의문을 품고 있을 때, 폼젤은 "적의 끔찍한 만행은 어떻게든 부풀리려고 안달"[48] 난 정부를 도왔다. 그럼에도 폼젤은 말년까지 자신에게는 어떠한 책임도 없었다고 주장한다. 자신은 그저 명령이었기 때문에 따를 수밖에 없었다고 말이다. 아이히만을 비롯해 거의 모든 가해자가 비슷하게 반복했던 말, 그저 자신은 명령을 따를 수밖에 없었다는 변명이 폼젤로 하여금 끔찍한 일들에 대해 어떤 감정도 느끼지 못하게 만들었다. 복종했다는 말 뒤에 숨은 폼젤에게 무기력감이 안정감을 준 것만은 아니었다. 폼젤은 독일의 패배가 확정되고, 히틀러뿐 아니라 괴벨스까지 자살한 이후의 분위기를 "내 힘으로 바꿀 수 있는 일이 아니라는 절망감이 팽배"[49]했던 시기로 기억한다. 권력 기관의 일부가 되어서 느꼈던 자긍심과 자신감이 사라질 때 그가 느꼈던 감정인 무기력함은 동시에 자신에게 책임이 없음을 증명하기 위한 말로도 쓰인다. 폼젤은 자신이 결정할 수 없었다는 말로 얻게 된 모순적인 두 감정을 끝내 이해하지 못했다. 반면 너무나 끔찍한 현실을 견디어 낸 이름 없는 여자는 그게 무엇이었는지 알았다.

고통을 다시 쓸 수 있다면

분노와 복수심, 지배감과 같은 강렬한 감정에서 촉발된 폭력은 오래 유지되기 어렵다. 그런 정서적 긴장과 고양 상태는 시간이 갈수록 진정되기 마련이고, 점차 익숙해지다가 무감각해지기까지 한다. 그러나 광기 어린 시간이 지났다고 해서, 폭력이 끝나는 것도 아니다. 표면적으로는 합의하고 동의하는 것처럼 보이는 방식으로 그 형태가 바뀌었을 뿐, 원치 않는 일을 강제한다는 폭력의 본질은 지속된다. 신체적 폭력이 결코 사라진 것은 아니었지만, 더 세련되게 '전리품'을 취하는 방식들이 등장하게 된다.『함락된 도시의 여자』에 기록된 전시 강간도 점차 강제적인 방식만 아니라, 위험한 상황 속에서 선택하고 거래하는 방식으로 변하면서 폭력은 가려진다.

이름 없는 여자는 여러 차례 소련 병사들의 공격의 대상이 된다. 이런 공격은 점령이 시작된 날부터 계속 이어진다. 그리고 이렇게 자신을 노리는 늑대들을 피하기 위해서 이름 없는 여자는 자신을 지켜 줄 수 있는 우두머리 늑대, 계급이 높은 장교를 찾으려고 한다. 그는 두 명의 러시아 장교와 가까운 관계가 된다. 그는 첫 번째 우두머리 늑대, '아나톨'이라는 이름의 소련군 중위에게 접근한다. 그의 러시아어 실력은 이 작은 권력자의 관심을 끌어내는 데 유용했고, 아나톨은 그와 연인 관계처럼 행동한다. 이름 없는 여자는 아나톨을 최대한 자신의 안전에 도움이 되는 방향으로 다루려고 노력한다. 최소한 그를 곁에 두는 방식으로 주변 병사들(그중에는 그를 강간했던 이들도 있다)이 자신에게 다가오는 것을 막고, 아나톨의 이름으로 위험한 상황을 모면할 수 있기를 기대한다. 하지만 아나톨과의 관계는 며칠 이어지지 않는다. 어느 날 말도 없이 아나톨이 다른 지역으로 배치된 것이다. 아나톨에게 이름 없는 여자는 그저 점령군이라는 우월한 지위를 통해서 누릴 수 있었던 전리품 중 하나일 따름이었다. 그가 러시아어도 할 수 있는 교육받은 여자라는 사실은 좀 더 가치 있는 전리품처럼 보이게 했을 뿐, 그를 중요하고 또 대등한 인간으로 바라봐야 할 이유는 아니었다.

점령군이 '전리품'을 취하는 방식은 다양했다. 점령에 뒤따랐던 폭력의 광풍처럼 약탈과 물리적 폭력의 행렬은 계속되었지만, 점차 다급하지 않고 강압적이지 않은 것처럼 행동하면서도 원하는 바를 이룰 '기회'가 점령군들에게 생겼다. 도시를 장악한 이후 벌였던 광란의 시간은 '그자들이 우리 여자들에게 저지른 일'에 대한 복수로 정당화되었다. 그러나 전투가 끝난 뒤에는 '보상'이 따라와야 한다고도 믿었다. 그 '보상'이란 강압적으로 강요할 수도 있었지만, 점차 쉽게 거래될 수 있는 것이 되었다. 굶주리거나 '늑대'들에게 쫓기는 이들과의 '거래'는 싼값에 이루어졌다. 서유럽의 미군 점령지에서는 상대적으로 성폭력은 덜 발생했다. 그러나 병사들이 굶주린 이들로부터 '보상'을 바라는 태도는 별반 다르지 않았다. 미군과 생존의 위기에 직면한 유럽 여성들 사이에서는 음성적인 성매매가 성행했는데, 병사들은 이를 유럽의 해방자인 자신들이 얻게 되는 보상이라 생각했다.[50] 반면 생존하기 위해 이런 일을 감내한 여성들에게 돌아온 것은 사회적 멸시와 적대뿐이었다. 심지어 그 여성들에게 생계를 의존했던 사람들조차 똑같은 태도를 보였다.

아나톨이 떠난 뒤, 첫 번째 우두머리 늑대를 수행하던 소련군 소위가 이번에는 더 높은 계급의 장교와 함께 찾아온다. 이름 없는 여자를 소령에게 소개해 주기 위해서 말이다. 부상을 입었지만 고상하고 교양이 있는 구 러시아 귀족 가문 출신의 소령은 그가 만났던 모든 소련군 중에서도 가장 정중하고 또 매력적이다. 소령은 그를 지켜 줄 수 있고, 또 생존에 필요한 물자를 제공해 줄 수 있는 사람이다. 소령 역시 그에게 매력을 느끼고 자신과 함께 소련으로 가자고 제안하기도 한다. 소령은 점령하에서 만난 이들 중 아주 드물게 괜찮은 사람이었지만, 이름 없는 여자를 바라보는 시선은 근본적으로 같았다. 오히려 전쟁 중 오랜 시간 여자를 품지 못했다는 이유로, 하급자에게 자신의 현지처가 될 여성을 물색하게 한 사람이다. 그는 정중하게 제안하지만, 동시에 이름 없는 여자가 거래될 수 있는 대상임을 알고 있다. 태도의 차이가 있을지언정 그 역시 아나톨처럼 자신의 전리품을 찾으러 다니는 사람일 뿐이다.

이름도 모르는 소련 병사에서 장교들로, 그리고 정중하고 매력적인 귀족 출신 소령으로 이름 없는 여자 앞에 나타난 남성들의 모습은 계속 바뀐다. 그리고 태도도 즈금씩 달라진다. 그래서 이름 없는 여자 역시 매력적인 인물로 바라보았던 소령의 경우에는 전시 강간의 광풍 속에서 우연히 나타난 예외적인 관계처럼 보일지도 모른다. 소령은 정중하지만, 동시에 자신의 욕망을 이름 없는 여자를 통해서 풀 수 있을 것인가만 생각할 뿐이다. 그가 어떻게 느끼는가에 대해서는 어떤 말도, 고민도 하지 않는다.

법철학자 마사 누스바움Matha Nussbaum은 성폭력을 가능하게 하는 가장 강력한 심리적 기제를 '대상화'라고 말한다. 누스바움은 대상화를 여덟 가지 세부 유형으로 구분하지만, 핵심은 세 가지라고 보았다. "자율성의 부정, 주체성의 부정, 그리고 단순한 수단으로 다루는 수단성"[51]이 여성과 사회적 약자들을 그저 물건처럼 취급하게 만드는 대상화라는 심리가 나타나는 핵심적인 방식이라고 말한다. 대상화된 자는 자신의 신체나 삶에 대해 자율적으로 선택할 권리를 부정당한다. 이름 없는 여자는 자신이 사는 집의 주인인 미망인에게 어린 소련군 병사가 쏟아 내는 말을 통역해야 했다. 병사는 계속 강조한다. 자신은 다른 병사들처럼 저 여자와 관계를 맺을 권리가 있다고 말이다. "남들도 다 그렇게 하니 나에게도 허용된다"[52]라는 병사의 생각 속에서 미망인은 자기 몸의 주인이 아니다. 동시에 미망인이 어떻게 느끼는지에 대해서는 고려하지 않는다. 병사는 (미망인의 남편일 것이라고 그가 착각했던) 독일 남성 몰래 그 일을 할 것이라며, 괜찮을 거라고 말한다. 그녀는 자기 경험의 주체가 되지 못한다. 이런 공격적인 모습에 비해 이름 없는 여자를 대하는 소령의 태도는 훨씬 정중하다. 그러나 소령이 이름 없는 여자를 찾아온 것은 그가 누구인가에 대한 관심이 아니라, 점령지에서도 여자가 필요했기 때문이다. 소령이 알고 있었는지는 확인되지 않지만, 이름 없는 여자를 소개해 준 소위는 그를 강간했던 여러 소련 군인 중 한 사람이었다. 소위는 이름 없는 여자를 장교들을 위해 소개하고 만날 수 있는 여자로, 그런 수단으로 바라볼 뿐이다.

    우두머리 늑대들을 만난 뒤에 이름 없는 여자는 극심한 통증을 느낀다. 자신의 즐거움과 사랑을 위해서 했던 행동들이 이제는 살아남기 위해 그리고 늑대들을 만족시키기 위해서 해야만 하는 일이 되었다. 그리고 "내 몸이 능욕당하고 있는데도 살기 위해 묵인"하고 있는 이름 없는 여자를 향해서 그의 몸은 "통증으로 저항"한다. 신체적 폭력의 방식을 취하지 않을 때조차, 점령하에서 벌어지고 있는 일은 폭력의 연장일 뿐이다. 그 상황에서 이름 없는 여자는 자기 몸과 감정의 주인이 될 수 없었다. 전시 강간을 비롯해 구조화된 성폭력은 적지 않은 경우 동의와 거래의 형태를 취하기도 한다. 그리고 이러한 거래는 곧 가해자들로 하여금 이 끔찍한 일들이 결코 착취나 폭력이 아니었다고 주장하는 근거가 되기도 한다.

    일본군 '위안부' 문제의 폭력성을 부정하여 논란을 일으켰던 미국의 법학자인 마크 램지어Mark Ramseyer는 '위안부'들이 합법적인 경제적 거래에 임한 것이라고 주장했다. 그는 위안부와 일본군 그리고 업자들 사이에 발생한 경제적 계약이므로 전쟁 범죄가 될 수 없다고 주장한다. 램지어의 주장은 정작 핵심적 근거인 계약서 등 증거를 제시하지 못해 논문 게재가 철회된다. 전시 강간이나 구조적인 성 착취를 노동과 계약의 관계로 보는 시각은 폭력을 은폐하기 위해 역사부정론자들이 선호하는 논리다. 심지어 그들 사이에 유사 계약 관계가 있었다고 해도 정당한 일이 될 수 없다. 이름 없는 여자의 고통은 결코 그렇지 않다고 말한다. 전쟁과 점령이 없었다면, 그리고 만연한 폭력이 없었다면 그는 결코 우두머리 늑대를 곁에 두려고 하지 않았을 것이다. 그리고 자신의 연인과 사랑을 나누었던 그 행동들이 고통으로 느껴지는 일도 없었을 것이다.

이름 없는 여자는 점령하에서 자신의 처지가 성 노동자와 다를 바 없다고 생각한다. 막무가내로 가해지는 폭력을 피하기 위해서 내린 고통스러운 선택이지만, 동시에 당장 자신이 살아남기 위해 매달려야 하는 '생업'이기도 하다는 것이다. 그는 그런 일이 부도덕한 것이라는 일상의 관념에 의문을 품는다.

과거 기자로 일하던 중 여객선에서 그는 직업 성매매 여성과 잠시 대화한다. 그러자 곧 선원이 다가와 상대가 질이 나쁜 여자라며 그에게 경고한다. 그는 그 여자가 질이 나쁘다고 말할 수 있는 근거가 무엇인지 의아해한다. 이름 없는 여자는 성매매에 대한 도덕적 판단과는 별개로 자신의 긍지와 자존심 그리고 몸을 상하게 하는 행동이기 때문에 점령이 아니었다면 하지 않았을 것이라고 생각한다. 그는 점령이 조금 안정화되자 곧 일자리를 찾아서 다시 열심히 자신의 일을 한다. 그는 점령하에서 살아남기 위해 자신이 겪어야 했던 '생업'뿐 아니라, 성폭력을 당한 일을 숨기지 않고 말하는 베를린의 여자들이 결코 이상하거나 부끄럽지 않다고 여긴다. 전쟁터에서 돌아온 그의 연인 게르트는 도저히 이해할 수 없었지만 말이다.

　이름 없는 여자의 일기를 본 게르트는 베를린의 여자들이 모두 이상해졌다고, 올바름의 기준을 잃었다고 고함을 지르고 그의 곁을 떠난다. 그러나 이름 없는 여자의 일기 속 그 어디에서도 게르트가 소련군에 대해서 그만큼 화를 냈다는 내용을 찾아볼 수 없다. 독일인들이 저지른 만행에 대한 소련 병사의 증언을 들은 뒤에 '우리의 병사들도 그들과 별반 다르지 않았을 것'이라며 낙담했던 이들의 생각처럼, 게르트와 다른 독일인들이 성폭력을 이해하는 방식은 소련군과 다르지 않았다. 전쟁터에서 '그 일'은 일어나곤 한다. 그리고 여자들은 '그 일'을 부끄러워해야 했다. 솔제니친의 사례처럼 교육받고 교양 있는, 심지어 반체제적인 인사조차 전시 강간이 있었다는 사실을 말하는 데 부끄러워하지 않는다. 하지만 여성들의 경우 그들이 피해자였음에도 불구하고 이는 말할 수 없는 사건이었으며, 동시에 수치스러운 일이었다. 상상할 수 없는 폭력의 피해자일 때조차도 그랬다.

　나치의 절멸수용소를 대표하는 아우슈비츠에는 여성 수감자를 동원한 강압적인 성매매 시설이 존재했다. 극한의 수용소에서 아주 조금이나마 생존 가능성이 높아질 수 있다는 믿음에 존더 코만도가 되었던 이들처럼, 이 시설로 간 여성 수감자 중에는 반년 뒤에 석방해 준다는 약속이나 조금 더 나은 생활 조건을 기대하며 지원한 이들도 있었다. 그러나 대부분은 강제로 차출당했고, 끔찍한 환경에서 쇠약해지고 만연한 성병으로 고통받다가 대부분 죽음을 맞았다.[53] 강제 성매매 시설은 정치범들이나 독일에 협력하는 카포 등 극히 일부 수감자들이 이용했다. 이 시설의 여성들은 아우슈비츠의 희생자이면서 동시에 다른 피해자들로부터도 차별받았다. 살아남은 수감자들은 (어떤 이유에서든) 성을 팔았던 여자들과 동격으로 취급받고 싶지 않았으며, 성매매 시설의 존재가 수감자들의 피해자성을 약화시킬 수 있다는 이유로 홀로코스트의 기념물 속에서 그들의 존재를 지워 버린다.[54] 수감자들이 그 여자들이 피해자가 아니라고 생각한 것은 아니다. 하지만 '그런' 피해는 수치스러워해야 할 일이고 동시에 침묵해야 하는 일로 여겼다.

전시 강간으로 인한 여성의 피해를 은폐하려는 현상은 유럽만의 일이 결코 아니다. 한국사회에 일본군 '위안부' 피해자들의 존재가 알려졌을 때의 상황도 전혀 다르지 않았다. 1990년대 이후 일본군 '위안부' 문제를 해결하기 위해 피해 생존자들과 시민사회의 운동이 계속 이어지면서, '위안부' 피해자들은 한국사회에서 존중하고 귀담아들어야 하는 이들로 인정받았다. 그러나 그 이전에는 달랐다. 1980~1990년대에 '위안부' 문제를 다룬 소설들을 보면 그들이 겪은 일은 말할 수 없는 수치스러운 경험으로 그려진다. 노인이 된 일본군이 자신의 행동을 사과하기 위해 '위안부' 생존자를 찾으려고 하는 한 소설은 "당한 사람이 오히려 죄인이 되어 드러나기 두려"[55]워하기 때문에 가해의 역사는 기억하더라도, 피해자는 숨겨야 한다고 이야기한다. 또 다른 소설에서 '위안부'였던 생존 여성은 남편으로부터 자신과 만나기 전에 일본인과의 관계로 아들을 임신한 것이 아닌가 하는 의심에 평생을 시달린다. 그의 남편이 자신처럼 학도병으로 끌려온 사람이었고, '위안부'들의 도움으로 살아남은 사람이었음에도 말이다. 소설의 결말에서 그는 아들에게 자신이 일본인의 아이를 가진 것이 아니라고, 민족의 피를 오염시키지 않았다고 증명한 뒤에야 용서를 받을 수 있었다.[56] 피해자임에도 오히려 멸시를 받고 침묵해야 했다. 이러한 침묵의 사슬을 끊은 것은 바로 살아남은 여성들 자신이었다.

게르트가 했던 비난을 다시 떠올려 보자. 그는 이름 없는 여자가 아니라, 베를린의 여자'들'이 이상해졌다고 분노한다. 이름 없는 여자가 아니라, 독일의 여자들이 말이다. 함락된 도시를 찾아온 불행과 고통은 한 개인에게 찾아온 사건이 아니었다. 각자가 겪어야 했던 상황은 달랐을지라도, 재난은 그들 모두에게 찾아왔다. 그리고 그 고통을 서로에게 이야기하고, 이해함으로써 그 폭력에서 벗어나기 위해서 부단히 애를 쓴다.

> 이 같은 집단적 강간 경험은 집단적으로 회복되는 중이다. 여자들은 자신의 강간 경험과 괴로움을 말함으로써 다른 사람도 그것을 말할 수 있게 하고, 얼마나 고통스러운지 토로하며 서로를 지지한다. 하지만 그렇게 한다고 해서, 이 둔한 베를린 소녀보다 섬세한 여자들이 무너지지 않는다거나 남은 생애 동안 고통받지 않는다는 소리는 아니다.
>
> ─익명의 여성, 염정용 옮김, 『함락된 도시의 여자』, 마티, 2018, 181쪽.

전후戰後 독일사회는 여성들이 이 끔찍한 사건에 대해서 말하는 것을 견디지 못했다. 그들이 경험한 고통을 말하는 일은 남자들의 자존심을 상하게 하는 부적절한 행동, 그 자체로 외설적이고 도덕적이지 못한 일로 여겼다.[57] 그러나 이 고통이 말할 수 없는 수치스러운 사건으로 숨겨진다면, 그들의 고통은 계속될 뿐이다. 반면 이 사건을 이야기하는 과정은 상처를 극복하고 치유하는 방식이기도 하다. 트라우마적인 사건을 경험한 이들에게 자신의 상처를 이야기로 풀어내는 일은 중요하다. 폭력이란 근본적으로 대상화, 즉 가해자에 의해 자기 삶을 결정할 권리를 빼앗기는 일이기 때문이다. 사회학자 볼프강 조프스키Wolfgang Sofsky는 타인의 의지에 반하여 가해자의 의지를 관철하는 행동을 폭력이라고 정의한다.[58] 신체적 상해가 아니라 할지라도 의지에 반하는 강압적 상황을 경험한 이들에게는 폭력의 트라우마가 남게 된다. 안전을 위해 우두머리 늑대를 찾아야 했던 이름 없는 여자의 행동처럼 말이다. 그런데 경험했던 사건을 말하기 위해 피해자는 과거의 기억을 자신의 의지로 정의하고 재구성하는 과정을 거쳐야 한다. 이렇게 이야기 형태로 정리하는 과정, 즉 '재구성하기'는 피해자를 폭력에 휘둘리는 객체가 아니라 자신의 상처를 돌보고, 과거를 돌아볼 수 있는 주체로 만든다. 그제야 상처 입은 피해자의 삶과 몸은 다시 자신의 것이 될 수 있다.

　게르트의 경악과 달리, 전시 강간에 대해 당시 독일 여성들이 거리낌 없이 이야기했던 이유는 수치심을 몰랐기 때문이 아니다. 그들은 오히려 자신의 상처를 정면에서 바라보기 위해 그 일을 이야기한다. 이름 없는 여자가 집단적인 상처를 집단적으로 회복해 가고 있다고 말했던 것처럼, 그 사건을 여성 개인의 수치로 바라보지 않고 함께 듣고 이야기하는 이들의 존재가 중요하다. 자신의 상처를 말하는 것이 수치스러운 일이 되지 않는 환경과 고통 이후에도 유지될 수 있는 사회적 관계 속에서야 이야기하기는 상처의 치유로 이어질 수 있다.[59]

하지만 이 대화의 유대는 오래 지속되지 못한다. 전쟁터에서 돌아온 군인들, '그 일'이 전쟁에서 일어나곤 한다고 생각하는 이들은 그런 이야기를 말하는 자리를 원치 않았다. 그래서 이름 없는 여자는 독일을 떠난 뒤에, 그리고 자신의 이름을 숨긴 다음에야 책을 출간할 수 있었다. 그가 죽은 지 이 년이 지난 뒤에야 책은 고국인 독일에서 출간된다. 그 사이에 무슨 일이 있었던 것인가? 20세기 후반에서 21세기 초, 일본군 '위안부' 운동의 등장과 함께 증언하는 여자들이 나타나기 시작했다. 함락된 도시의 여자들이 서로에게 그러했듯 살아남아 증언하는 자들의 말에 용기를 얻어 잊힌 사건이 말해지기 시작한다. 외설적인 사건이라며 침묵을 바라던 이들과 달리, 그 증언에 귀를 기울여 주는 사람들이 전 세계에 있다는 사실을 알게 된 것이다. 그렇게 조금씩 사람들은 자신의 고통을 말할 수 있었다. 그런 일들이 있고 난 뒤에야 이름 없는 여자의 책은 고국으로 돌아온다. 자신의 이름과 함께 말이다. 그 이름 없는 여자의 이름은 마르타 힐러스 Marta Hillers, 전쟁을 겪었고 살아남아 자신의 이야기를 남긴 사람이다.

4장　　　　　도시 설계자의 죄의식

히틀러와 건축가의 계획

20세기 독일에서 수도 베를린의 재개발 등 초대형 건축 프로젝트 다수를 설계했던 건축가 알베르트 슈페어는 1969년에 『기억』[1]이라는 제목의 두꺼운 회고록을 남겼다. 슈페어는 젊은 나이에 독일 총리실을 리모델링하고 의회당 등 수많은 국가 중요시설을 설계했던 건축가로서 이력뿐 아니라, 장관으로서 독일의 중공업 분야를 담당했던 경험과 독일 정계 주요 인사들과의 인연을 상세하게 기록한다. 슈페어는 삼십 대라는 이른 나이에 건축가로 대단한 명성을 얻었을 뿐 아니라, 장관이 되어 권력의 핵심부에 다다른다. 그의 화려한 이력을 보면 회고록이 자부심과 성취감으로 가득하리라 예상할 수도 있다. 그러나 슈페어는 회고록을 자신이 해 온 일에 대한 후회를 토로하는 것으로 끝맺는다.

"사악한 충동은 자신들끼리 힘을 보태며 성장해, 현대 세계의 복잡한 기관들을 냉혹하게 흔들어 해체할 수 있게 되었다. 여기에 의지에 의한 유예는 존재하지 않는다. 자동화 체계는 몰개인화를 촉발해 점점 더 개인의 책임감을 움츠러들게 할 것이다."
기술 발전의 가능성에 눈이 먼 나는, 거기에 내 삶의 황금기를 바쳤다. 그러나 지금 과학기술에 대한 나의 견해는 지극히 회의적이다.

—알베르트 슈페어, 김기영 옮김, 『알베르트 슈페어의 기억』,
마티, 2016, 832쪽.

최신 건축기술을 활용해서 웅장하고 거대한 건축물을 건설하고 이후 독일의 중공업 산업 정책 전반에 관여했던 슈페어는 폭발적인 기술 발전이 이루어졌던 20세기 서구 문명의 중심부에 있었다. 그런 그가 기술 발전에 눈이 먼 나머지 인생의 황금기를 허비했다고 후회한다. 권력의 중심부에 갔던 이가 말년에 자신의 생애를 반성하는 회고록을 발간하는 일은 드물지 않다. 그러나 슈페어가 자신의 생애에 대한 반성을 기술 문명과 과학기술 비판으로 결론짓는 것은 어딘가 석연치 않아 보인다. 알베르트 슈페어가 히틀러의 건축가였기 때문이다.

알베르트 슈페어는 1930년대 초 나치당에 입당한 뒤 히틀러 정권 아래서 건축가로 승승장구했던 나치 정권의 최고위층이었다. 히틀러가 사용한 총리 청사를 리모델링한 슈페어의 작업은 대표적인 권위주의적인 건축으로 꼽힌다. 그가 맡았던 프로젝트 중 가장 거대한 사업은 수도 베를린의 재건축 계획이었다. 베를린은 나치 이전부터 통일 독일제국의 수도였지만, 히틀러가 원했던 것은 새로운 '독일 제국의 수도'였다. 15~18만 명을 수용할 수 있으며 높이는 200미터 이상인 거대한 원형 돔 건물, '대회의장'을 비롯해 슈페어가 설계한 새로운 베를린은 기존의 건축물보다 수십 배는 큰 거대한 시설로 웅장하게 건설될 예정이었다. 슈페어는 아마추어 화가였던 히틀러의 아이디어를 현실화하는 전문 건축가로 활동했다. 새로운 베를린을 위해 만드는 건물들은 단순한 건축물이 아니었다. 이를 잘 보여주는 것이 새 의사당 설계다. 2차 세계대전으로 인해 실제 완공되지는 못했지만, 슈페어는 (히틀러 시대에 가장 유명무실해진 기관이지만) 의회[2]가 사용할 새로운 의사당을 설계했다.

    이 건물은 통일 독일제국(제2제국)의 빌헬름 황제 시절에 지어진 의사당보다 몇 배나 큰 규모로 만들 예정이었다. 의사당의 거대한 크기는 웅장함에 집착하는 히틀러의 취향을 만족시키기 위한 것만은 아니었다. 새로운 의사당은 훨씬 많은 인원을 수용할 수 있는 시설이어야 했다. 기존 의사당은 580석의 의석을 수용하는 건물이었지만, 새 건물은 그 두 배가 넘는 1200명의 의원이 사용할 계획이었다. 당시 독일에서는 의원의 숫자를 성인 유권자 10만 명당 1명으로 제안했다. 그런데 새로운 의회 건설 계획은 십 년도 지나지 않아 인구가 두 배로 증가해 1200명의 의원을 선출할 상황을 예상한 규모였다. 1200명을 수용하는 의사당은 (투표권이 없는 점령지 주민을 제외한) 1억 4000만 명의 인구를 가진 거대한 제국을 위한 계획이었다.[3] 그리고 히틀러는 (유럽에서) 식민지 정복 전쟁을 통해 자신의 망상을 현실화하려고 했고, 전쟁 초기에 이는 일시적으로나마 실현 가능해 보였다. 슈페어는 건물과 도시의 설계뿐 아니라 유럽을 지배할 제국을 만드는 일에 참여했다.

슈페어와 히틀러의 새로운 베를린은 1950년에 완공할 예정이었다. 2차 세계대전이 발발하기 전에 세운 계획이었지만, 전쟁 중에도 이 건설 작업은 조금씩 진행되고 있었다. 독일이 전쟁의 주도권을 잡고 있었을 때는 건축 계획이 확대되고 새로운 시설을 설계에 추가하기도 했다. 대표적인 사례가 '식민지부', 점령된 동유럽 식민지의 관리를 담당하는 부서를 위한 새로운 정부청사[4]였다. 이 건물은 소련과의 전쟁이 시작된 1941년에 베를린 재개발 계획의 청사진에 추가되었다. 폴란드를 비롯해 나치에 점령당한 동유럽 국가들은 총독이 통제하는 식민지로 전락했다. 그리고 이 식민지는 새로운 제국을 건설하기 위해서 청소해야 할 공간, 즉 '비어 있는 땅'[5]이었다. 그리고 나치는 그곳을 (독일을 비롯한) 유럽 제국이 유럽 외부에서 사용했던 식민주의적 수단(멸시받는 자들이 더 멸시받는 자를 공격하게 만드는 등)을 통해서 그 땅이 '비어' 있도록 만들 계획이었다.[6] '비어 있는 땅'이라는 은유는 유대인 홀로코스트를 능가하는 거대한 제노사이드 계획을 설명하는 완곡어법이었다. 슈페어의 건축기술은 바로 그런 일을 뒷받침하기 위해 활용되었다. 그리고 그 잔혹한 폭력 역시 슈페어의 건축 작업을 도왔다.

수도를 재건축하는 거대한 공사에는 막대한 건축자재가 필요했다. 그리고 그만한 건축자재를 공급하기 위해서는 막대한 인력을 동원해야 했다. 하지만 독일의 산업 현장에서 일하던 남성들 다수는 전쟁터에 나갔고, 여성들이 일터로 나왔지만 충분하지 않았다. 하지만 일할 사람은 더 있었다. 그것도 급여를 받지 않고 일할 사람들이. 독일이 절멸수용소만 만들었던 것은 아니다. 오히려 절멸수용소는 전쟁의 후반부에나 등장했다. 수용소는 정치범이나 동성애자, 장애인 등 독일의 소수자들을 수용했고 얼마 지나지 않아 유대인들도 그곳으로 끌려갔다. 절멸수용소가 건설되기 전에도 수만 명의 유대인이 강제노동에 시달렸다.[7] 아우슈비츠를 비롯한 대규모 수용소들이 건설되자 강제노동은 (홀로코스트를 주도하는 기관이었던) 무장친위대의 주요한 사업이 되었다. 유대인의 강제노동은 존더 코만도처럼 수용소를 관리하는 일뿐 아니라, 영화 〈쉰들러 리스트〉의 주인공인 사업가 '오스카 쉰들러'의 사업체에 고용되었던 이들처럼 사기업에서도 이루어졌다. 쉰들러라는 예외를 제외하면 강제노동을 한 유대인 대다수는 과로와 굶주림, 추위와 학살로 인해 죽었다. 친위대는 수십만 명의 유대인 수감자를 독일의 주요 기업의 노동력으로 제공하여 그 경제적 이득을 누렸고, 친위대의 부처들이 기업화되어 그 수익을 나누어 가지기도 했다.[8] 친위대의 수장이었던 하인리히 힘러는 이 노동력을 베를린의 재개발에도 활용하려고 했다. 힘러는 벽돌이나 화강암 같은 건축자재를 생산하는 데 수용소의 수감자들을 투입했다.[9] 슈페어의 건축에는 살해당한 자의 피가 묻어 있었다.

히틀러의 총애를 받던 건축가 슈페어는 전쟁 중 독일의 군수부장관이 되어 전시경제를 총괄했다. 그는 전쟁에 필요한 모든 자원을 조달하고 군수물자의 생산량을 늘리기 위해 열성적으로 일했다. 그리고 그가 관리했던 군수산업은 유대인을 비롯해 점령된 자들의 강제노동으로 돌아가고 있었다. 슈페어는 노동력을 두고 (강제노동을 위해 수용소 수감자를 늘리는 데 혈안이 된) 친위대와 경쟁했지만, 제국의 산업을 뒷받침한다는 점에서 그들과 협력 관계였다. 슈페어가 시찰했던 군수산업체들에는 수용소의 수감자들이 일하고 있었다.

회고록에는 슈페어가 일하고 있던 수감자들에게 혹시 수용소에 돌아가고 싶은 마음이 없느냐고 묻자 그들의 얼굴에서 공포감을 보았다는 기록이 있다. 슈페어는 수용소의 상황이 어떠했는지, 그들의 표정이 모두 알려 준다고 말했다. 그리고 그는 수용소에서 대해서 더 알아보려고 하지 않았다. 슈페어의 친구가 그를 말리기도 했다. 독일 고위층 인사이자 그의 친구였던 카를 한케Karl Hanke는 사색이 된 얼굴로 더듬거리며 힘겹게 슈페어에게 말했다. 북슐레지엔 지역의 강제수용소 시찰을 초청받는다면 절대 응하지 말라고. 독일에 점령된 국가들에 연민과 동정심을 보였던 한케는 불행히도 그 초청에 응했고, 슈페어는 친구가 말한 곳이 아마도 아우슈비츠였으리라고 추정했다. 슈페어는 친구의 조언에 따라 "수용소에서 어떤 일이 일어나는지 알고 싶지 않았기 때문에 조사하지 않았"다.[10]

독일의 군수부장관이었던 알베르트 슈페어는 다른 고위층 전범들과 함께 뉘른베르크 전쟁 범죄 재판정에 섰고, 최고위층 중 드물게 사형을 면했다. 슈페어가 사형을 피하고 이십 년 형을 선고받았던 데는 그가 재판 과정에서 연합국에 협조하는 모습을 보이면서 나치 제국에 대해서 소상히 알렸던 사실이 중요했다. 슈페어는 나치 고위층 중에서 매우 드물게 홀로코스트에 대한 자신의 책임을 인정한 사람이었다.[11] 아마도 홀로코스트에 대한 책임을 인정한 이들 중에서 최고위층이었을 것이다. 그는 회고록에서도 자신의 업적을 부정할 수도 있는 끔찍한 진실로부터 눈을 돌린, 고의적 무지에 대한 책임이 있다고 밝힌다. 그러나 그가 몰랐던 것일까? 회고록에서 홀로코스트는 많은 부분을 차지하지 않지만, 노동력 문제를 두고 힘러와 경쟁하고 또 협력했던 상황처럼 그가 수용소 문제에 관여한 정황은 여러 차례 등장한다. 슈페어는 자신이 홀로코스트에 관여하고 있었다는 걸 숨기지 않지만, 한편으로 완전히 말하지도 않는다. '고의적 무지'를 통해 수용소의 참상을 알지 않으려고 했다는 주장과 홀로코스트에 관여해 왔음을 알고 있었다는 이야기는 모순처럼 느껴진다. 그러나 슈페어는 알고 싶지 않았고, 모르고 있다고 느낄 만큼만 알고 있었다.

당시 독일인 상당수는 홀로코스트에 대해서 구체적이지 않지만 그 존재는 알고 있었고, 다른 이들이 알고 있었다는 사실도 알았다. 그러나 공개적으로 표현하지 않는다고 해도 대다수가 이에 동의하고 있다는 암묵적인 합의 속에 숨어 침묵했다.[12] 독일의 기밀 정보에 접근할 수 있는 최고위층이었음에도 히틀러나 힘러, 괴벨스 등 다른 이들에게 홀로코스트에 대해 어떤 질문도 하지 않았던 슈페어의 고의적 무지도 이와 크게 다르지 않았다. 다만 독일의 전체 군수산업을 관장하던 슈페어는 소문과 암묵적 합의와는 다른 형태의 정보들도 알고 있었다. 슈페어는 강제노동 수용소였던 '아우슈비츠 III(모노비츠)'의 건설과 그 노동력을 군수산업에 투입하는 일에 대해 상당한 권한이 있었다.

모노비츠는 절멸수용소는 아니었지만 수십만 명이 그곳에서 독일의 산업체를 위해 일했고 열악한 환경에서 죽어갔다. 슈페어는 마운트하우젠 수용소 같은 '아르바이트 라거', 노동수용소를 시찰하기도 했고 그 과정에서 친위대가 노동력을 낭비하고 있다고 비난했다. 그는 힘러와 수감자의 강제노역을 이용할 방안을 협의하면서 아우슈비츠의 수감자들이 너무 빨리 죽고 있으므로 최악의 조건을 개선해야 한다고 권하기도 했다.[13] 강제노역을 학살의 수단으로 사용했던 이들에 비하면 수감자의 사망률을 낮추려고 했던 슈페어의 행동은 양심적으로 보인다. 그러나 현실은 그렇게 단순하지 않았다.

슈페어는 힘러와 친위대 간부들과 유대인 수감자를 활용하는 방법을 두고서 여러 차례 대립했다. 그중 중요한 쟁점은 수감자들이 너무 쉽게 죽는 열악한 환경에 대해서였다. 슈페어는 친위대가 강제노역을 기반으로 거대한 산업체를 갖추려던 계획에 제동을 걸었다. 산업 전문가의 시선에서 봤을 때, 숙련도와 기술력 없이 대규모 산업 기반을 갖추는 것은 불가능한 일이었으므로 친위대가 요구한 자원 상당 부분을 다른 분야로 돌렸다. 그러면서 오직 노동력만 가지고 있는 친위대를 위해 합리적 대안을 제시했다. 슈페어는 힘러에게 (수용소 등의) 건설업에 (최소한의 자재와 도구를 활용하는) '원시적인 방법'으로 노동력을 투입하는 방법을 권한다. 그러나 실무자는 그의 '합리적' 결정에 분노했다. '원시적인 방법'으로 행해지는 열악한 노동의 조건에서 수감자의 사망률이 극단적으로 높아지리라

는 것은 분명했기 때문이다.[14]

　슈페어는 힘러와 대립하며 생존율을 높이라고 권했지만, 동시에 경제적으로 효율적이란 이유로 수감자들을 훨씬 위험한 일터로 내보냈다. 슈페어의 '합리적인 제안'은 모순적으로 보이지만, 그에게는 아니었다. 산업 전문가의 시선에서 (수감자의 생존 가능성에 정반대의 효과를 가져올) 이 두 조치(수감 환경을 개선하고, 더 고된 작업을 하게 하는 것)는 일관된 논리를 따랐다. 너무 높은 수감자의 사망률은 한정된 노동력을 '낭비'하고 있다는 증거였다. 동시에 산업에 대한 지식이나 기술을 갖추지 않은 친위대에 군수산업을 위한 제한된 자원을 주는 것 역시 낭비였다. 반면 노동력(수감자)은 슈페어가 통제할 수 없는 친위대의 '자원'이었다. 이 합리적인 산업 전문가는 노동력만을 가진 집단에게 최선의 방안을 제시했을 뿐이다. 슈페어는 단시간 만에 독일 군사 산업의 생산성을 몇 배나 증가시키며 자신의 유능함을 증명해 냈지만, 그 산업적 합리성이 무슨 의미였는지 알려고 하지 않았다.

　전쟁 중 슈페어는 홀로코스트에 대해서 알고 싶어 하지 않았다. 그러나 군수부장관 슈페어는 전시 경제를 지탱하기 위해서 독일이 가진 자원이 무엇이고, 어디에 쓰이는지 알고 있었다. 수용소에서 죽은 누군가에 대해서는 알지 못했지만, 노동력이 늘어나고 줄어드는 상황은 명확하게 알고 있었다. '죽음'과 '자원의 낭비'는 같은 현상(홀로코스트)의 서로 다른 면을 말하는 방식이었다. 그리고 어떤 단면에 시선을 집중하느냐에 따라 반대편을 보지 않을 수 있었다. 슈페어는 산업을 위해 '자원의 낭비'를 관리하고 대안을 찾았다. 그렇게 함으로써 그는 수백만 명의 '죽음'을 모를 수 있었다. 정치학자 제임스 C. 스콧James C. Scott은 이런 시선의 왜곡을 '가독성Legibility'이라고 불렀다. 가독성은 지도 위에 건물과 도로, 산과 같은 지형지물만 남겨 놓고, 사람이나 풍경을 지운 방식처럼 (길을 찾는다는) 목적을 위해서 세상을 바라보는 시선을 단순화하는 작업이다.

우리는 일상에서 다양한 지도를 사용한다. 길을 알려 주는 네비게이션에는 사람도, 구름도 보이지 않고 도로와 건물만 남겨 놓고 불필요한 요소들은 모두 지운다. 일기예보를 할 때 사용하는 기상도에는 건물도 도로도 보이지 않는다. 중요한 것은 온도와 습도, 구름 등 날씨를 좌우할 요소들이다. 아무리 뛰어난 사람도 세상의 모든 정보를 볼 수 없으므로, 가독성은 효율적으로 업무를 처리하기 위해 꼭 필요하다. 그런데 문제는 가독성을 높이는 단순화 작업을 거칠 때 무엇을 불필요한 정보로 볼 것인가를 권력을 가진 자들이 일방적으로 결정할 수도 있다는 사실이다.

스콧은 가독성을 높이는 방법이 잘못되었을 때 벌어질 수 있는 일을 재치 있게 묘사한다. 스콧은 한 농부에게 20에이커(약 2만 5000평)의 토지를 임대해 주었다고 말하는 일은 마치 학자에게 6킬로그램의 책을 빌려주었다고 말하는 것과 같다고 설명한다. 책의 무게는 정확한 측정치지만 정작 알고 싶어 하는 어떤 것도 알려 주지 않는다. 무게가 아니라 몇 권인지, 주제와 내용, 저자 등에 관한 정보가 책을 빌려주었다는 사실에 대해서 정확히 이야기해 줄 수 있다. 스콧은 책처럼 토지도 복잡한 지형이나 기후, 토질, 식생 등 면적이라는 단위로 추상화할 수 없는 지역적 특수함을 지닌다고 설명한다. 그러나 권력의 가독성은 이러한 요소를 보지 않음으로써 지역에 살고 있는 이들의 삶을 위기에 몰아넣었다.[15]

국가나 거대 기업과 같이 힘 있는 집단이 세상을 바라보는 가독성을 높이려는 시도는 권력관계를 반영한다. 목적에 따라 세상을 추상화한다는 말은, 곧 자신의 목적에 맞는 현실만을 바라보도록 하기 때문이다. 가독성을 높이는 일은 현실을 도식화하고 단순화하면서, 각자 다른 사정과 목적을 가진 이들의 상황을 보이지 않게 만들어 피해를 준다.[16] 군수부장관 슈페어 앞에 올라온 서류는 산업에 필요한 자원의 양을 보여 주었을 뿐이고, 수용소에 갇힌 삶들은 노동력이라는 자원의 형태로 수치화되었다. 한 인간의 죽음은 비극이지만, 노동력이 늘어나고 줄어드는 문제는 이득과 손실의 문제일 따름이다. 인간을 숫자로 전락시키는 가독성의 폭력이 나치와 소련 같은 전체주의 국가만의 문제였다면 조금은 다행이었겠지만, 안타깝게도 현실은 그렇지 않다.

체르노빌 원전 사고 이후에 사고 대응 과정에서 자본주의 국가들은 보험산업의 비용편익분석을 구소련권 국가들에 교육시켜 핵재난에 처한 사람들의 생명을 돈의 문제로 단순화하도록 도왔다.[17] 즉 사람의 목숨으로 비용을 상쇄시키는 합리적 방법을 확산시켰다. 세상을 합리적으로 측정하려는 가독성은 슈페어가 자신의 인생을 허비하게 만든 과학의 그림자에서 발견한 두려운 사실이다. 그리고 과학의 시대인 20세기는 합리적 측정기술을 통해 모르고 싶었던 것을 모를 수 있던 슈페어'들'의 시대이기도 했다.

백지 위에 그려진 도시

20세기에 슈페어와 같은 건축가는 많았다. 애통하게도 너무나 많았다. 그들 모두가 실제로 건축가였던 것은 아니었지만 말이다. 20세기 건축은 건물의 문제만이 아니었다. 건축의 대상은 그보다 더 거대한 것, 슈페어의 건축물이 나치 제국의 기둥이 되었던 것처럼, 국가와 사회는 건축공학이 만들고 설계해 온 또 다른 작업물이었다. 20세기에 건축의 대상은 건축물을 넘어서 국가와 사회, 그리고 세계였다. 건축가가 설계도를 그리듯이 세상에 대한 설계도를 그리고 실행할 수 있다고 믿어 왔던 것이다. 그러므로 새로운 사회와 국가의 건설이 활발해졌을 때, 건축이 그 시대의 주인공으로 부상한 것은 너무나 자연스러웠다.

시에는 국적이 없지 않습니까. 이구가 말했다. 그러나 피셔는 바보 같은 생각이라며 고개를 저었고, 히로아키 역시 고개를 저었으며, 아버지는 전보에 욕을 적어 보냈다. 이구는 이후 누구에게도 시를 쓴다고 말하지 않았다. 대신 그는 건축을 공부했다. 1950년대는 전 세계가 새로운 나라와 새로운 사회를 만들기 위해 들떠 있는 시기였고 그곳이 자본주의 국가든 공산주의 국가든 모두 새 건물을 짓고 새 다리는 짓고 새 집을 지었다. 그러니 너는 건축을 하는 게 좋겠다,고 피셔가 말했다.

—정지돈,「건축이냐 혁명이냐」,『내가 싸우듯이』,
문학과지성사, 2016, 155쪽.

정지돈의 단편소설 「건축이냐 혁명이냐」는 대한제국의 마지막 황세손이자 건축가였던 '이구'의 생애를 다룬 소설이다. 소설은 대한제국의 마지막 황태자 영친왕의 아들이었던 이구를 주인공으로 내세운다. 그러나 소설의 주인공은 20세기 중반의 건축이다. 정지돈은 사실과 허구를 조합하는 방식으로 과거를 읽어 내는 작가다. 「건축이냐 혁명이냐」도 실제 사실과 허구가 뒤섞이는 방식으로 쓰였다. 그의 소설에는 작가 자신, 즉 정지돈이 반복해서 등장한다. 그러나 그는 실재하는 작가이기보다는 경험하고 읽어 온 것을 연결하는 서사적 장치에 더 가깝다. 그래서 소설 속 이구도 현실의 존재이면서 동시에 세상을 설계할 수 있다는 믿음이 지배해 온 20세기를 읽어 낼 수 있도록 독자를 이끄는 안내인이기도 하다. 일본에서 태어나 미국에서 대학을 나온 이구는 미국에서 건축가로 일하다 1960년대 아버지 영친왕이 한국으로 귀국하자 아내와 함께 입국한다. 한국에서 이구는 건축가이자 건축학과 강사로 일했으며, 사업체를 운영하기도 했으나 어느 하나 결과가 성공적이지는 못했다. 소설은 이구의 생애를 다루지만, 그의 삶 전체를 조망하지는 않는다. 소설이 보여 주려고 하는 것은 이구의 후회다. 이구가 왜 건축에 대해 깊은 환멸을 느끼게 되었는지를 20세기 다른 건축물들의 이야기와 교차시키며 설명하고 있을 따름이다. 그 후회는 역사적 사실이 아닐 수도 있지만, 이를 통해 소설은 설계자들의 시대였던 20세기의 그림자가 무엇이었지 포착하려고 한다. 허구를 통해 진실을 발견해 내는 소설의 작업으로 말이다.

이구가 건축을 공부했던 1950년대는 세계대전이 끝나고 수많은 신생독립국가가 등장한 시기였다. 아시아와 아프리카의 수많은 신생 국가가 새로운 사회를 건설하기 위해 질주했고, 새롭게 올라가는 건축물들은 생활의 공간일 뿐 아니라 국가의 뼈대로서 설계되고 만들어졌다. 건설의 물결은 신생 국가에서만 볼 수 있는 풍경은 아니었다. 전쟁 이후 재건되던 유럽에서도, 세계의 중심으로 부상한 미국도, 혁명사회를 만들던 소련에도 건축 붐이 불었다. 전 세계가 새로운 건물을 벽돌 삼아서 전쟁 이전과는 다른 새로운 사회를 쌓아 올리고 있었다. 하지만 20세기의 건축 붐은 1950년대가 처음도 마지막도 아니었다. 현대 한국의 건축양식은 조선왕조의 모습보다는 일본의 식민지였던 시기의 형태에 훨씬 가깝다. 한국의 가장 대표적인 주거 양식인 아파트는 1930년 '미쿠니 아파트'가 건설되며 처음 등장했고, 1930년대에만 칠십 채 이상의 아파트가 식민지 조선의 중심부인 '경성(서울)'에 건설되었다.[18] 일본제국의 식민지 경성만 새로운 건축물로 뒤덮인 것도 아니었다. 일본보다 먼저, 그리고 훨씬 넓은 지역을 식민지화했던 유럽의 제국들은 점령한 국가들을 새로운 건축물로 뒤덮었다. 1950년대의 건축 붐은 새로운 현상이라기보다는 20세기를 돌아보면 끝없이 펼쳐지는 풍경에 가깝다. 그 의미도 매번 크게 다르지는 않았다. 건물이나 도시에 그치지 않고, 새로운 사회를 건설하는 일이 건축과 혁명의 시대에 끝없이 반복되고 있었다.

「건축이냐 혁명이냐」는 건축가이자 대한제국의 마지막 황세손인 이구를 주인공으로 내세우지만, 소설은 샛길로 벗어나길 반복한다. 소설에서 이구가 만든 건축물보다는 미국의 건축물에 대한 이야기가 더 많이 등장한다. 미국에 건설되었던 공공주택단지인 '프루이트 아이고'나 미국 사우스 브롱크스 지역에 건설된 고속도로 말이다. 흥미로운 점은 이 두 건설의 사례가 이구 자신과는 어떤 직접적인 연관도 없다는 사실이다. 일부 건축 사업 입찰에 이구의 동료가 경쟁업체로 참여한 적이 있다는 게 그나마 찾아볼 수 있는 연결고리다. 그럼에도 소설은 이 두 건축물의 이야기를 빼면 그 가치를 상당 부분 잃어버린다. 전혀 다른 공간, 전혀 다른 이들의 삶에 드리운 짙은 그림자를 보지 않고는 이구와 그의 시대를 설경할 수 없기 때문이다. 건축의 시대를 살았던 건축가, 이구는 자신의 시대를 규정해 온 논리를 부정하는 이방인으로 계속 떠돌았다. 자신의 건축을 용서할 수 없었기 때문이다.

다만 이구는 밤섬의 기억 때문인지 자신에게 각별했다고 말하며 1975년쯤인가 프랑스를 다녀온 뒤 가진 회식 자리에서 자기 옆에 앉아 이렇게 말했다고 했다. 내가 지은 건물이 얼마나 잘못되었는지, 지금 지어지고 있는 건물과 앞으로 지어질 건물이 얼마나 잘못되었는지 생각하기 시작하면 벌써부터 숨이 막혀오고 정신이 아득해집니다. 나는 선 하나 제대로 그을 수 없는 지경에 사로잡히지만 임박해온 마감 날짜와 시공 날짜 때문에 스스로를 기만하며 그림을 그리고 설계를 하는데, 그런 다음에는 견딜 수 없는 자기혐오와 좌절에 사로잡히지요. 수십 년 동안 거리를 채우고 있을 콘크리트 더미를 생각하면 지금도 구역질이 납니다.

—정지돈, 「건축이냐 혁명이냐」, 『내가 싸우듯이』,
문학과지성사, 2016, 197쪽.

동료의 기억 속 이구는 건축에 대한 혐오감을 숨기지 못한다. 슈페어가 자신의 과오를 20세기의 과학기술에 대한 회의로 에둘러 고백한 것에 달리, 이구는 훨씬 직접적으로 자신을 나무란다. 어째서 이구에게는 건축이 용서할 수 없는 것이 되었는가. 프루이트 아이고와 사우스 브롱크스의 고속도로, 그리고 밤섬으로 이어지는 20세기 건축의 파노라마 속에 그 답이 있다.

소설가 정지돈의 작품은 중심인물의 행적을 통해 이어지는 전통적인 소설 형식과 달리 "언뜻 봐서는 연관을 찾을 수 없는 다양한 이미지와 수집물이 가득"한 공간을 콜라주 기법으로 펼쳐 놓는다.[19] 정지돈은 건축가이자 비운의 황세손 이구를 그가 전혀 관여하지도 않고, 방문한 적도 없는 건축물들과 겹쳐 놓는다. 흥미로운 점은 이 과정을 작중에 서술자를 작가 자신으로 내세워서 왜 그런 이미지들을 이구와 겹쳐 놓게 되었는지 그 계기를 설명한다는 점이다. 소설 속 '작가'는 가상의 건축가에 대한 전기 형식의 소설을 준비하던 중 이구의 존재를 알게 된다. 건축가로서는 거의 주목받은 적 없는 그에게 작가가 매료된 것은 박정희 정권에 의해 추방당한 건축가 김중업과 이구를 겹쳐 보았기 때문이다. 이런 겹침은 소설 속에서 명확하게 설명되지는 않는다. 1970년대 박정희 정권 시대의 난개발과 사회적 참사를 비판했다가 칠 년간 해외로 망명 생활을 했던 김중업과 달리, 이구와 그의 가족은 박정희 정권의 도움으로 귀국할 수 있었기 때문이다. 그 자신이 조선의 방계 왕족이었던 이승만은 이구와 그의 아버지 영친왕의 귀국을 막았다. 하지만 박정희는 옛 조선 왕족들의 귀국을 정치적 이벤트로 활용했다. 소설 속 작가는 한국과 일본, 미국 어디에도 온전히 자리를 잡지 못한 떠돌이였던 이구를 김중업의 망명 생활과 겹쳐 놓는다. 프루이트 아이고의 이야기는 김중업에 대한 다큐멘터리 영화인 〈김중업〉 때문에 등장한다.

    프랑스의 영화감독 장 뤽 고다르가 만든 영화 〈김중업〉은 주한프랑스대사관을 건설했고, 스위스 태생의 세계적인 건축가 르코르뷔지에*의 제자였던 김중업의 작업을 소개하는 다큐멘터리다. 이 영화의 시작 부분에 등장하는 건물이 세인트루이스에 1950년대에 건설된 공공주거단지인 프루이트 아이고다.

---

* 르코르뷔지에(1887~1965)는 그의 필명이고 본명은 '샤를 에두아르 잔네레'로 스위스 태생으로 주로 프랑스에서 활동했다. 그를 대표하는 건축양식으로는 철근, 콘크리트를 주 재료로 활용하는 필로티 공법의 건축물과 현대적인 아파트 단지, 그리고 이런 단지들로 만들어진 계획도시와 도시 재개발 사업을 꼽을 수 있다.

1954년에 건설된 이 건물은 이십 년도 지나지 않은 1972년부터 철거되기 시작한다. 작가는 고다르가 김중업에 대한 영화를 그가 전혀 관여한 적 없는 프루이트 아이고의 철거 장면으로 시작한 것을 "이 영화가 단지 김중업에 대한 것이어선 안된다는 생각 때문"[20]이었으리라고 짐작한다. 프루이트 아이고라는 건물은 김중업의 작품이 아니지만, 동시에 김중업과 완전히 분리된 것도 아니었다. 영화는 프루이트 아이고를 통해 김중업의 건축이 놓여 있던 시대를 소환한다. 프루이트 아이고가 「건축이냐 혁명이냐」에 등장한 이유도 이 소설이 단지 이구에 대한 것이어선 아니어야 하기 때문이었다.

세인트루이스에 건설되었던 프루이트 아이고는 낯선 이름의 건물이지만, 그 외형은 한국인들에게 너무나 친숙하다. 오래된 아파트 단지. 한국인이 프루이트 아이고를 보고 처음 들게 될 생각은 그저 오래된 아파트 단지라는 인상일 뿐이다. 프루이트 아이고는 세인트루이스의 주거난과 계급 격차를 해결하기 위해 건설한 아파트 형태의 공공주택단지였다. 미래의 도시를 만들려고 했던 세인트루이스시 당국의 계획과 달리, 프루이트 아이고는 도시의 하층계급을 격리하는 슬럼가이자 범죄의 온상이 되었다. 완공된 지 이십 년도 지나지 않아 프루이트 아이고를 철거한 이유는 그곳을 중심으로 비대해진 슬럼가를 도시가 더는 감당할 수 없었기 때문이다. 소설에서 프루이트 아이고의 이야기는 갱단의 손에 형을 잃은 트라우마로 수전증을 가지게 된 남자가 등장하는 다큐멘터리의 장면을 보여 주며 끝난다. 프루이트 아이고는 합리적으로 설계된 도시 공간을 통해서 사회를 바꾸려고 했던 사회공학의 한 사례였지만, 동시에 그곳에서 살아가야 했던 이들에 대해서는 무지했던 이들이 만든 참극이었다. 그런데 왜 고다르는 폐허가 된 프루이트 아이고를 김중업과 연결했는가? 그 연결고리는 프루이트 아이고와 한국의 수많은 아파트 단지를 만든 이들에게 영감을 준 이름, 르코르뷔지에다.

    스위스 태생의 세계적인 건축가 르코르뷔지에는 극도의 효율화와 체계성을 강조하는 모더니즘 건축의 아버지로 불렸다. 그리고 「건축이냐 혁명이냐」에서 김중업, 이구와 연결되었던 프루이트 아이고의 철거는 모더니즘 건축 시대의 종말을 알린 사건이라 회자되곤 한다. 김중업의 스승이기도 했던 르코르뷔지에는 건축가 아닌 건축가, 사회를 설계하려고 했던 이들의 스승이기도 했다. 르코르뷔지에는 20세기의 최첨단의 기술을 통해 기능적으로 극도로 효율적인 도시를 건설하려고 했다. 하지만 문제는 효율이었다. '무엇이 효율적인 것인가'라는 질문은 불필요하다. 진짜 해야 할 질문은 '누구에게 효율적이냐'다. 삶을 개선하려고 했던 프루이트 아이고가 오히려 비극의 공간이 되었던 것처럼, 르코르뷔지에가 원했던 도시의 효율은 그곳에 살아가는 이들이 아닌 설계하는 자에 의해 판단되는 것이었다. 설계자가 필요로 하는 효율성을 위해 도시가 만들어진다. 르코르뷔지에는 도시와 도시에 사는 이들에게 무엇이 필요한지 설계자가 더 정확하게 알 것이라고 믿었다. 르코르뷔지에는 '계획'의 독재를 통해 도시를 건설하려고 했다.

    르코르뷔지에가 말한 계획은 제노사이드 문제에서 살펴

보았던 사회공학적 설계와 유사하다. 힘을 가진 이성적인 설계자가 세운 계획은 다른 목소리를 듣지 않는다. 높은 곳에서 세상을 조망하는 계획은 그 땅 위에서 살아가는 작은 이들에게는 보이지 않는 것을 내려다본다. 그래서 "계획은 기존의 규제, 현재의 관습, 경로를 무시"해야 하며, "사회의 희생자들의 비탄으로부터 멀리 떨어진 곳에서 더욱 잘 수립"되는 것이다. 즉 계획은 인간을 뛰어넘는 "독재자"다.[21] 르코르뷔지에의 도시 설계는 현대적인 과학기술과 이성적 능력을 갖춘 전문가들에 의해서 예측된 수요와 사회적 목표를 수행하는 효율적인 기계 같은 공간을 만드는 것을 기조로 했다. 바둑판처럼 가지런히 그어진 도시 구획과 그곳을 오가는 완벽한 직선의 도로들, 그리고 수직으로 쌓아 올린 아파트와 마천루들은 첨단 기술을 통해 인간의 수요를 해결하는 최적의 동선을 갖춘 합리적인 건축물로 설계되었다. 그러나 르코르뷔지에는 예측한 것과는 다른 사회적 수요가 있을 수 있다는 것, 그리고 그 목표가 정당할 수 있다는 점을 인정하지 않았다.[22]

「건축이냐 혁명이냐」에서 프루이트 아이고와 함께 20세기 건축의 어두운 역사로 제시되는 사우스 브롱크스의 고속도로도 바로 그런 르코르뷔지에의 세계가 남긴 것이다. 작가의 시선이 건축에 관한 여러 책을 오가던 중 1970년대 뉴욕의 한 전시장을 난장판으로 만든 예술가들에 고정된다. 소설에서 그 무리 중 한 사람은 르코르뷔지에에 대한 강도 높은 비난을 길게 이어간다. "도시를 바둑판 모양으로 구성하고 사람들을 어디로 걷게 만들고 어디로 들어가게 만"들 수 있다는 망상을 시도했던 "르코르뷔지에를 증오"한다고 말이다.[23] 짧지 않은 분량으로 삽입된 이 장면은 뒤이어 등장할 사우스 브롱크스의 고속도로 건설이란 사건이 그 지역에 살고 있던 이들의 삶에 대해서는 전혀 신경 쓰지 않는 (르코르뷔지에적) '계획'의 독재에서 비롯되었음을 암시한다.

르코르뷔지에를 비판하던 예술가들은 한 전시 공간에 침입해 모형 총기로 유리란 유리는 모두 깨뜨린다. 이 사건을 주도한 예술가인 고든은 그 일이 복수였다고 말하지만, 무엇에 대한 복수인지는 끝내 밝히지 않았다. 그의 사후에야 전시 공간에 대한 습격이 사우스 브롱크스에 건설된 고속도로에 대한 항의였다는 것이 밝혀진다. 고든이 습격한 전시회의 기획자 중 한 사람이 사우스 브롱크스에 고속도로 건설과 집합 주택을 건설한 실행자였고, 그 계획으로 인해 지역은 급격히 슬럼화된다. 슬럼가가 된 이후 주민들은 갱단이 되거나, 미국 전역으로 흩어진 도시 난민이 되고 만다. 도시에 남겨진 이들이 매일 보아야 했던 것은 잘 정비된 도로와 집합 주택이 아니라, 깨진 유리창이었을 뿐이다. 고든과 동료들은 전시장의 유리를 깬 것이 아니라 그곳에 사우스 브롱크스의 풍경을 새긴 것이었다.

기존의 사회를 인정하지 않고, 새로운 설계로 낡은 것을 대신하려는 르코르뷔지에의 욕망은 제노사이드 문제에서 살펴보았던 사회공학의 전제와 닮아 있다. 그래서 르코르뷔지에는 또 다른 사회의 설계자들에게 우호적이었으며 자신의 건축양식을 이념으로 나뉜 진영과 국가에 상관없이 확산하려고 했다. 20세기에 세계는 수많은 진영으로 나뉘어 있었다. 제국과 식민지, 자본주의와 사회주의, 파시즘, 민족주의, 신생독립국 등 여러 경계가 그어졌고, 완전히 다른 형태로 다시 그어지기도 했다. 하지만 르코르뷔지에의 도시 설계와 건축양식은 진영에 상관없이 광범위하게 퍼져 나갔다. 서유럽에서 처음 등장한 그의 건축양식은 1950년대에는 소련과 동유럽으로 퍼져 나가 새로운 사회를 아파트로 뒤덮었다. 역사적으로 존재해 온 오래된 도시와 사회를 깨끗이 밀어 버리고, 직선으로 그어진 도시를 만들려고 했던 르코르뷔지에의 설계는 파리 같은 오래된 유럽의 도시에서는 실행되지 못했다. 그러나 남미에서는 브라질리아 같은 계획도시가 르코르뷔지에의 철학에 따라 건설되었다.

르코르뷔지에의 아이디어는 서울을 뒤덮을 뻔했다. 실제로 실행되지는 못했지만 1960년대 서울도 르코르뷔지에의 방식에 따라 백지상태에서 건설하고자 했다. 박정희 정권에서 임명된 서울시장인 김현옥은 르코르뷔지에가 파리 도심재개발로 계획했던 '300만을 위한 현대 도시'*를 모방해서 '새서울백지계획'이라는 야심 찬 목표를 제안했다. 백지계획이라는 말처럼 기존의 서울을 대신할, 합리적 계획에 어울리지 않는 낡은 것들을 모두 밀어낸 직선의 도시를 설계한다. 그리고 그 계획

---

* '300만을 위한 현대 도시'는 르코르뷔지에가 자신의 건축철학을 바탕으로 설계한 미래 도시로 기존의 시가지를 모두 밀어버리고 최적의 동선과 공간 구획을 나누어줄 수 있는 직선적인 도시 공간을 만들고자 했던 설계다. 르코르뷔지에는 이 개념을 프랑스의 수도 파리 재개발에 적용하려고 했는데, 그가 1925년에 제안한 '부아쟁 계획plan Voisin'은 현대 한국의 신도시처럼 아파트와 일정한 간격으로 나뉘어 있는 구역으로 파리 중심부를 바꾸려는 큰 사업이었다. 이 계획은 현실화되지 못했으나 20세기 신도시 건설과 도심개발에 지대한 영향을 끼쳤다.

에 참여했던 건축가 중에는 이구도 있었다. 자신의 건축을 결코 용서할 수 없었던 이구가. 이구는 백지 위에 새로운 서울을 만들겠다는 인간의 욕망이 건축을 어떻게 무기로 휘둘렀는지 목격하게 된다.

하이 모더니즘의 욕망

1966년에 서울시장으로 임명된 군인 출신 김현옥은 군사작전을 하듯이 수많은 개발사업을 밀어붙이면서 능력을 인정받은 테크노크라트**였다. 군인 출신의 행정 관료가 수도 서울의 대규모 개발사업을 담당했다는 사실은 군사정권에서나 가능한 예외적인 상황처럼 보인다. 국토 방어를 담당하는 군인의 역할과 국가의 발전과 개발을 위해 계획을 세우는 일은 서로 관련성이 없어 보인다. 경제 분야에 전문성을 갖춘 군인이 많을 리도 없기 때문이다.

한국의 역사에서 현역군인이 대대적으로 행정 관료로 투입되는 것은 박정희 정권이 처음이었다. 5.16 쿠데타 직후 정

** 테크노크라트는 기술적 전문성을 바탕으로 현대사회에서 강력한 영향력을 행사하는 기술관료를 의미하는데, 테크노크라트 집단은 20세기 미국의 뉴딜과 스탈린 체제하 소련의 계획경제, 일본제국의 전시경제체제와 나치의 기술관료 등 이념의 경계를 넘어 동시다발적으로 성장했다.

권을 장악한 군부 세력은 약 30명의 장성과 영관급 장교를 장관과 도지사 등 중앙과 지방의 행정부 요직에 임명했다. 삼십대의 젊은 육군 준장이었던 김현옥도 1962년에 부산시장이 되었다.[24] 김현옥은 부산시장 재임 기간에 다양한 개발사업을 총괄했으며, 이 경력을 인정받아 서울시장으로 발탁되었다. 그는 임기가 시작하고 한 달도 되지 않아서 대대적인 서울 개발 계획을 발표했고, 1970년 경질될 때까지 '불도저'처럼 사업을 밀어붙였다. 김현옥처럼 경제 개발의 주요 업무를 맡은 현역군인 출신 행정가 집단은 쿠데타와 군부 집권이라는 특수한 상황에 등장했다. 그러나 군인이 경제와 지역 개발에 대한 지식을 갖춰야 한다는 인식은 군부 쿠데타 이전부터 존재했다. 20세기 중반에 군인들은 지역을 개발하고 통제하는 방법을 군사전략으로 배우고 있었다.

1950년대 한국 군부에서는 '대전략'이라는 개념이 확산했다. 대전략은 전쟁에서 승리하기 위해 "국가의 모든 자원, 국민의 결속을 협조하고 지휘"[25]할 수 있어야 한다는 것, 즉 군이 국가를 경영할 능력을 갖추어야 한다는 인식에서 비롯되었다. 역사학자 허은은 1950년대 대전략 개념의 확산이 국가를 관리하고 경영할 수 있다는 군의 자신감과 민간과 관료집단에 대한 우월의식을 강화했으며, 당시 미국에서도 이러한 상황이 쿠데타가 일어날 가능성을 높일 수 있다고 예측한 점을 주목했다.[26] 국가를 관리할 능력을 갖춰야 한다는 군인들의 발상은 그들이 대응해야 했던 새로운 전쟁의 양상 때문에 정당화되었다.

1950~1960년대 베트남전쟁은 전선의 후방에서 일어나는

대게릴라전의 필요성을 보여 주는 중요한 사례였다. 미국은 공산주의 세력과의 대결을 주민과 지역사회에 대한 장악력을 두고 벌이는 싸움으로 보았다. 그래서 군이 민간인에 대한 지원과 통제를 담당하는, 즉 '민사작전'을 강조했다. 미국은 이를 군사협력 관계를 맺고 있는 한국과 같은 국가의 군인들에게도 교육했다. 반공을 위해 민간 영역과 군사작전의 경계를 흐려 놓는 이러한 방침은, 군이 정권을 장악하는 쿠데타조차 미국의 영향력을 벗어나지 않는 조건하에 암묵적으로 승인할 수 있음을 의미했다.[27] 그리고 엘리트 군인들에 의한 쿠데타는 실제로 한국과 베트남 등에서 이 시기 연이어 발생했다.

미국이 대게릴라전을 주목하기 시작한 것은 2차 세계대전이 끝나고 냉전이 시작된 1940년대 후반부터였다. 강대국 사이의 무력 충돌 없는 차가운 전쟁이라고 불린 '냉전'에서 주변부 국가와 신생독립국은 그리스와 한국처럼 끔찍한 형태의 전쟁과 내전, 학살 등 고강도의 폭력 분쟁을 경험했다.[28] 뜨겁게 불타던 냉전의 주변에서 빨치산과 같은 게릴라들과의 전투는 전쟁의 중요한 국면이었다. 이 새로운 전쟁에 대응하기 위해서 미국은 세계대전 때 자신들과 싸웠던 독일과 일본이 점령지 게릴라를 상대하던 방식을 참조하였는데, 이는 단순히 전투뿐 아니라 지역 주민을 장악하기 위해 사회·경제·행정·정치·문화 등 전방위적으로 대응하도록 요구했다.

이런 미국의 대게릴라전 전략은 한국전쟁을 전후한 시기에 한국군에게도 교육되었으나 장교 중 상당수에게 이 내용은 새로운 것이 아니었다. 일본의 괴뢰국이었던 만주국과 일본 관동군에서 복무했던 장교들이 학습하고 확산시켜 온 대게릴라 전술과 거의 유사한 내용이었기 때문이다.[29] 중국 침략을 위해 만든 괴뢰국가인 만주국*에서 일본군은 반일유격대나 독립운동가, 비적, 공산주의 게릴라 등을 상대하기 위한 전술을 개발했다. 만주국의 대게릴라 전술은 단순히 전투에만 머문 것이 아니라, 지역 주민들을 통제하고 자신들의 목적에 맞춰서 배치할 수 있는 역량, 즉 '가독성'을 높이려고 했다.

가독성을 높이는 일은 단순히 감시를 쉽게 하는 것이 아니라, 만주국 건설이라는 일본의 목적에 부합하는 형태로 주민과 지역사회를 가공하는 사회공학이었다. 제노사이드에서 나타났던 (공격 대상을 사회적으로 고립시키고 특정한 지역 안에 모아두는) '집중'이라는 단계가 파괴뿐 아니라 사회적 설계에도 유용했던 것처럼 말이다. 반일유격대와의 접촉이 제한된 지역 주민들은 동시에 일본의 동원 체제에 노동력으로 활용되며, 장기적으로는 만주국이라는 국가의 국민으로 훈육될 존재로 규정되었다.

만주국의 대게릴라 전술에서 특히 오랜 시간 영향을 끼친 것은 전략촌, 강제 이주 등을 통해 주민들을 집중시키는 집단

---

* 만주국(1932~1945)은 1931년 만주사변으로 중국 북동부를 장악한 관동군이 '신경'을 수도로 청의 마지막 황제 푸이를 내세워서 만든 괴뢰국이다. 만주국은 일본의 중국 침략의 전초기지였을 뿐 아니라, 일본식 근대국가 건설을 위한 실험장이었다. 만주국은 관동군과 일본의 테크노크라트들에 의해서 다양한 사회 모델과 개발 방식, 주민에 대한 통제의 기법을 적용했던 '테크노-파시즘' 체제로 운영되었으며, 이 시기에 발전된 사회공학은 전후戰後 일본뿐 아니라, 한국 등 다른 아시아 국가에도 큰 영향을 끼쳤다. 한석정, 『만주 모던』, 문학과지성사, 2016, 254~255쪽.

주거 방식이었다. 만주의 일본군은 행정망을 강화하고 주민들을 감시하는 것을 넘어서 마을을 요새화하거나 요새화된 지역으로 강제 이주시키면서 '집단 부락(전략촌)'을 건설했다.[30] 집단 부락과 같은 강압적인 집단 주거지이자 주민을 통제하는 방식인 전략촌은 넓게 보면 수용소의 일종이었는데, 보어전쟁** 시기 영국이 건설한 집단 수용소처럼 유럽 제국들의 식민지에서도 유사하게 나타났으며 서로 그 사례를 참조했다.[31]

집단적인 주거지를 만들고 지역에 대한 국가 권력의 통제를 강화하려는 이 정책은 20세기 반제국주의운동의 강력한 후원자였던 소련에서도 동일하게 나타났다. 흔히 공산주의 경제의 실패를 대표하는 사례로 이야기되는 집단 농장은 사회변혁의 시도라는 점에서는 만주국의 집단 부락과 거의 동일한 역할을 맡았다. 집단농장화는 혁명의 반대 세력이라고 상상된 '쿨라크(부농)'를 색출하여 제거하고, 지역의 전통적 문화나 사회관계를 재편함으로써 공산당이 계획한 사회 모델을 지역사회에서 실행할 수 있는 강력한 장치였다.[32] 집단 주거지로 강제 이주시키거나 마을을 개조하는 지역 통제 방식은 공산주의 세력과 가장 극렬하게 대립했던 미국도 적극적으로 활용했다.

** 보어전쟁은 19세기 말에서 20세기 초 영국의 식민지였던 아프리카 남부 지역(현재의 남아프리카공화국)에서 기존 식민 지배자였던 네덜란드계 이민자들인 보어인과 영국 제국 사이에서 일어난 두 차례의 전쟁이었다. 1차 전쟁에서 승리한 보어인들은 영국에 병합되었던 자신들의 국가 트란스발 공화국을 독립시켰지만, 2차 전쟁에서는 대규모 병력을 동원한 영국에 패배한다. 2차 보어전쟁 당시 영국은 12만 명 이상의 보어인을 강제수용소에 가두었고 그중 4분의 1이 기아와 질병으로 사망했다.

베트남전쟁 당시 남베트남 정권은 미국의 지원을 받아 게릴라와 농민을 분리하기 위한 집단 주거의 형태인 '전략촌(또는 '집단부락')'을 건설하고 이를 통해 군사적 목표뿐 아니라 지역 개발이라는 경제적 목표까지 함께 달성하려고 했으나 처참히 실패한다.[33] 미국은 공산주의의 확산에 맞서기 위해서 개발을 통한 근대화를 대안으로 내세웠고, 이를 위해 주민을 장악하고 통제하려는 개발 계획과 전략촌 건설과 같은 건설의 기술을 군사전략의 일부로 수용했다. 미국은 베트남전쟁에서 전략촌 건설이 실패한 계획임을 알면서도, 근대화로의 개발과 군사작전을 합쳐 놓은 전략촌 모델을 이름만 바꿔 그들이 개입하는 냉전의 여러 장소들에서 반복했다.[34]

그런데 남베트남 정부의 전략촌 건설에 도움을 준 것은 미국만이 아니었다. 한국 정부 역시 베트남전쟁 중 전략촌 건설과 민사작전에 노하우를 전수했다. 베트남전쟁의 교훈을 통해 한국군은 대게릴라전을 국가 발전과 지역 개발 전략으로 바라보는 시선을 확립했다.[35] 지역을 장악하기 위해 주민들을 통제하고 집단화하는 전략의 역사는 수없이 많은 국경을 넘나들면서 20세기 내내 반복되었다. 식민지를 장악한 제국이나 식민주의에 저항하는 공산주의 혁명에서도, 이들과 맞섰던 파시스트들이나 이들 모두를 차별화하려고 했던 자본주의 국가의 대외 정책에서 반복되었다. 심지어 식민 지배를 벗어난 국가에서도 동일한 양상으로 나타났다. 아프리카의 신생독립국들, 탄자니아 같은 국가에서도 전략촌 계획이 실행[36]되었다. 한국은 만주국과 미국 등 다양한 경로를 통해 학습한 전략촌 건설이라는 기술을 제주 4.3*의 폭력적 진압 과정에서 사용했고 이는 새마을운동이라는 사회 개발 전략으로 다양하게 변주되었다.

이제 왜 르코르뷔지에의 건축이 냉전이나 그 이전 20세기 이념들 사이의 대립 구도를 넘어서 넓게 확산할 수 있었는지 이해할 단서를 잡았다. 전략촌과 같은 주민의 집단화와 지역사회 개발과 변형의 기술은 지역과 시대에 따라 다른 목적과 형태로 진행되었지만, 기본적으로 같은 인식을 지니고 있다. 개발이라는 목표를 위해 합리적 이성으로 만들어진 계획이 지역사회에 적용되는 것이다. 전쟁이나 혁명, 지배와 같은 목적을 위해 실제 그곳에 사는 이들이 무엇을 원하고, 무엇을 하려고 하는지 고려하지 않는다. 이는 앞서 보았던 정원사의 비유와 거의 유사한 태도다. 정원사가 잡초와 관목이라는 두 가지 기준만으로 식물을 나누듯이 르코르뷔지에가 상징하는 어떤 태도는 세상을 자신의 목적에 따라서만 파악하려고 하고, 이를 일방적으로 변형하려고 한다. 이러한 태도는 지역의 경계나 정치적 대립과 관계없이 다양한 국가와 세력에서 공통적으로 나타났다. 제임스 C. 스콧은 이처럼 20세기를 지배한 세계관을

---

* 제주 4.3에서 살아남은 소설가 현기영은 그 사건이 사람의 죽음뿐 아니라 공동체를 파괴한 폭력이었다고 주장한다. 한라산 금족령과 중산간마을에 가해진 초토화작전으로 해안가에서 5킬로미터 이상 떨어져 있던 제주 마을 대부분이 파괴당하고 주민들은 해안가 마을로 소개되어 요새화된 전략촌의 건설에 동원되고 이후 감시체제하에서 살았다. 현기영은 초토화 이후 전략촌으로의 이주가 자치의식이 강했던 제주공동체의 전통이 단절되고 중앙의 질서에 종속되는 과정이었다고 말한다. 현기영, 『지상에 숟가락 하나』, 실천문학사, 1999, 149쪽. 전략촌의 경험은 현기영으로 하여금 제주의 자연에 대한 무분별한 개발 역시 사회적 폭력으로 바라보게 했다.

하이 모더니즘의 욕망

'하이 모더니즘'이라고 불렀다.

스콧은 하이 모더니즘을 19~20세기 전 세계적으로 나타났던 과학과 기술의 '선형적인 진보'와 과학기술로 자연을 통제하고 사회를 합리적으로 설계할 수 있다고 믿는 강력한 신념의 체계, 즉 일종의 이데올로기라고 설명한다. 이 하이 모더니즘은 20세기의 주요한 이념들 사이의 경계를 넘어서 공통적으로 등장했는데, 세계를 식민 지배한 유럽의 제국들이나 공산주의라는 유토피아주의를 시험한 소련, 그 반대 극단에서 배타적 민족·인종주의의 사회를 건설하려 한 나치, 남아공의 인종주의적 사회공학과 베트남전쟁의 전략촌, 신생독립국의 개발 사업 등이 "새로운 사회를 만들기 위한 포괄적인 '처방prescription'을 갖고 시작했으며 그것들을 의도적으로 강요"했다는 점에서 하이 모더니즘적 계획이라는 범주에 하나로 묶였다.[37] 소련의 집단 농장화가 '홀로도모르(정치·행정적 문제로 발생한 우크라이나 대기근)'*와 같은 처참한 결과를 남겼던 것처럼 혁명 국가에서 더욱 폭력적인 결과를 가져온 경우가 많았으나, 스콧은 이념에 의한 결과로 보는 냉전적 시각과 달리 하이 모더니즘이

---

* '홀로도모르Holodomor'는 스탈린 체제하의 소련령 우크라이나에서 발생한 대기근으로 1933년에만 300~400만 명이 죽었다. 스탈린 체제에서는 강압적으로 농업집단화를 밀어붙이면서 혁명에 저항하는 세력들을 폭력적으로 탄압했으며, 집단화 과정에서 농업 생산성이 떨어졌음에도 목표한 수치를 달성하기 위해서 기근 상황에서도 도시로 식량을 보내고 있었다. 소련의 집단화 정책은 농업의 기계화를 통해 공업화를 위한 (도시로 이주하는) 인력과 식량을 확보하기 위해서였으나, 기근 때문에 목표량을 채우지 못한 것을 두고 혁명에 대한 저항으로 인식하면서 오히려 사태를 악화시켰다. 쉴라 피츠패트릭, 고광열 옮김, 『러시아 혁명 1917-1938』, 사계절, 2017, 251~253쪽.

초래한 사회적 취약성을 통해 설명했다.

　한 세력에게 정치권력이 집중되고 사회 진보의 목적의식이 극단화되는 혁명이라는 사건의 성격이 사회공학에 더욱 취약하게 만들었을 뿐, 스콧은 하이 모더니즘이 보편적인 이념이자 폭력이라고 보았다. (바우만의 정원의 사회처럼) "지배 엘리트들이 민주주의와 시민권에 대한 신념 없이 그것을 성취하기 위해 국가 권력을 무자비하게 사용"하고 "유토피아적 실험을 당하는 사회가 그것에 대해 결연한 저항을 할 만한 역량을 결여"할 때 "유토피아적 비전"은 끔찍한 폭력으로 악화할 수 있다는 점에서는 어떤 목표의 차이도 없었다.[38] 20세기에 대립했던 이념들을 하이 모더니즘이라는 공통의 비전으로 묶어 내는 스콧의 시각은 근대 세계의 주변부를 바라보던 그의 작업을 통해 형성되었다. 냉전적 세계관 속 흔히 공산주의 사회에서 발생한 최악의 '사회적 재난'이라 말해진 기근이 근대 자본주의를 건설하는 과정에서도 동일하게 반복되었기 때문이다. 혁명이 일어난 사회처럼 권력 앞에 취약해진 곳, 즉 제국의 식민지들에서 말이다.

　스콧은 유럽의 식민 지배를 받은 동남아시아 국가의 농민 사회를 연구하면서 근대사회가 내세운 합리적 목표가 약자의 목소리와 지식을 무시함으로써 파괴적인 결과를 낳았던 사례를 발견한다. 동남아시아 식민지로 파견된 유럽 제국의 관료들은 자신들의 지배를 받는 농민들이 극도로 비합리적이고 비경제적으로 농사를 짓고 있다고 보았다. 이 지역 농민들은 여러 지역에 넓게 퍼져 있는 토지에서 다양한 작물을 재배하고 있었다. 하지만 흩어져 있는 농지를 오가느라 길에서 허비하는 시간이 너무 많았고, 상품성 있는 작물에 집중하지 않아 농민들이 가난에서 벗어날 방법이 보이지 않았다. 유럽의 최신식 농업기술과 경제학적 지식을 갖춘 식민지 관료들은 곧 이 비합리적이고 전근대적인 농업 체계 전반을 뒤엎는다. 소유권이 분명치 않은 공유지를 사유지로 바꾸었고, 흩어져 있는 농지를 합친 뒤에 상품성 높은 단일작물을 재배하게 했다. 이러한 합리화는 농업 생산성을 크게 향상시켰으나 기근도 함께 불러왔다.

농업은 다른 산업과 달리 기후에 의해 생산량의 변동이 매우 컸는데, 작물마다 기후에 영향을 받는 정도도 달랐다. 최대의 이익을 기대할 수 있는 단일 작물에 집중한다면 작황이 좋은 해에는 큰 이득을 얻을 수 있지만, 반면 흉년일 때는 소득의 감소를 넘어 생존의 위기를 경험할 가능성도 높아졌다. 식민지 관료들의 농업 합리화는 자본주의 세계에서의 판단 기준, 즉 경제적 수익을 최대화하는 방향으로 집중했다. 이는 곧 평균적인 농업 수입의 증대를 가져왔다. 그러나 생존은 평균을 따질 수 없는 문제였다. 한 해 동안 기근이 발생하면 최소생계비 이하로 생활 수준이 곤두박질치고, 농민들은 이 시기를 넘기기 위해 토지를 비롯한 자산을 청산해야 했다. 자산의 상실은 이듬해 소득을 낮출 뿐 아니라, 소작농이 되거나 날품팔이 노동자가 되는 등 농민의 사회적 지위 붕괴로 이어지기도 했다. 흉년이 아니더라도 국제 무역에서 상품 작물의 가격이 떨어지면 비슷한 일이 반복되었다.

식민지 농부들은 비합리적인 농사를 지어 온 것이 아니라,

다른 합리성의 기준을 따랐다. 농부들은 생존을 위협할 수 있는 기근과 같은 사회적 재난을 피하기 위한 합리적 방안을 찾았는데, (식민지 관료가 비효율의 상징으로 여겼던) 각기 다른 기후에서 자라는 작물, 홍수에 한 번에 휩쓸리지 않을 흩어져 있는 토지, 서로 의지할 수 있는 마을 공유지 같은 수단이었다.[39] 스콧은 농민들이 추구한 합리성을 근대 경제학과 구분하여 '도덕 경제'라고 불렀는데, 유럽의 대학에서 만들어 낸 최신 학문으로 무장한 식민지 관료는 이런 시각을 존중하지 않았다. 식민 지배는 열등한 동양인들을 결코 근대성을 성취할 수 없는 문화적 질병을 앓고 있다고 멸시하는 시선 위에 세워졌기 때문이다.[40] 물론 이런 멸시의 시선은 같은 유럽 대륙의 피지배자들에게도 동일하게 적용되었다.

홀로도모르에 버금가는 대기근은 세계 자본주의의 종주국이었던 영국의 식민지들에서도 반복되었다. 19세기 중엽 아일랜드 대기근이나 20세기 중반 인도 벵골 대기근에서 수백만 명이 아사했다.* 백 년가량의 시차가 있지만, 이 사건에서는 공통적인 현상이 발견되었는데, 기근으로 아사자가 발생하는 지

---

* 아일랜드 대기근은 1845~1852년 사이 영국의 식민지였던 아일랜드에서 발생한 대기근으로, 200만 명 이상이 죽고 200만 명이 살아남기 위해 미국 등 해외로 이주하면서 아일랜드 전체 인구가 절반 이하로 감소했다. 아일랜드 대기근은 아일랜드의 주작물이었던 감자 수확이 '감자잎마름병'으로 급감하면서 발생했지만, 영국의 지배하에서 아일랜드인들의 구매력 감소와 영국 정부의 무관심 속에서 극단화되었다. 영국 전체에는 충분한 식량이 있었으나, 오히려 구매력이 높은 영국으로 아일랜드의 식량이 계속 수출되며 식량난을 더욱 키웠다. 아마르티아 센, 김원기 옮김, 『자유로서의 발전』, 갈라파고스, 2013, 257~260쪽.

역의 식량이 오히려 외부로 유출되고 있었다는 점이다. 어린 시절 벵골 대기근을 경험했던 세계적인 경제학자 아마르티아 센Amartya Sen은 이 기근이 식량 부족에서 비롯된 참사가 아니었다고 밝힌다. 전시 경제에 의한 도시민의 수입 증대로 식량 가격이 벵골 지역 주민들의 소득을 아득히 넘어서면서 대기근이 발생한다.[41]

아마르티아 센은 대부분의 기근이 위기 상황 속 주민들의 구매력 감소에서 비롯된다고 보았다. 구매력 감소에 대비할 수만 있다면 17~38퍼센트 이상의 급격한 식량 생산량 감소에서도 기근을 피할 수 있지만, 그렇지 않은 곳에서는 11~12퍼센트의 감소만으로도 치명적 기근이 발생했다.[42] 식민지에서 구매력 감소는 일정 부분 자본주의 체제로의 편입의 결과였다. 공유지의 철폐와 같은 마을 경제의 합리화 조치는 전통적인 상호 부조와 의무의 세계에서 근대적인 고용과 계약, 채무 관계로 사회관계를 급격하게 재편했다. 이는 식민지 농촌을 근대 자본주의 질서에 통합시키는 필수적인 과정이었지만, 동시에 마을 공유지나 소작농에게 인정되었던 권리와 지주의 부양 의무 등 마을 경제가 제공해 온 사회적 안전장치를 급격하게 소멸시켰다.[43] 소련의 집단 농장화가 지역의 생존을 보장해 온 오래된 관습과 관계를 모두 제거했던 것처럼 말이다.

근대 자본주의라는 합리적인 목표, 단일한 목표를 향해서 농촌의 삶을 급격하게 재편하려는 이 자본주의적 유토피아의 강압은 자신들과 다른 시선이나 사회적 관계를 비합리적인 것으로 여겼다. 이런 사회적 기준의 단순화와 강압적인 변화는 그 명분은 다를지언정 소련의 집단 농장화와 비슷한 방식으로 작동했으며, 이는 하이 모더니즘이라는 신념을 공유한 결과였다.[44] 베트남전쟁 시기 전략촌을 건설하도록 지원해 왔던 미국의 엘리트 집단도 다르지 않았다. 그들은 공산주의에 맞서기 위해서 근대화와 발전이라는 길을 후진국에 전파하려고 했으며, 전략촌과 같은 군사전략이자 동시에 사회공학의 수단을 구사하면서 그들의 기준에 맞춰 세계를 새롭게 설계하려고 했다. 내세우는 명분은 달랐지만, 그 모든 과정은 익숙한 반복에 가까웠다. 냉전 시기 미국이 내세운 근대화라는 목표는 제국주의자들의 언어와 기술을 답습했지만, 동시에 이 사실에 완전히 눈감을 수 있도록 도왔다.[45]

역사학자 오드 아르네 베스타Odd Arne Westad는 냉전에 대해서 우리의 상식과는 다르지만 (하지만 하이 모더니즘을 떠올리면 동의할 수 있는) 흥미로운 주장을 던진다. 공산주의와 자본주의 사이의 이념 경쟁으로 보이는 소련과 미국 사이의 냉전이 실은 그들 사회를 발전시킨 (소련의 경우 러시아 제국 시절부터) 근대화 방식을 퍼뜨리기 위한 경쟁이었다고 말이다.[46] 두 국가는 제3세계와 같이 근대화의 세례를 받지 않은 지역을 향해 손을 뻗으면서 자신들이 유럽 근대의 적법한 계승자임을 증명하려고 했다. 이들의 경쟁 무대가 되었던 주변부 국가, 신생독립국도 자신들의 방식으로 근대국가를 건설하려고 했다. 하이 모더니즘의 세례가 20세기에 쏟아졌다. 제국의 식민지였고 냉전의 격전장이었던 한국도 이 근대를 향한 욕망의 질주에서 자유롭지 않았다.

밤섬 사람들의 부군당

하이 모더니즘은 이성과 과학을 통해 세계를 발전시킬 수 있으리라는, 어찌 보면 너무나 타당해 보이는 믿음이다. 그러나 이는 단순히 유토피아를 찾는 간절한 마음만이 아니었다. 하이 모더니즘의 신념은 제국에서 식민지로, 이념의 중심지에서 주변부로, 도시에서 시골로 권력의 중심부에서 세운 계획을 주변부의 약자들에게 확산시킨다. 중심부가 설계한 사회공학의 실행자들은 그곳에서 살아온 이들의 목소리를 듣지 않았다. 이성과 과학을 통해 사회를 개선해 갈 수 있으리라는 믿음은 오히려 갑작스러운 변화에 반발하는 이들의 절박한 호소를, 비이성적인 어리석음으로 치부했다.

국가가 제시한 가독성 기준을 통해 바라본 세상에서 보이는 존재와 보이지 않는 존재 모두 위태로워질 수 있다. 힘 있는 자들이 선택한 기준, 과학적이고 합리적이라는 믿음 때문에 의심받지 않는 그 기준에 의해 '우리'와 '그들', '효율'과 '비효율'로 나누어진다. 그 기준에 따라 분류된 이들은 갑작스럽게 낯선 방식으로 살아갈 것을 요구받는다. 얼마 전까지 옳다고 믿어 온 오래된 관습과 기준이 사라진다. 너무나 갑작스럽고 일방적으로 세워진 이 기준을 이해한 소수에겐 엄청난 기회였지만, 지배자들의 언어나 문화, 법을 알지 못하는 대다수의 사회 하층민에겐 사회적 권리를 잃고 삶이 무너지는 충격이었다.[47] 하지만 가독성의 기준에 의해 포착된 이들에게는 최소한 새로운 사회의 구성원으로 변화하라는 요구라도 있었다. 반면에 그 기준에 따라서 집계조차 되지 않은 자들, 목소리를 낼 수도 없고 공식적인 문서들 안에서 셈해지지도 못한 이들은 계획을 위해 희생되었다는 사실조차 잊힌 채로 사라질 뿐이었다. 건축에 대한 이구의 죄의식은 그 가독성의 기준에 따라 집계조차 되지 않은 자들에서 비롯되었다.

스콧은 르코르뷔지에를 20세기의 하이 모더니즘의 상징으로 보았다. 현재의 관습과 경로를 무시하고 사회의 희생자에게서 멀리 떨어져야만 더 좋은 계획을 세울 수 있다는 르코르뷔지에의 말[48]처럼 근대사회의 '하이 모더니스트' 건축가들은 그들이 가지고 있는 과학적 측정 수단을 통해 세계를 '발전'과 '미개발'이란 이분법으로 단순화했다. 그리고 실제의 삶에 밀착하지 않고 멀리 떨어져 자신들만의 계획으로 건설하려던 유토피아는 사회의 파괴를 불러왔다.

스콧은 근대 세계로 발전하려는 목적 그 자체를 문제 삼지 않는다. 하지만 몇 가지 요소들이 결합되었을 때 세계를 발전시키려는 욕망이 파괴적인 결과를 가져온다는 점은 분명히 한다. 목적에 따라서는 세상을 읽어 내는 가독성을 통해 대규모 사회공학을 실천할 역량을 가지게 되고, 하이 모더니즘의 거대한 사회공학을 실천할 동기를 제공한다. 권위주의적인 국가 권력은 다른 목소리에 귀를 닫고서 그 사회공학을 실천할 결단력을 가지며, 무력화된 시민사회는 그 모든 과정이 실행될 중요한 사회적 지형이 된다.[49] 사회적 힘이 집중되고 이를 견제할 수 있는 다른 목소리는 들려오지 않는다. 계획은 묵묵히 실행되고, 삶을 새롭게 그어진 경계에 따라 조각이 난다. 왜 식민지나 혁명, 전쟁과 같은 극단적 상황일 때 하이 모더니즘이 더 치명적인 결과를 가져오는지 분명해진다.

불행히도 하이 모더니즘이 한국에 유입되었던 시대에는 스콧이 이야기했던 극단화의 모든 조건이 충족되어 있었다. 만주국에서 배운 하이 모더니즘은 식민지의 지역사회를 일방적인 목표에 따라 통제하고 개발하는 과정이었다. 이 경험은 한국전쟁기 전략촌의 건설처럼 공격적인 군사전략의 한 부분이 되었다. 미국은 하이 모더니즘의 신념을 근대화라는 형태로 깔끔하게 가공하고 수많은 기술과 제도적 장치들을 함께 제공했다. 냉전의 최전선이 된 반공 국가는 이념이라는 가독성의 단위를 통해 삶을 재단했다.

하이 모더니즘을 통해 사회를 재구성하려는 권력은 자신의 목적에 맞는 단위들을 통해 세상을 바라본다. 제국의 관료들은 생존과 생활이 아닌 연간 농산물 생산량으로 식민지를 바라보았다. 소련은 공산주의 사회의 산업체계를 혁신하기 위해 노력하는 혁명적 영웅과 이에 맞서는 반혁명분자로 인민을 이분법적으로 나누었다. 집단 농장이 생산 목표를 달성하지 못하면, 이는 계획의 실패가 아니라 저항하는 반혁명분자의 존재를 의미했다.[50]

발전이라는 은혜를 주변부 국가에 퍼뜨리려던 미국도 별반 다르지 않았다. 냉전기 미국에게 개발이라는 사회적 목표가 실은 제국주의적 욕망의 또 다른 표현이었듯이, 그들은 식민지 관료들처럼 저개발국의 국민을 자신들이 계몽할 수 있다고 믿었다. 그들이 발전을 받아들이지 못하는 것은 공산주의라는 '질병'에 감염된 불온한 이들이라는 증거였다. 그러나 실제 그 공간에 살아간 평범한 사람들은 공산주의와 자본주의 어느 한 편으로 구분될 수 없는 중층적인 의치에서 살고 있었다. 전략촌 위에 펼쳐진 가독성의 논리는 그런 중간적인 존재 혹은 그 경계를 넘어 다니는 존재를 용납하지 않았다. 그 경계를 넘나드는 존재를 제거해야만 '우리'와 '그들', '이쪽'과 '저쪽'이라는 경계를 확고하게 세울 수 있었기 때문이다. 국가 권력이 통제하는 공적인 분류와 사회 만들기의 작업은 이러한 경계를 분명하게 만드는 방식으로 이루어졌다. 그래서 그 기준에 맞지 않는 이들은 교정되거나 제거되어야 했다. 이렇게 사회 안에서 자신의 위치를 상실한 이들을 품어 내고 지켜 온 것은 현대적이지 못하고 공식적이지 못한 세계, '가족'와 '종교적 의례'의 세계였다.[51]

「건축이냐 혁명이냐」에서는 '새서울백지계획'이 이구가 자신의 건축을 혐오하게 된 계기로 등장한다. 새서울백지계획은 강남 인구 150만 명 이상을 수용할 수 있는 무궁화 모양*의 거대한 계획도시로 만드는 사업이었다. 전치 사업이 그대로 실행되지는 못했으나 여의도 개발 등 여러 도시 개발 사업이 함께 진행되었다. 백지계획이라는 그 이름처럼 기존의 도시와 주

---

* 르코르뷔지에의 도시건축은 최적의 동선을 만들기 위해 직선도로를 중심으로 설계하는 것이 특징인데, 김현옥은 도심 내부는 철저하게 직선으로 구획했으나 박정희에 대한 충성심을 보이기 위해 도시 의곽도로는 국화인 무궁화 모양을 요구했다.

거지를 조금도 고려하지 않는 이 사업은 당시 건축계에 큰 논쟁을 불러일으킨다. 이 계획을 다룬 건축 잡지의 특집 지면에서 건축가 대부분이 이를 강하게 비판한다. 그러나 이구는 계획의 옳고 그름에 대해서는 말하지 않고 철저한 준비와 조사가 필요하다는 원론적인 입장만을 밝힌다. "이런 구상과 도면에 대해 대체 무슨 말을 해야 하나라는 절망과 좌절감"[52]에 무력하게 의미 없는 말을 반복했을 따름이다. 그러나 이구에게 무기력감은 죄책감으로부터 벗어날 수 있게 해 줄 변명거리가 되지 못했다. 그 역할이 크지 않더라도 건축가 이구는 발전을 향해 앞으로 가는 불도저 위에 올라탔고, 목소리 없는 이들이 짓밟히는 것을 그 위에서 보아야만 했다.

알베르트 슈페어가 자신의 계획을 위해 막대한 노동력을 필요로 했듯이, 김현옥의 서울 개발 계획에도 막대한 비용이 들었다. 그리고 김현옥은 이를 줄이기 위한 여러 방법을 강구했다. 그는 둑을 건설하고 여의도 주변을 매립하는 계획을 실행하면서 비용을 크게 절감할 수 있는 방법을 찾아낸다. 여의도 매립과 둑 건설에 필요한 석재를 대량으로 공급할 수 있는 장소를 찾아낸 것이다. 현재 밤섬은 한강을 따라 흘러온 모래가 퇴적된 모래섬이자 한강 유역 최대 규모의 습지대지만, 1968년까지는 바위섬이었다. 여의도에서 멀지 않은 밤섬을 폭파해서 석재를 공급한다면 필요한 자재를 쉽게 확보할 수 있을 뿐 아니라, 자재의 이송 거리도 짧아서 비용을 크게 절감할 수 있었다. 막대한 개발 사업을 연이어 진행하고 있던 서울시로써는 저렴한 비용을 절감할 방법을 마다할 이유가 없었다. 계획

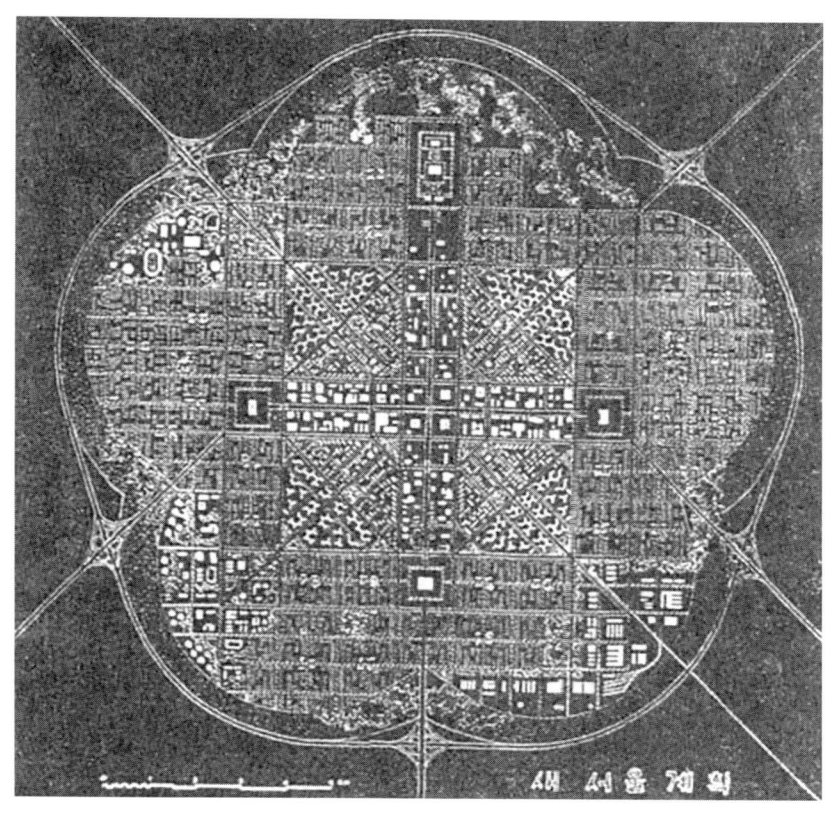

건축가 박병주가 그린 새서울백지계획 평면도. 출처: 국토연구원 전자도서관

을 세우는 자의 눈에 모든 수치는 이 결정이 합리적인지 아닌지를 보여 주었다. 조상 대대로 그곳에 살아온 밤섬의 주민들에게는 전혀 다르게 보였겠지만 말이다.

밤섬은 무인도가 아니었다. 「건축이냐 혁명이냐」에 인용된 당시 서울부시장 차일석의 회고에서 김현옥이 노들섬과 밤섬 중 어느 섬을 폭파해서 자재를 확보할지 고민했음을 밝힌다. 차일석은 부산 출신인 김현옥이 밤섬에 사람이 사는지도 알지 못했던 것 같다고 추정하면서, 그곳에 100명 정도가 살고 있었다고 기억한다.[53] 틀렸다. 1968년 밤섬에는 62가구, 443명의 주민이 살고 있었다. 이들은 밤섬이 폭파된 이후 와우산 일대로 이주해야 했다. 서울시장 김현옥도, 부시장 차일석도 밤섬 사람들에 대해 제대로 알지 못했다. 슈페어가 그러했듯 그들은 계획에 의해 밀려나는 사람들에 대해서 알고 싶지 않았고, 외면할 수 있을 만큼만 알았다. 그들의 삶이 아니라 개발과 이주에 필요한 비용이라는 숫자로 말이다. 물론 개발 독재 시대에 주민들에게 제대로 된 보상은 이루어지지 않았다. 당시 서울시는 토지 보상비와 건물 보상비, 그리고 와우산 일대에 건립할 연립 주택으로 이주를 보장했지만, 어느 것도 지켜지지 않아 갑작스럽게 집에서 쫓겨난 주민들은 천막과 판잣집을 지어서 힘겹게 살아갔다.[54]

밤섬 주민 62가구 중 60가구가 와우산에 정착해 살면서 '밤섬 마을'을 형성했다. 이 마을은 1996년에 이 일대가 재개발되면서 사라지고 말았다. 서울시는 밤섬 사람들과의 약속은 지키지 않았지만, 계획만큼은 실행했다. 와우산 산기슭에 연립주택인 와우아파트가 고작 육 개월 만에 신속하게 건설되었다. 밤섬 주민들에게 약속했던 건물은 지어졌지만, 이주는 이루어지지 않았다. 차라리 그게 다행이었던 것인지도 모른다. 와우아파트는 완공되고 사 개월도 지나지 않은 1970년 4월 8일에 붕괴했다. 이 사고로 34명이 사망하고 40명이 부상을 입어, 김현옥은 서울시장직에서 사임해야 했다. 물론 일여 년이 지난 뒤에 내무부장관에 임명되어 화려하게 복귀했지만 말이다.

밤섬에 주민이 사는 줄도 모르면서 섬의 폭파를 결정했다는 사실은 황당하게 느껴지겠지만, 최소의 비용으로 최대한의 개발 목표를 달성하고 싶어 하는 하이 모더니스트에게는 합리적 판단이었다. 자신의 성과는 계획을 얼마나 신속하게 달성하였느냐로 평가를 받을 뿐, 그 과정에서 일어나는 세부적인 사안은 고려할 필요가 없었기 때문이다. 전쟁의 기술에서 배워 온 개발전략은 (총동원체제) 전쟁의 프레임을 따라 실행되었다.[55] 그리고 전쟁터에서 불필요하게 여겼을 것들, 주민의 생활과 안전 등은 부차적인 것으로 치부했다. 개발의 가독성은 주민들이 어떤 삶을 살아갔느냐가 아니라 얼마나 많은 건물이 건설되고, 얼마나 긴 도로가 깔렸는가를 측정할 뿐이었다. 슈페어가 '사람의 죽음'이 아니라 '노동력의 손실'을 계산했던 것처럼, 서울에 펼쳐진 건축의 시대는 사람의 삶이 아니라 경제 발전만을 바라보고 있었다. 그러나 이구는 세상을 그렇게 바라볼 수 없었다. 건축은 그 공간에서 살아가는 이를 위한 것이어야 했다.

밤섬에서 배를 만들던 목수 유덕문은 섬이 폭파된 이후 집 목수가 되어 건설 현장에서 일했다. 소설 속 작가(정지돈)는 그에게서 밤섬과 이구에 대한 이야기를 듣는다. 그는 1970년대에 이구가 경영했던 회사인 '트랜스 아시아'의 직원이었다. 이구가 "지금 지어지고 있는 건물과 앞으로 지어질 건물이 얼마나 잘못되었는지 생각하기 시작하면 벌써부터 숨이 막혀오고 정신이 아득[56]해진다면서 건축에 대한 후회를 털어놓았던 이도 바로 밤섬 주민이었던 유덕문이다. 소설은 이구가 밤섬 폭파에 어떻게 관여했는지 등에 대해서는 말하지 않는다. 다만 사우스 브롱크스의 고속도로 건설과 그로 인한 사회적 재난의 기억을 이어 놓으며 밤섬 주민들이 겪은 일이 어느 잘못된 행정가나 건축가 한 사람 때문이 아니라 한 시대 동안에 반복된 폭력이었음을 보여 준다.

건축은 자연으로부터 인간의 세계, 즉 사회의 공간을 만들어 내는 문명의 소중한 수단이지만 하이 모더니즘의 시대에서는 미래라는 '저거너트'*가 목소리 없는 이들을 뭉개고 지나간 여러 바퀴 중 하나로 쓰인 것도 사실이다. 이 책의 두 번째 장에서 다룬 제노사이드에서는 관료제와 같이 그 자체로는 치명적이지 않은 평범한 수단들을 통해 가공할 폭력을 행하는 과정을 보았다. 파괴의 수단이 아니었던 것으로 극단적인 일들을 행할 수 있었던 것처럼, 발전이라는 건설적인 목표가 오히려 삶의 파괴를 가져올 수 있었다. 이구는 자신의 건축을 용서할 수 없었다. 그의 작업이 어떤 폐허를 만들며 나아갔는지 알게 되었기 때문이다. 밤섬도 사우스 브롱크스도, 프루이트 아이고도 이구의 건축물은 아니다. 하지만 이구가 살았던 시대의 건축이었다. 그럼에도 「건축이냐 혁명이냐」는 또 다른 건축물을 바라보는 것으로 끝을 맺는다. 소설 속에서 작가는 고향을

---

* '저거너트Juggernaut'는 힌두교의 신, 크리슈나의 화신인 '자가난트'를 기리는 축제에서 쓰인 거대한 수레에서 유래되었는데, 지나가는 경로에 있는 모든 장애물을 파괴하는 압도적인 힘을 상징한다. 사회학자 앤소니 기든슨은 저거너트를 누구도 막아설 수 없는 파괴적인 근대성에 대한 비유로 사용하기도 했다.

잃은 밤섬 사람들이 다시 지은 건물, 밤섬의 수호신인 '부군님'을 모시는 신당인 부군당을 향해 걷는다.

　밤섬의 폭파가 결정되자 아무도 관심을 기울이지 않던 이 섬에 대한 보도가 쏟아지기 시작했다. 언론은 하루아침에 고향을 잃게 된 주민들의 안타까운 상황이 아니라, 밤섬을 발전하지 못한 전근대적인 공간으로 그리는 데 열을 올렸다. 밤섬 사람들이 오랜 시간 유지해 온 마을 신앙의 중심지였던 부군당이 특히 문제였다. 박정희 시대는 미래를 향해 달려가고 있었고, 미신은 없애야 하는 과거의 상징이었다. 서울의 개발을 위해 폭파될 섬인 밤섬이 미신을 믿는 전근대적인 공간이라는 사실은 주민들이 겪는 고통을, 발전을 향해 나아가는 진통으로 포장할 수 있는 근거였다. 당시 언론에 비추어진 밤섬은 서울의 낙후된 지역을 넘어서 '원시 공동체사회'라고 비하될 정도였다.[57] 개발의 행진은 밤섬에만 찾아온 것이 아니었다. 박정희 정부의 새마을운동이 추구한 농촌의 현대화는 인프라의 개선뿐 아니라, 문화적 변화까지 요구했다. 미신타파운동이 새마을운동과 함께 추진되었는데, 밤섬을 폭파했던 김현옥은 내무부 장관이 되어 이를 주도하면서 전국 각지의 장승, 서낭당, 당집 등을 파괴했다.[58] 그럼에도 밤섬 주민들은 정부의 눈을 피해 부군당도당굿을 유지했고, 이후에도 개발에 밀려 자리를 옮겨야 했으나 부군당을 지켜냈다.

　이구의 행적을 따라 밤섬 마을의 여러 곳을 돌아다니던 소설 속 작가는 문이 닫혀 있는 부군당을 보며 의아해한다. "(부근당 가는 길에 있는—인용자) 공민왕 사당을 보며 이곳은 문이

열려 있어 동네 주민들이 오가는데 부군당의 문은 왜 잠가놓았느냐고 말이다. 그와 동행했던 유덕문은 답한다. "부군당은 왕이 아니라 신을 모시는 곳이라고 그"⁵⁹런 것이라고. 닫혀 있는 부군당의 문은 그곳이 신의 거처임을 알린다. 서울을 설계한 이들의 눈에는 미신으로 보이겠지만, 그곳에서 사는 이들에게는 마을과 마을을 지키는 신이 함께하는 공간이다. 미래를 향해 가는 시대에 짓밟혀도 사라지지 않은 부군당은 여전히 신을 위한 공간으로, 발전의 계획을 세웠던 이들이 귀 기울이지 않았던 삶의 방식으로 남아 있다. 서류와 계획표에서는 보이지도, 들리지도 않는 부군당의 닫힌 문은 권력을 가진 자들이 알지 못하는 삶을 품고 있다. 그리고 미래가 삼켜 버린 뒤에도 사라지지 않은 것들은 또 다른 미래를 불러온다. 신이 머무는 부군당처럼, 잊힌 자의 유령이 찾아올 것이다. 귀환하는 유령의 행렬로 이어질 이 미래가 무엇인지, 당신은 다음 이야기를 통해 읽게 될 것이다.

5장   냉전, 추모가 금지된 시대

무덤이 없는 사람들

　1961년 6월, 군인과 경찰이 전국 각지의 무덤과 묘비를 파헤쳤다. 김해, 부산, 거창 등 경상도 일대의 무덤들이 가장 많은 피해를 입었지만, 제주처럼 다른 지역도 군홧발을 피할 수 없었다. 유족들은 무덤과 묘비가 부서지는 모습을 황망하게 바라봤다. 항의는 소용없었다. 아니 항의조차 하지 못하는 이가 대부분이었다. 묘지가 파괴되기 전에 일부 유족들은 군인과 경찰들에게 붙잡혀 어디론가 끌려갔다. 두렵고 무서운 일이었지만, 처음 겪는 일도 아니었다. 죽은 뒤에 무덤조차 가질 수 없던 이들의 가족으로 살아온 지 이미 십여 년이 다 되어 갔다.
　파헤쳐진 무덤 대부분은 만든 지 일 년도 되지 않았다. 십년이 넘도록 제대로 장례도 치르지 않고 길가와 야산에 버려진 주검들이 평안하게 묻혀 있던 기간은 그토록 짧았다. 한때나마 무덤을 가질 수 있었던 이들도 전쟁에서 학살당한 이들 중 아주 극소수에 불과했다. 산천에 버려지고 방치된 막대한 유해가

제의祭儀를 기다리고 있었지만, 군인들은 몇 구 되지 않는 시신을 수습하여 만든 허술한 봉분조차 용납하지 않았다. 군인들에게 그들은 무덤을 가질 수 없는, 기억되어서는 안 될 죄인으로 보일 뿐이었다. 가족의 유해를 수습하고, 무덤을 만든 이들 역시 군인의 눈에는 죄인이었다.

    1961년 5월 쿠데타로 권력을 장악한 박정희와 군부는 반대 세력을 신속하게 탄압했다. 그중에는 가족의 유해를 수습하려고 했던 이들, 제주 4.3과 한국전쟁의 제노사이드로 가족을 잃은 '피학살유족회'도 있었다. 전국에서 활동하던 여러 유족회 인사들이 군부에 의해서 '특수반국가행위'를 저질렀다고, 즉 반역 혐의로 몰려서 붙잡혔다.[1] 이렇게 기소된 이는 28명에 달했고, 그중 15명이 실형을 선고받았다.[2] 형량은 집행유예 처분을 받은 이부터 길게는 십오 년까지 징역형을 받은 이도 있었다. 심지어 한 사람에게는 사형 선고가 내려지기도 했다. 간첩으로까지 몰렸던 경북유족회장 신석균[3]은 수감 중 옥사한다. 피학살유족회라는 이름의 전국 여러 단체는 1960년에서 1961년까지 일 년여의 짧은 기간 활동했다. 이들이 한 일은 죽은 가족의 유해를 수습하고 무덤과 위령비를 세워 지난 십 년간 할 수 없었던 장례를 지내려는 '장의葬儀'의 일종이었다.[4] 그럼에도 군부 세력은 이들을 반국가단체로 몰아서 강력하게 처벌하려고 했다. 이들을 처벌한 근거였던 『특수범죄처벌에 관한 특별법』은 입법부인 국회를 통과하지 않고, 쿠데타 세력이 만든 초법적 권력기관인 '국가재건최고회의'에 의해 1961년 6월 21일에 제정되었다. 구속된 유족 회원 중 일부는 이 법이 만들어지기도 전에 이미 체포당한 상태였다. 군부는 사후에 제정된 법을 소급 적용하면서까지 유족회를 탄압했다.[5]

어렵게 만든 무덤이 파헤쳐지는 것을 눈 뜨고 무력하게 지켜봐야만 했던 유족 회원들은 법정에서 억울한 마음에 따져 묻기도 했다. 김해 진영읍에서 발생한 국민보도연맹 학살로 억울하게 아버지를 잃었던 '금창지구피학살자장의위원회'의 간부 김영욱은 재판정에서 검사에게 "내 아버지 뼈 가져다 묻는 게 무슨 죄냐"라고 따져 물었다. 그러나 검사는 "빨갱이를 묻어준 게 죄다"라고 그를 몰아붙였다.[6] 유교사회였던 한국에서 효는 인간이면 지켜야 할 가장 중요한 도리였고, 죽은 부모의 장례를 치르고 제사를 지내는 일은 가족의 의무였다. 그런데도 검사는 아버지의 장례를 치르는 것이 죄가 될 수 있다는 말을 당연하다는 듯했다.

당시 검사들이 유족에게 그토록 적대적이었던 이유가 있었다. 권력을 쥔 이들이 이 사건을 어떻게 다루어야 할지 방향을 정해 둔 것이다. 쿠데타 세력의 일원이었던 육군 대령 출신인 '혁명검찰부'의 검찰부장 박창암은 유족회 사건이 정부를 가장 위협하는 사건이라고 보았다. 그래서 남로당원 가족들이 만든 단체를 반정부단체로 단정하고 그 방향으로 수사를 지시한다.[7] 물론 이런 권력자의 의도에 모두가 순응한 것은 아니었다. 억울하게 죽은 가족의 한을 풀려고 했던 이들을 반국가행위자로 처벌한다면 갈등이 대를 이어 계속될 것이 아니겠냐며 무죄를 선고한 재판관도 있었다.[8] 당시 1심에서 사형선고를 받은 이들 중 일부에게 무죄판결을 했던 이택돈 주심판사의 행동은 큰 위험을 감수한 일이었다. 이 판결을 두고서 검찰부장 박창암과 그와 마찬가지로 군부 출신이었던 재판장 김용국이 복도에서 싸움을 벌이기까지 했다.⁹ 유족회 사건은 그렇게나 민감하고 중요한 문제였다. 그리고 권력자들의 의중에 따라 기획된 사건이 대부분이 그러했듯, 유족회에 대한 탄압에 동참하지 않은 이는 극소수였다.

당시 실형을 선고받은 유족회 간부 15명 중, 최고형을 받은 이는 이원식이었다. 그는 대구유족회 대표위원이자 경북유족회 조사위원으로 활동했던 이로, 일제강점기에 대구사범학교를 졸업하고 의사와 서지학자, 문화평론가 등 다방면으로 활동한 지식인이었다. 그는 피학살유족회 활동이 가장 활발한 곳 중 하나였던 대구·경북 지역의 대표적인 활동가였다. 해방 직후 비판적 지식인이라는 이유로 정권의 탄압을 받았고, 사상범으로 몰려서 국민보도연맹에 강제로 가입해야만 했다. 그는 수십만이 희생된 국민보도연맹원 학살 사건의 생존자이자, 유족이었다. 그의 부인은 전쟁 중 집단 학살을 당했다. 사형수로 복역하던 이원식은 옥중에 쓴 수기에서 자신의 아내가 "못난 남편 대신으로 죽음터에서 사라"졌다며 안타까워했다.¹⁰

이원식은 유족회 사건으로 붙잡혔던 이들 중 유일하게 사형 확정 판결을 받았다. 1심에서 사형 선고를 받은 이들은 여럿 있었지만 대부분 2심에서 감형되어 징역형을 선고받았다. 이원식의 사형 선고가 확정되자, 가족들은 그를 구하기 위해서 모든 방법을 모색했다. 그 방법 중에는 전혀 의외의 인물을 찾아가 도움을 요청한 일도 있었다. 이원식의 가족이 도움을 받

1960년 6월, 경북지구피학살유족회결성대회 모습.
출처: 이광달(이원식 아들) 블로그

기 위해 찾아간 이는 경북 지역에서 활동했건, 선산유족회의 부녀부장인 조귀분이었다. 조귀분은 유족회의 열성적인 회원이었지만 공직에 있거나 지역의 재산가도 아니었다. 그 역시 다른 이들처럼 억울하게 가족을 잃고, 그 슬픔과 싸우며 가족의 명예를 회복하려고 했던 이였다. 그는 그저 독립운동가이자 기자였던 남편이 경찰들에게 억울하게 살해당한 일의 진상을 규명하고 싶었던 사람이었다. 그렇다고 조귀분이 평범한 사람은 아니었다. 지역의 지식인으로 명망이 높았던 남편에 비해 잘 알려진 이는 아니었으나, 그는 일제강점기에 독립운동과 여성운동을 했던 단체 근우회의 지역 간부로 활동하기도 했다.

그가 유족회에 가입하는 과정에서도 우여곡절이 많았다. 조귀분의 남편은 남로당원이었던 사회주의자였는데, 당시 피학살유족단체들은 가급적 정치적 입장이나 이념 문제로부터 거리를 두려고 했다. 한국전쟁 중 학살당한 이들 대부분, 특히 국민보도연맹원이나 사상범이란 이유로 죽은 이들이 정부에 의해 좌익으로 낙인이 찍혀서 살해당했기 때문이다. 유족들은 죽은 가족이 어떤 이념도 알지 못하고 정치적 입장도 가지지 않았던 평범한 사람, 즉 '양민'이라는 사실을 강조했다.[11] 실제로 분명한 정치적 입장을 가졌던 이들도 있었지만, 반공주의가 지배적인 사회에서 좌익이란 낙인은 치명적이었다. 그러니 아무리 남로당 활동이 합법이었던 정부 수립 이전 시기의 일이라지만, 남로당원이 명백했던 조귀분의 남편이 겪은 피해에 대해서는 유족 단체가 난색을 표했다.

피학살유족회는 대부분 1960년 4.19 혁명으로 이승만 정권이 붕괴한 이후에 결성되었다. 희생자들 대다수가 이승만 정권이 자행한 제노사이드로 사망한 이들이었고, 이승만 정부의 위협을 피하기 위해 조심해야만 했다. 예외적인 사례도 있었다. 1951년 전선 후방 빨치산 게릴라 토벌 임무를 맡았던 한국군은 거창 지역 주민들을 빨치산 협력자로 몰아서 학살한다. 이 일로 희생자들을 기리는 위령비 건립 활동이 1960년 3월 거창 지역에서 시작되었다. 집권당 국회의원을 비롯해 지역 유지나 도지사 등 유력 인사 등이 위령비 건립을 위한 위원회에 참여했을 뿐 아니라, 정부가 예산을 지원했다.[12] 이승만 정권은 거창 사건에 대해서만큼은 다른 입장을 취했다.

물론 당시 정부가 이를 원한 것은 아니었다. 거창 사건은 한국전쟁 중 유일하게 정부와 군의 가해 사실을 인정받은 사건이었다. 군은 다른 학살 사건처럼 거창 역시 은폐하려고 했지만, 국회의원들에게 알려져 현장조사단이 파견된다. 이들을 방해하기 위해 국방부장관의 지시로 인민군으로 위장한 군병력이 국회의원들을 습격한다. 그러나 사건의 배후에 군과 정부 고위층이 있었음이 발각되면서 국방부장관이 사임하고, 학살 책임자 중 일부가 수사 대상이 되었다.[13] 이승만 정권이 얼마 지나지 않아서 가해자 대부분을 사면복권 했으나, 이미 많이 알려진 거창 사건의 존재를 완전히 지울 수는 없었다. 거창에 위령비 건립을 지원한 일은 부정적인 여론을 잠재우기 위한 유화책이었을 따름이다.

  4.19 혁명으로 이승만 정권이 붕괴하자 오랜 시간 숨죽이면서 살았던 유족들은 야산에 방치되었던 가족의 유해를 수습하기 위해서 모였다. 지역구 정치인들에게 진상조사를 요구하고, 책임자를 처벌하자고 목소리를 내던 이들도 있었지만 가장 급한 일은 십 년 동안 하지 못했던 장례를 치르는 것이었다. 그들이 낸 목소리가 힘없이 무시당했던 것은 아니었다. 국회에서 제노사이드 사건에 대한 '양민학살사건조사특별위원회'를 조직하고 유족회 등과 협력해서 진상 조사에 나섰다. 국회의 진상 조사는 유족들의 억울함을 풀 수 있는 길이 열렸음을 보여주지만, 모든 피해자가 희망을 본 것은 아니었다. 조사 기구의 이름에서도 말한 '양민'이 되지 못한 이들이 있었기 때문이다. 양민은 어떤 정치적 입장을 가지지 않은, 주권자가 아니라 통

치의 대상으로서의 국민이었다. 국회는 그래서 이념적으로 의심받을 수 있는 자들인 인민군이나 북한 정권에 협력했다는 이유로 살해당한 이들은 조사 대상, 즉 양민에서 제외했다.[14] 북한에 협력했다고 의심되면 죽어도 괜찮다는, 쿠데타 이후 군부가 보인 입장을 국회의원들도 똑같이 취하고 있었다. 1960년대 한국의 반공주의는 그렇게 엄혹하고 강력했다.

    4.19 혁명 이후에도 강력한 반공주의 정서가 팽배한 시대에 남로당원의 아내가 유족회에 가입하려고 찾아왔다. 유족회는 대부분 새로운 정권과 대립하지 않고, 살해당한 가족이 양민이라 주장하면서 억울함을 호소하고 있었다. 이런 상황에서 남로당의 유족이 찾아왔으니 다른 유족들이 꺼리는 것도 이해가 되는 일이다. 유족회 가입을 위해 찾아온 조귀분에게 경주 유족회 유족회장은 "조 여사님 남편은 용공활동(공산주의 활동)을 하지 않았느냐"라거나 "양민인 다른 유족들과는 경우가 다르지 않으냐"라고 물었다. 좌익 가족이면 그게 곧 죄인 세상이었지만, 조귀분은 전혀 기죽지 않고 따져 물었다.

    그게 어때서요? 자유민주주의 국가에서 어떤 생각을 갖던 왜 죄가 되는교?
    내 남편이 실정법을 위반했으면 재판을 통해서 처벌을 하면 되지, 와 재판도 없이 경찰이 불법적으로 사람을 죽이는교![15]

    좌익으로 낙인이 찍혔던 이들에게 어떤 끔찍한 일이 벌어졌는지, 누구보다 잘 알던 이들이 피학살 유족들이었다. 하지만 바로 그런 이유로 자신의 가족은 양민일 뿐이었다고 말하며, 좌익이나 사상범 가족들과는 거리를 두려고 했다. 그 낙인은 그렇게나 두려운 것이었다. 그러나 조귀분이 당당하게 죽은 남편이 사회주의자였던 것이 어떻다는 거냐고 따져 묻자, 유족들은 그의 말에 용기를 얻었다. 어떤 사상을 지니고 있었다고 해도 정당화할 수 없는 죽음이었고, 정말 죄가 있었다고 해도 절차가 옳지 않았다. 조귀분은 '빨갱이'의 죽음은 진상 조사하지 않겠다는 세상에서, 빨갱이란 이유로 사람을 함부로 죽여서는 안 된다고 외쳤다.

유족회의 열성적인 활동가였던 조귀분은 분명 평범한 사람이 아니었다. 정당한 말을 한다고 해도 권력자의 심기를 거스르면 죽을 수도 있는 위험한 시대였다. 당시의 가해자 대부분이 군, 경찰, 정부의 현직에 근무하면서 권력을 쥐고 있을 때였다. 그런 시기에 조귀분은 큰 위험을 감수해 가면서 남편의 억울한 죽음을 밝히려고 했다. 그러나 쿠데타로 군부가 권력을 잡고, 전쟁 중 자신들이 저지른 잘못을 덮기 위해 없는 법까지 만들어 유족을 탄압하던 때에 당차게 자기주장을 펼칠 줄 아는 사람을 찾아간다고 해서 바뀔 일은 없었다. 더욱이 이원식은 이미 상고가 기각되면서 사형 판결이 확정된 이후였다. 아무리 조귀분이 열정적인 활동가였다고 해도 쿠데타 세력이 만든 법원의 판결을 뒤집을 수 있을 리가 없었다. 그러나 상소심 판결이 나고 두 달 뒤에 이원식은 사형에서 무기징역으로 감형이 되었다. 이 감형은 이원식의 가족과 변호사가 했던 필사적 노력의 결과였지만 조귀분의 역할이 적지 않았다.[16] 그만큼 조귀분은 강한 힘을 가진 사람이었다. 아니, 불과 몇 달 사이에 엄청난 권력을 가까이하게 된 사람이라고 하는 게 더 정확하다. 그해 조귀분의 가족들이 한국을 쥐고 흔들 수 있는 실력자가 되었기 때문이다. 조귀분은 쿠데타를 주도하고 십팔 년간 절대적인 권력을 행사했던 박정희의 형수였다.

조귀분은 박정희의 셋째 형인 박상희의 아내였다. 독립운동가이자 지역을 대표하는 지식인이었던 박상희는 1946년 대구 10월 사태에서 경찰들에 의해 사살당한다. 대구·경북 지역에서 미군정의 정책에 반대했던 대규모 시위를 무력진압했던 10월 사태에서 박상희는 경기도에서 온 경찰 부대에 의해 다른 시위 주모자들과 함께 살해당했다.[17] 동생과 나이 차이가 컸고 지역의 명망가이기도 했던 박상희는 박정희에게 형이라기보다는 아버지 같은 존재였다. 어린 날부터 존경했던 형의 영향으로 박정희는 당시에는 합법 정당이었던 남로당에 가입하기도 했고, 그 때문에 여순 사건 직후 군에서 단행된 대규모 숙청 때 죽을 뻔하기도 했다. 박정희의 좌익 이력은 쿠데타 직후에도 그를 꼬리표처럼 따라다녔다. 그래서 미국과 국내의 다른 정치 세력의 의심을 피하기 위해서라도 박정희는 강경하게 반공주의 노선을 취했다. 무덤을 파헤치고 묘비를 부순 것도 모자라, 유족을 범죄자로 몰았던 이가 마찬가지로 학살 유가족이었다는 사실은 기이하다 못해 잔혹한 역사의 역설이었다.

쿠데타 직전까지만 해도 박정희는 자신이 학살 유가족이라고 생각했다. 유족회에 들어올 때 조귀분은 자기 시동생이 부산 지역 군부대 사령관이라면서 유해를 발굴할 때 그가 도와

줄 수 있을 것이라고 이야기했다. 그의 말처럼 박정희는 유해를 발굴할 때 군 트럭을 지원해 주기도 했다. 박정희 자신이 직접 연락했었다는 증언도 있다. 1960년 8월에 마산 지역의 유족 단체에 박정희가 전화를 걸어 자신도 유족이라 밝히고 유족회 측과 식사 자리를 가지고 싶다며 만남을 제안했다.[18] 군 장성이 접근하려는 목적이 무엇일지 모른다는 유족들의 불안에 이 만남은 성사되지 않았다. 한편 이는 피해자가 가해자로 돌변한 서글픈 상황을 보여 준다. 조귀분의 가족 중 권력자가 박정희만 있던 것은 아니었다. 초대 중앙정보부장을 역임하고 삼김정치의 한 축으로 죽기 전까지 유력 정치인으로 존재감을 과시했던 김종필이 조귀분의 사위였다.

군부 쿠데타 직후 유족들을 향했던 전방위적인 탄압과 폭력은 단순히 정치적 반대파를 억압하는 과정의 일부로만 치부할 수 없다. 전쟁 중 군과 경찰이 학살한 민간인이 수십만에 달했고, 학살을 주도한 이들 대부분이 군의 요직에 앉아 있었다. 어느 검찰부장의 말처럼, 군의 불법적인 학살을 고발하는 유족회 사건은 쿠데타의 정당성을 흔드는 가장 위협적인 사건일 수도 있었다. 그들의 정당성이 흔들릴 수도 있었다. 형수의 간절한 부탁 때문이었는지, 아니면 이원식이 대구사범학교 이 년 선배였기 때문이었는지, 박정희는 사형을 무기징역으로 감형한 뒤에도 다시 몇 차례 그를 감형해 주었다. 그러나 이원식은 십 년 이상 감옥 생활을 했고, 유신 시대에는 다시 또 체포되어 감옥에 가길 반복하다 1970년대 후반에 생을 마감했다. 쿠데타 세력의 정점이었던 박정희는 피해자와 가해자 중 가해자들의 편에 서기로 했다.

　최고 권력자 동생을 가졌지만 박상희의 운명도 다른 학살 희생자들과 별반 다르지 않았다. 남편의 억울함을 풀어 주려고 했던 조귀분의 노력은 유족회 탄압과 함께 멈춘다. 박상희는 그래도 좋은 무덤에 묻혔고, 누구도 감히 그의 무덤을 파헤칠 생각을 하지 못했다. 그러나 그의 묘에 묘비가 세워진 것은 죽은 지 육십 년이 지난 2010년이었다. 박상희의 추모비가 세워질 때 그의 큰딸이자, 김종필의 아내였던 박영옥은 자신의 아버지가 이념의 잣대에 따라 여러 평가에 휘둘리면서 "별세하신 지 육십 년이 지나도록 묘비 하나 없이 싸늘한 땅에 누워 계셨다"[19]라며 가족이 견딘 서러운 시간을 원망했다. 박상희는 최고 권력자가 존경하고 사랑했던 형이자, 권력 이인자의 장인이었지만 그조차 묘비를 가질 수 없었다. 무소불위의 권력을 가졌던 박정희도 '빨갱이' 가족이라는 굴레를 완전히 벗어날 수 없었다.

　무덤 없는 사람들, 살해당한 뒤에 기억으로부터도 뿌리 뽑힌 자들의 이야기는 안타까움을 느끼게 하지만 동시에 수많은 의문을 떠올리게 한다. 대체 왜 그렇게까지 죽은 자들을 숨기려고 했단 말인가? 죽어서 아무 말도 하지 못할 그들을 말이다. 그러나 무덤 없는 자들은 계속 말하고 있었다. 유령의 모습으로라도 말이다. 유령이라니, 핵무기를 만들고 달로 사람을 보낼 정도로 과학기술이 폭발적으로 발전했던 냉전에 유령이라니. 하지만 전쟁과 과학의 시대였던 냉전은 동시에 무덤과 유령들의 시대이기도 했다. 무덤 없는 자들은 한국뿐 아니라,

전 세계 각지에 있었다. 무덤 없는 자들은 또 하나의 냉전이 펼쳐진 격전지로 돌아온 기억의 유령들이었다.

기념비 위에 세운 국가

유령은 갑작스럽게 찾아온다. 유령이 산 자의 세계에 모습을 드러내 보이는 일은 어떤 문제가 있음을 보여 주는 신호이다. 영화 〈파묘〉에서 악지 중의 악지에 매장된 한 부호 일가의 조상은 자손들을 계속 괴롭혀 병들게 한다. 영화 속 무당은 자손들이 겪는 고통을 '묫바람', 흉지에 묻혀서 괴로운 조상이 지르는 비명이라고 설명한다. 무언가 나쁜 상황이 발생했기 때문에 유령은 산 자를 괴롭힌다. 괴롭힘이 유령의 목적은 아니다. 산 자에게 해결해야 할 문제가 있음을 알리는 방법일 따름이다. 그래서 유령의 출몰은 그 자체로 무언가에 대한 말하는 행위다.[20] 그렇다면 무엇을 말하기 위해서 유령은 나타나는가? 누구의 유령이냐에 따라 그 답은 달라지겠지만, 때로 유령은 시대 그 자체의 그림자가 되어 나타나기도 한다. 냉전의 유령들이 바로 그런 존재다.

1960년대 군부 정권이 필사적으로 파괴했던 무덤과 묘비는 유령과 연결되어 있다. 영화 〈파묘〉 속 조상의 유령은 잘못된 장소에 만든 무덤 때문에 자손들을 찾아간다. 그는 왕실에서나 쓰던 좋은 관을 쓰고, 철통같이 지켜지고 있는 무덤에 안장되었음에도 좋지 않은 땅의 기운 때문에 괴로워한다. 무덤을 가졌음에도 말이다. 그렇다면 무덤조차 가지지 못한 수많은 죽음이 겪었을 고통이 어떠했을까. 무덤이나 묘비와 같은 추모의 공간은 사람의 죽음에 슬퍼하고, 그를 기리기 위한 애도의 장소다. 그리고 그렇게 가족과 공동체로부터 애도 받을 수 있는 죽음은 죽은 자가 기억되고 존중받게 한다. 반면 그렇지 못한 이들, 무덤도 추모도 없는 죽음은 존중도 위로도 없이 잊힌 존재가 된다.

한국의 무교巫敎 세계관에서는 가족의 조상을 5대까지만 모시고, 그 이후에는 죽은 자에 대한 가족의 의무가 끝나게 된다. 그 시간 동안 자손들이 조상에 대한 도덕적·사회적 의무를 다했기 때문이다.[21] 그러나 무덤 없는 자들은 그런 애도의 시간을 가지지 못했다. 유령이 되어 나타난 무덤 없는 자는 자신 역시 그렇게 애도 받아야 했던 권리가 있었음을 주장한다. 그런데 유령이 요구하는 애도는 때로 가족의 기억 속에 자리할 권리를 넘어서기도 한다. 무덤 없는 자들 역시 그랬다. 그들의 죽음이 냉전과 제노사이드라는 거대한 폭력에서 비롯되었듯, 무덤 없는 자가 받아야 할 애도 역시 한 사회 전체가 참여해야 할 의례였다.

황석영의 장편소설 『손님』에 등장하는 무덤 없는 자들, 냉전의 유령들은 국경을 넘나들며 한반도의 역사를 둘러싼 거대한 굿판을 펼치게 한다. 『손님』은 한국전쟁 중 고향인 황해도 신천을 떠나온 한국계 미국인 '류요섭' 목사가 사십 년 만에 고향을 방문하게 되는 며칠 간의 여정을 다루는 작품이다. 소설은 재미교포 목사를 주인공으로 내세우고 있지만, 그의 종교인 기독교가 아닌 무교의 세계관 속에서 이야기를 펼치고 있다. 이 소설은 열두 개의 장으로 구성되어 있는데, 각 장의 제목이 특이하다. '부정풀이' '대내림' '시왕' 등 각 장의 제목은 무교에서 치르는 굿의 단계들을 지칭한다. 『손님』은 황해도와 경기 북부 등에서 나타나는 굿 중 하나인 '진지노귀굿'을 진행하는 열두 개 마당의 순서를 따라서 펼쳐진다. 지노귀굿은 죽은 자의 넋을 저승으로 온전히 보내기 위해 한을 풀어 주려는 위령의 굿이다. 그래서 『손님』의 주인공인 류요섭 목사가 고향으로 향하는 여행길은 무덤 없는 자들을 위로하는 여정이기도 하다.

『손님』에서 류요섭의 이동은 미국에서 출발해서 북한의 수도 평양을 거쳐서 고향인 신천으로 향하는 귀향의 경로로 이어진다. 고향방문단에 참여해서 사십 년 만에 북쪽 땅을 밟게 된 류요섭은 평양에 잠깐 머물다가 신천으로 이동하게 된다. 류요섭의 이동 경로만 본다면 고향방문단 사업이라는 이름처럼 고향을 찾아 가는 길로 보인다. 그러나 그는 바로 고향에 방문할 수 없었다. 북한 정권이 외부에서 온 손님들에게 필수적으로 참관하게 하는 장소가 있었기 때문이다. 류요섭이 생각지도 못했던 그 장소는 바로 신천에 있는 기념관이다. 신천박물관이라고도 불리는 '미제학살기념박물관'은 한국전쟁 중 류요섭의 고향에서 있었던 끔찍한 학살을 추모하고 그 사건을 북한 인민과 외부방문객에게 교육하는 장소였다.

류요섭의 고향인 황해도 신천에서는 한국전쟁 중 수만 명의 민간인이 살해당하는 대규모 학살 사건이 발생했었다. 40년 만에 고향을 방문하는 류요섭은 그 학살 사건의 가해자 집안의 사람이었다. 전쟁 당시 어린 소년에 불과했던 그는 이 끔찍한 일에 대해 책임이 없다. 그러나 그는 그 과거를 기억하고 있는 사람이다. 서로가 서로를 죽이는 끔찍한 현장에 있었던 류요섭에게 그 사건은 전혀 낯선 일이 아니다. 그러나 박물관에 전시된 내용이나 안내원이 알려 주는 이야기는 그가 기억하던 사건과는 내용이 크게 달랐다. 미제학살기념박물관이라는 이름처럼, 그곳은 신천에서 일어난 학살이 미군에 의해 일어난 일이라고 단정한다.

> 미제침략자들은 신천에서 살아 움직이는 모든 것은 잿가루 속에 파묻으라고 지껄이면서 오십이 일 동안에 신천군 주민의 사분지 일에 해당하는 삼만오천삼백팔십 명의 무고한 인민을 가장 잔인하고 야수적인 방법으로 학살하는 천추에 용납 못 할 귀축 같은 만행을 감행하였습니다.
>
> ―황석영, 『손님』, 창비, 2001, 99쪽.

웅변하듯이 미군이 저지른 악행을 설명하는 북한 안내원의 목소리 속에는 적을 악마화하고, 잔인성을 과장하는 언어로 가득하다. 그러나 류요섭의 기억 속 신천에서 일어난 일은 미군이 아니라, 자신의 형 류요한 같은 지역의 기독교도 민병대가 저지른 것이었다. 한국전쟁 중 인천상륙작전으로 전세가 기울자, 북한 정권으로부터 종교적으로나 경제적으로 탄압받으면서 불만을 쌓아왔던 신천 지역의 기독교사회가 민병대를 조직해서 인민군이 도망친 지역을 장악한다. 류요섭의 형인 요한은 토지개혁과 반 기독교 정책에 분노한 신천의 민병대를 이끄는 이들 중 한 사람이었다. 류요섭이 고향으로 향하기 직전에 사망한 요한은 동생에게 그때 자신의 행동을 "미가엘 천사와 한편"이 되어 "계시록의 짐승들"인 빨갱이에 맞선 십자군과 같았다고 항변했다.[22] 그러나 요한은 죽기 전 자신이 살해한 가족의 생존자와 만나기로 약속을 잡았었다. 그가 죽어 직접 가지는 못하고 동생이 대신 만났지만, 피해자와 만나려던 약속은 요한이 죄의식을 떨쳐내지 못했음을 보여 준다. 평생 그를 따라다닌 유령들처럼 말이다. 살아생전 요한에게 죄의식처럼 따라다녔던 희생자의 유령은 류요섭의 신천행에 따라간다. 그리고 죽은 요한도 유령으로서 그들과 함께 신천으로 향한다.

북한 정권은 반미의식을 고취하여 정권의 정당성을 강조하기 위해 신천 사건을 사실과 다르게 말한다. 소설은 작가 황석영이 방북 당시에 신천박물관을 방문한 경험에서 출발한다. 황석영은 류요섭의 모델이 되는 재미교포 독사로부터 그가 경험한 신천 사건에 대해서 듣게 된다.[23] 신천 사건의 진상은 전쟁이라는 상황 속에서 기존에 억눌려 있던 지역사회 내의 갈등이 극단적으로 터져 나와 서로가 서로를 죽인 끔찍한 학살이었다. 한국전쟁 중 발생한 학살과 대규모 폭력은 적지 않은 경우가 이전부터 있었던 지역사회 내부 또는 지역 간 갈등이 전쟁으로 극단화되면서 발생했다. 강력한 힘을 가진 국가권력이 지역의 갈등에 개입함으로써 폭력의 강도를 높이고, 지역 공동체를 해체했다.[24] 그래서 『손님』에서 신천 사건을 겪은 유령들은 기독교와 공산주의에 따라 서로의 편을 나누지만, 그들의 말에서 나타나는 대립의 원인은 이념과 종교만으로는 설명되지 않는 것들이었다.

> 내가 배운 소리넌 '무산자으 세상'이니 '평등'이니 '자본가와 지주'니 하던 알쏭달쏭한 이얘기덜이다.
> 기러구 보니깨 우리집 주인덜 가족이 다니던 광명교회에 나 겉은 사람언 한번두 얼씬얼 못해서, 소작인이라두 제 식구가 있던 이덜언 서루 권하구 이끌어서 교회에 더러 나가댔다. 우리 겉은 일꾼덜이나 머슴덜언 일년 사시사철 일만 하거나 하다못해 꼴얼 베구 나무럴 하구 소 멕이기라두 하구 있대서.
> (중략)
> 동네사람 누구도 이찌로에게 경어를 쓰는 사람이 없었지. 이찌로는 위건 아래건 장가든 어른들에게는 높임말을 쓰고 겨우 아이들에게나 반말을 했는데 아이들도 동무들에게 하듯이 같이 반말을 썼지. 그런 자가 아버질 때리다니 이거야말로 하늘과 땅이 뒤집힌 것 아니냐 말이다.
> 이찌로가 박일랑 동지로 둔갑한 것은 해방되고 나서 겨우 반년 만이었어.
>
> ─황석영, 『손님』, 창비, 2001, 79쪽, 134쪽.

류요섭이 고향으로 향하는 길에는 두 유령이 동행한다. 동네에서 머슴살이를 하다가 해방 이후 좌익이 되었던 순남이 아저씨와 기독교 장로 집안이자 지역 유지의 아들이었고 전쟁이 터진 후 우익 민병대가 된 형 요한 말이다. 북한의 선전 공간에서는 이념에 따라 모든 것을 설명하지만, 유령들의 이야기에서 이념은 그리 중요하지 않다. 지주로부터 받았던 차별, 토지개혁과 그로 인한 지주의 몰락, 사회주의 정권과 함께 등장한 농민·노동자 등 하층민 출신의 신흥 엘리트와 지주 계급 출신의 전통 엘리트 간의 충돌[25] 등 신천의 급격한 사회 변화로 누적된 갈등은 전쟁이라는 불길을 만나 폭발하게 된다. 인천상륙작전으로 한국군과 미군이 전쟁의 주도권을 잡고 북진하자, 혼란을 틈타 북한 정권을 피해 숨어 있던 지주와 기독교인 그룹이 민병대를 조직해서 신천 지역을 장악한다. 그렇게 민병대가 중심이 되어 이념과 종교, 신분과 계급, 가족과 지역 사이에 있었던 오래된 갈등이 무력 충돌로 이어졌다. 통제받지 않는 힘을 휘두른 이들에 의해 신천에서 수만 명이 목숨을 잃었다.

신천 학살 사건은 지주와 기독교인 등 북한 정권이 탄압해 온 지역의 기존 엘리트들이 주도한 일이었다. 반대자들이 끔찍한 학살을 저지른 부도덕한 이들이라는 사실은 정권에게 유리한 정보였다. 적의 잘못이야말로 권력의 정당성을 주장할 수 있는 가장 확실한 근거기 때문이다. 그러나 북한은 이 사건을 미군이 저지른 일로 둔갑시킨다. 북한이 신천 학살 사건에서 미군의 역할을 과장한 것은 한국전쟁 중으로 거슬러 올라간다. 1951년 한국전쟁의 피해를 조사하기 위해서 파견된 국제민주여성연맹의 조사위원들이 신천에 방문해서 생존자들로부터 증언을 청취했다. 이 과정에서 북한 정부가 통역들을 통해 우익 민병대의 가해 사실을 지우고 미군과 한국군이 저지른 일로 알린 것으로 추정된다.[26] 미군을 가해자로 지목한 것은 북한 정권이 국제적인 여론을 유리하게 돌리기 위함이었다. 이러한 사실의 왜곡은 전쟁이 끝난 이후 해소되지 않고 오히려 강화된다. 신천 학살 사건은 미국에 대한 주민들의 적대감을 고조하는 역사적 사건으로 교육되었다. 신천박물관이 건립된 이유도 그 때문이다. 신천박물관이라는 기념 공간은 역사를 전달하는 공간을 넘어서, 북한 주민이 배워야 할 교양 지식을 학습하는 곳이었다. 북한 정권이 볼 때 올바른 가치관을 가진 주민, 즉 미국을 적대하고 정권의 정당성을 믿는 '반미 교양'을 갖춘 인민을 만드는 데 신천의 기억이 활용된 것이다.[27]

 미국에 반대하는 태도가 한 사회의 교양이라는 사실은 기괴하게 보인다. 그러나 당시 한국 정부도 그런 점에서는 별반 다르지 않았다. 신천 학살 사건은 잘 알려지지 않았을 뿐, 한국 정부에서 반공 교육의 소재로 활용한 바 있다. 이 과정에서 학살은 은폐되고 북한 정권에 맞서는 '의거'로 포장되었다.[28] 그러니 남과 북 어느 쪽도 사건의 진실에는 큰 관심이 없었다. 신천 사건을 통해서 적에 대한 적대감을 키우고 이념적 정당성을 확보하고 싶었을 따름이다. 체제의 정당성을 강화하기 위해 취사선택된 기억은 어떤 주장의 근거로 사용되고 끝나지 않는다. '교양'은 말 그대로 그 사회의 구성원이 기본적으로 알아야 할 지식이자, 그 기본 지식은 정권에 부합하는 가치관을 세우게 된다. 즉 반미 교양과 반공 교양 모두 동일한 가치관을 공유하는 국민을 만드는 수단인 셈이다. 그리고 신천박물관과 같은 기념 시설은 그런 국민을 교육하고 가치관을 전파하는 중요한 장치였다.

국가 권력은 이상적인 국민을 만들어 내기 위해 기념물에 의존한다. 이는 이 장을 펼치며 가장 먼저 던졌던 의문, 왜 군부 정권은 유족들이 만든 무덤과 묘비를 파괴했는가를 설명해 준다. 기념물이 권력의 의도대로 사람들의 생각을 만드는 장치라면, 그 권력에 의해 희생된 이들을 기리는 추모비는 그 생각에 저항하는 시민을 만들 수 있었다. 그러므로 권력은 죽은 자에 대한 추모를 독점하려고 했다. 대부분의 현대적인 국가는 종교에 지배받지 않는 세속적인 정치 체제다. 표면적으로는 말이다. 정치에서 종교가 중요한 나라는 대우 많다. 예를 들어 프로테스탄트의 나라였던 미국에서 가톨릭 신자 대통령이 처음으로 등장한 때는 35대 대통령인 존 F. 케네디 시기가 되어서였다. 하지만 현대 국가가 종교적이라는 말은 특정한 종교와 교파가 지배적인 나라를 이야기하는 것이 아니다. 핵심은 종교 그 자체가 아니라, 종교적 심성이다.

프랑스 대혁명을 거치며 등장한 현대적 국가는 정교분리를 내세우지만, 역설적으로 그 첫 등장부터 종교적 심성과 강하게 뒤엉켜 있었다. 프랑스의 국가 '라 마르세예즈'는 대혁명 직후 공화국 정부를 지키기 위해 마르세유에서 올라온 의용병들이 불렀던 노래였다. 돈을 위해 싸우는 용병이 아니라, 정치적 신념을 위해 싸우는 의용병은 19세기를 거치며 프랑스뿐 아니라 유럽 각국에서 국가의 정당성을 상징하는 존재로 각인되었다. 왕과 귀족, 영웅을 추모하던 시대에서 평범한 사람들을 기념하고 추모하는 시대로 바뀐 것이다. 의용병이라는 이 새로운 군인들은 국가가 내세우는 가치를 상징하고 또 현현하는 존재로 여겨졌다. 그리고 현대적 국가는 기존의 종교를 대신해 국가를 위해 싸우다 죽은 전사자를 숭배의 대상으로 하는, 세속의 종교를 만들게 된다.[29]

역사학자 조지 L. 모스George L. Mosse가 '전사자 숭배'라고 부르는 이 종교적 현상은 한국사회에서도 전혀 낯선 모습이 아니다. 전사자 숭배가 이루어지는 핵심 장소가 바로 국립현충원과 같이 국가가 만든 추모 시설들이기 때문이다. 해방 이후 한국 정부는 공산주의와 맞서 싸운 전사자, 즉 '반공 전사자'를 국가를 지키는 수호신으로 신격화할 뿐 아니라 국민이 배워야 할 모범으로 내세웠다.[30] 전쟁을 경험한 국가라는 점을 생각하면 당연하게 보일지도 모른다. 하지만 반공 전사자라는 숭배의 대상은 국가의 설계도를 실행하기 위해 선별된 대상이었다.

이 시기 한국 정부는 국가를 위해 희생한 이들에 대해 대체로 무관심했다. 태평양 전쟁으로 안타깝게 희생된 이들이나 정치적 반대파의 죽음뿐 아니라, 무장 독립운동에 나섰다가 전사한 이들조차 무관심하게 여겼다.[31] 반면 한국사회를 위해 헌신한 이들 중에서도 반공 전사자는 특별히 강조되었다. 이승만 정권이 만들고 싶었던 민족공동체는 한민족이라는 혈연적인 관계가 아니라, 이념을 공유하는 '반공 민족'이었다.[32] 새로운 민족공동체를 대표하는 이들은 (사회주의자와 무정부주의자 등이 뒤섞인) 독립운동가가 아니라 반공주의자여야 했다. 그리고 기념비는 바로 이들을 중심에 놓고 세워졌다.

전사자 숭배는 전 세계적으로 나타난 현상이었다. 국립현충원 등 한국의 기념 시설들은 미국과 일본, 영국 등 여러 나라의 국립묘지와 기념문화의 영향을 받아 만들어졌다. 국가를 위해 죽은 이를 신격화하는 이 종교적 심성은 매우 현대적인 현상이었다. 그러나 한국을 비롯한 동아시아의 전사자 숭배만이 가진 특징이 있다. 유일신 신앙인 기독교의 영향이 압도적인 서구권과 달리, 동아시아의 종교는 서로 다른 위계의 여러 신을 모시는 다신교였으며 조상 숭배의 전통이 강력했다. 그래서 유럽과 비교하면 동아시아는 전사자를 신격화할 뿐 아니라, 민족의 조상신으로 여겼다.[33] 국가 권력의 종교적 심성이 가족의 영역까지 침입할 수 있었기에 죽은 가족을 추모하는 일이 정치적 문제가 된 것이다. 때문에 반공 전사자가 (민족의) 조상신으로 숭배받고 있는데, '빨갱이'로 낙인찍혀 살해당한 학살 희생자가 조상신의 반열에 오를 수는 없었다. 이렇게 가족 안에서의 추모조차 통제하고 민족의 조상신을 내세우는 전사자 숭배의 양상은 종교에 극도로 적대적이었던 사회주의 국가에서도 별반 다르지 않았다.

베트남전쟁 중 특히 극심한 피해를 입었던 베트남 중부 지역에서는 제사를 지내 줄 가족 하나 남기지 않고 일가족이 몰살당하는 일이 빈번하게 일어났다. 살아남은 이들은 끔찍한 일을 겪은 친척과 가족들이 떠도는 유령이 되지 않도록 장례를 치르고 추모하려 했다. 전쟁이 끝난 후 베트남을 통일한 공산당 정부의 눈에 이러한 문화는 좋게 보이지 않았다. 남베트남과 북베트남의 격전지였던 중부 지역의 희생자 중에는 공산당이 용납할 수 없던 반동, 남베트남군이나 경찰, 미군에 고용되어 일했던 사람이 적지 않았기 때문이다. 이런 반동들에 대한 추모와 기념은 혁명을 위해 싸운 전사자를 국가의 모범으로 내세우려고 했던 공산당의 눈에는 의심스럽게만 보였다.[34] 죽은 자들에 대한 민간의 추모가 활성화된 것은 냉전이 끝나고 베트남이 개방된 이후였다.[35]

    냉전으로 격렬하게 대립했던 두 진영이 희생된 이들을 대하는 태도는 너무나 비슷했다. 전사자의 기념비 위에 세워진 국가는 죽은 자에 대한 기억을 통해 자신들이 원하는 국민의 형상으로 조형하려고 했다. 이러한 기억의 사회공학을 위해 권력은 다른 목소리를 낼 수 있는 경쟁자들을 견제하고 더 나아가 탄압까지 자행했다. 앞서 보았듯 제노사이드가 생명을 **빼앗**는 방식으로 사회를 만들었다면, 전사자 숭배는 죽은 자에 대한 기억을 통해 권력의 설계도를 실행에 옮기려고 했다. 그래서 기념물 앞에 선 류요섭은 자신이 보고 들었던 과거와는 전혀 다른 고향의 이야기가 펼쳐질 때 어떤 말도 하지 못한다. 국가의 기념비 앞에서 다른 목소리는 허용되지 않기 때문이다. 아무리 그가 경험한 일이고, 그의 곁에 학살극을 겪은 유령들이 배회하고 있음에도 말이다. 사건을 기억하고 추모하기 위한 공간에서 정작 경험자들은 말할 수 없다는 역설, 무덤조차 가지지 못한 죽음들이 견디어야 했던 일은 그렇게나 숨이 막히는 답답함이었다. 그러나 입을 두 손으로 막아도, 목소리는 새어 나간다. 죽은 자를 추모할 무덤조차 금지당했다고 하더라도, 산 자와 죽은 자 모두 목소리를 낼 방법을 찾는다. 『손님』에서 류요섭이 고향으로 향할 때 유령들이 곁에서 속삭이는 상황을 말한 것은 아니다. 류요섭은 유령들의 말을 그저 양측 모두에게 공평하게 듣는다. 그리고 고향을 향하는 길에서 그 역시 입을 연다. 금지된 기억, 허락되지 않은 말들을 나눌 수 있는 누군가와 만났을 때 말이다. 그들은 바로 가족이다.

저항운동으로서의 제사

『손님』은 진지노귀굿이라는 망자를 위한 굿의 형식을 빌려왔다. 한국에서 무교에 대한 신앙은 긴 시간 이어져 왔지만, 불교와 유교 등이 유입된 이후에는 중심적인' 신앙의 자리에서 밀려나게 되었다. 그러나 무교는 지역사회와 가족 신앙의 영역으로 남아 있었다. 소설『손님』이 큰 틀에서 류요섭, 류요한 형제와 그 가족들의 이야기를 중심으로 펼쳐지는 것은, 무교가 가족의 영역, 특히 좋지 않은 죽음을 맞이했던 가족구성원의 문제를 해결하는 역할을 맡아 왔기 때문이다.

　죽은 자의 한을 풀고 저승으로 안전하게 보내기 위한 지노귀굿은 시기에 따라 두 종류로 나뉜다. 장례를 치른 직후 죽은 자를 위로하는 진지노귀굿과 몇 년 뒤에 행하는 '마른 지노귀굿'이 있다.[36] 『손님』은 전쟁 이후 사십 년 만에 고향으로 돌아가는 이야기지만, 마른 지노귀굿이 아니라 장례 직후에 치르는 진지노귀굿의 각 단계를 소설로 가져와서 펼쳐 놓는다. 소설의 이야기가 류요섭의 형인 '류요한'이 죽은 직후 본격적으로 시작되기 때문이다. 황해도 신천의 기독교인 지주 가문 출신인 형제는 북한 정권의 기독교인 탄압을 받다가 전쟁 중 월남했고, 이후 미국으로 이주한다. 전쟁 당시 십 대 소년이었던 류요섭과 달리 형인 류요한은 가정을 이룬 어른이었고, 출산 직후라 몸이 좋지 않아서 피난길에 오르지 못한 아내와 헤어져 이산가족이 된다.

냉전이 끝난 1990년대에 북한의 해외 동포를 초청하는 고향방문단 사업에 참여하기로 한 류요섭은 형에게 자신이 고향에 가게 될 것이라 알리면서 그곳에 두고 온 아내와 아들 생각이 나지 않느냐고 묻는다. 하지만 류요한은 그들이 죽었으리라고 말할 뿐이다. 요한은 동생의 권유에 그저 그들의 무덤이라도 찾아 보라고 답한다. 류요섭 역시 형에게 고향에 가 보라는 말을 꺼내려다가 이내 단념한다. 고향을 떠나올 때 요한이 저지른 일을 요섭 자신이 용서하지 못하고 있다는 사실을 형도 알고 있으리라 생각하기 때문이다.

고향에 대한 짧은 이야기를 나누던 중 요한은 갑작스레 귀신을 어떻게 생각하느냐고 묻는다. 자신에게 계속 귀신이 보여 왔다는 사실을 고백하면서. 요한의 말에 류요섭은 그가 말하는 귀신이 기독교의 시선에서 바라보는 이들이 아님을 짐작한다. 요한은 한국에서부터 보였던 귀신들이 최근 다시 보이기 시작했다고 말하지만, 그 귀신이 누구의 모습을 하고 있는지에 대해서는 말하지 않는다. 힘들어하는 형을 위해 함께 기도하는 류요섭의 말속에 그를 따라다니는 유령의 정체에 대한 단서들이 숨어 있다. 전쟁 중 그들의 고향에서 서로가 서로를 죽였다고, 무고한 이들까지도 죽였다고 말이다. 기도가 끝날 때 요한은 자신 역시 천국에서 죽은 아내와 아들의 곁에 설 수 있게 해 달라고 빈다. 요한은 남겨진 가족들이 죽었으리라 확신하고 있는 것이다. 그곳에서는 서로가 서로를 죽이고 있었고, 요한 자신도 수많은 이들을 살해하고 나서 고향을 떠났기 때문이다.

류요섭이 형의 집을 떠난 직후 홀로 남은 요한은 TV 화면에 비치는 어렴풋한 그림자와 마주한다. 고향에서 미국으로, 사십 년간 그를 쫓던 유령, 그가 전쟁 중 고향인 황해도 신천의 참샘골에서 철사로 목을 매달았던 '순남이 아저씨'였다. 유령과 마주한 후 요한은 동생과의 짧은 통화를 하고 얼마 지나지 않아서 자신의 집에서 눈을 감는다. 그를 데리러 온 순남이 아저씨의 유령 앞에서. 요한에게 살해당한 자의 유령은 그에게 따지거나 복수하려고 온 것은 아니다. 그저 '니 편 내 편 없"고 "용서하구 회개하구두 없"는 곳으로 그를 데리러 왔을 뿐이다. 요한이 떠나왔던 곳이 '니 편 내 편'으로 나뉘어 서로를 죽였던 곳임을 다시 확인해 주듯이 말이다. 인근 한인교회 목사에게 발견된 요한의 시신은 미국에서 장례를 치르고 화장한다. 동생 류요섭은 화장하고 남은 뼛조각 중에서 작은 하나를 자기도 모르게 주워서 주머니 안에 넣는다.

장례가 끝난 직후 죽은 자를 저승으로 편안히 보내기 위한 진지노귀굿은 요한의 갑작스러운 죽음으로부터 시작한다. 굿을 시작하기 위해서는 신을 모시는 무당이 있어야 한다. 그런데 요한은 동행하는 무당도 없이 형의 작은 뼛조각을 들고 고향으로 향한다. 심지어 그가 가려는 고향 땅은 종교와 미신을 모두 뿌리 뽑은 사회주의 국가다. 그러니 여행길에도, 목적지에도 무당이 없는데 굿판이 시작된 셈이다. 그러나 산 자와 죽은 자 사이에서 대화를 이어 주는 무당 없이는 굿을 할 수는 없다. 누군가는 무당이 되어 이 의례를 이끌어 가야만 한다. 『손님』에서 무당의 역할을 맡은 이는 바로 목사인 류요섭이다.

『손님』은 진지노귀굿의 과정을 소설의 각 장의 내용으로 배치하지만, 그렇다고 무교를 소재로 전면에 내세우지는 않는다. 조선왕조에서 차별받던 서북 지역 사람들이 기독교를 '서학', 즉 서구의 근대문화로 배우면서 그 지역에 빠르게 정착한 과정이 언급되고, 토착신앙인 무교를 믿던 류요섭의 증조할머니가 기독교를 외부에서 온 것이라며 거부하는 장면이 등장할 따름이다. 『손님』의 주인공 류요섭에게 부여된 무당의 역할은 그가 다른 종교를 가지게 하지 않는다. 그는 그저 죽은 자와 산 자, '니 편과 내 편'으로 갈려서 서로를 죽이고 죽은 자들 사이의 대화를 이어 줄 따름이다. 그리고 흥미롭게도 소설 속 기독교 역시 종교로서의 의미보다는 어떤 사회적 입장을 상징한다.

소설 속에 등장하는 설정이나 인물, 집단의 특징은 이야기의 세계 속에 있는 사실만을 말하지 않는다. 오히려 현실의 다른 문제를 상징적으로 보여 주는 장치일 때가 많다. 『손님』이 무교에서 소재와 형식을, 기독교에서 사건을 가져왔음에도 종교적인 소설과는 거리가 멀 수 있는 이유가 바로 그 때문이다.

황석영은 1970년대부터 지금까지 한국 리얼리즘 문학*을 대표하는 작가로 꼽혀 온 소설가다. 전두환 정권의 눈을 피해 5.18민주화운동의 참혹한 진실을 고발했던 책 『죽음을 넘어 시대의 어둠을 넘어』의 필자 중 당시 유일하게 황석영이 이름을 공개하여, 다른 필자들을 보호한 일화에서 알 수 있듯이 그는 한국사회의 문제와 정면으로 싸워 온 작가다. 『손님』은 황석영이 민주화 직후인 1989년 문익환 목사 등과 함께 방북하여 김일성을 만나고, 냉전이 종식되어 가던 국제질서의 변화 속에서 한반도의 통일에 대한 사회적 논의를 바꾸려고 했던 사건에서 출발한 작품이다. 방북 이후 황석영은 몇 년간 독일과 미국에서 망명 생활을 하다, 1993년 귀국해서 오 년간 감옥살이를 하기도 했다. 『손님』은 황석영이 출소하고 삼 년 뒤인 2001년에 발표한 작품이지만, 구상한 것은 1990년대 초반부터다. 중편으로 계획되었던 작품이 장편으로 확대되었다는 점을 제외하면, 소설은 초기 구상에서 거의 그대로 이어진다. 황석영은 초기 구상부터 조선 시대에 서쪽에서 온 질병으로 여겨졌던 '천연두'를 한국전쟁과 분단에 대한 은유로 사용해 왔다.[37] 소설의 제목인 '손님'은 무교에서 사람들이 천연두에 걸리게 하는 악귀의 이름으로, '마마님'이라 불리기도 했다. 소설에서 질병으

---

* 리얼리즘Realism은 사실주의 또는 현실주의로도 불리기도 하는 근대 문학의 대표적인 문예사조 중 하나로 문학을 통해서 사회와 현실의 구조를 객관적으로 그리거나 사회적 변혁 이데올로기와 결합하기도 하는 사회적인 문학을 의미한다. 한국문학 특히 소설에서는 리얼리즘은 가장 중요한 문예사조였으며, 1970~1980년대는 민주화운동, 노동운동 등 한국사회를 변화하기 하려는 사회운동과 연대하는 문학이기도 했다.

로서의 천연두는 거의 등장하지 않지만, 서쪽에서 온 병이라는 상징성은 넓게 쓰인다. 냉전의 대립 속에서 발생한 한국전쟁이라는 참혹한 증상이 곧 서쪽에서 온 병, 즉 손님 때문이라고 말이다.

    소설에서 서쪽에서 온 병, 즉 서구에서 발생한 근대적인 이데올로기와 정치 체계는 '니 편 내 편'으로 나뉘어 있는 두 세력을 의미한다. 하나는 38선 이북을 장악한 공산주의자들이고, 다른 하나는 신천 지역 지주들의 구심점이 되는 기독교다. 종교인 기독교가 정치 이념인 공산주의의 대립 항으로 세워져 있다는 사실이 낯설게 보일지도 모른다. 하지만 한국의 기독교, 특히 개신교회는 공산주의에 반대하는 반공주의 정치의 중요한 세력이었다. 이는 한국에 강력한 영향력이 있었던 미국 교회들과의 긴밀한 관계, 조선에서 차별받던 황해도 등 이북 지역을 중심으로 개신교가 전파된 역사, 북한 정권 성립 이후 우익 탄압과 토지개혁으로 월남한 이들 중 상당수가 개신교인이었던 역사에서 비롯되었다.[38] 지금까지도 보수적인 개신교회들이 우파 정치 세력의 중요한 축인 것도 이러한 영향이다. 그래서 한국 문학에서 개신교회를 공산주의의 반대편에 선 반공주의의 상징으로 내세우는 일이 결코 드물지 않았다. 그런데 『손님』은 대립하고 있는 서구 근대의 두 상징, 공산주의와 기독교를 다른 위치에서 바라본다. 바로 한국의 전통신앙인 무교의 자리에서 말이다.

    『손님』에서 무교는 증조할머니에 대한 류요섭의 단편적인 기억 속에서만 등장한다. 그조차도 류 씨 가족이 기독교가 된 과정이나, '서쪽에서 온 병'과 싸우는 존재가 무교의 신령이라는 것 같은 파편적인 정보만을 줄 뿐이다. 『손님』속 무교는 서쪽에서 온 병과 싸우고, 그로 인한 상처를 치유하기 위한 수단에 훨씬 가깝다. 서쪽에서 온 병과 무교의 대립이라는 『손님』의 구도를 보면 이 작품이 민족적 전통을 강조하는 국수주의자의 소설이라고 생각할지도 모른다. 그러나 『손님』의 무교는 작가의 세계관이라기보다는 갈등을 해결하는 수단이다. 황석영은 현대 사회에 비판적인 리얼리즘 문학의 주요 작가였다. 그런데 2000년대 들어서 그는 무교와 같은 신화적 세계를 자신의 소설에 적극적으로 사용했다. 이는 1970~1980년대 남미 문학에서 각광을 받았던, 지역의 전통적인 종교와 상징을 소설에 적용해서 현실을 살피는 '마술적 리얼리즘'의 영향을 받은 것이었다.[39] 마술적 사실주의처럼 비유럽권의 문화와 전통을 현대적인 문학에 적극 활용하는 경우가 20세기 중후반부터 나타났다. 아프리카 문학을 상징하는 작가인 응구기 와 시옹오는 그의 대표작인 『십자가 위의 악마』에서 아프리카 전통의 문화와 서사 양식을 가져왔는데, 이렇게 전통의 사례를 주목한 이유가 한국문학의 영향이었다고 밝힌 바 있다.[40] 이처럼 냉전의 주변부 국가들에서는 자국이 경험한 사회적 문제를 그리기 위한 수단으로 전통문화를 소설에 접목했다.

 황석영이 무교에 관심을 보인 또 다른 이유는 한국 민주화 운동의 영향이었다. 1970~1980년대 한국사회에서는 독재 정권과 이에 저항하는 학생과 민주화운동 세력 모두가 '전통'을 주목하고 발굴하려고 노력했다. 박정희 정권은 경주시를 개발하면서 민족의 정통성을 주창하려고 했고, 전두환 정권에서는 전통을 통치의 정당성을 주장하는 근거로 쓰려고 했다. 반면에 민주화운동 세력은 전통문화를 지배자들에게 저항하는 민중문화의 기원으로 삼으려고 했다. 이 과정에서 잊힌 여러 전통에 대한 관심이 높아지며 탈춤 등을 현대적으로 재구성한 마당극이나 사물놀이 등이 등장하기도 했다. 이런 전통문화는 단순히 민족전통의 문제가 아니라, 정치권력을 독점하고 있는 독재 정권에 맞서는 문화적 형식으로 개발되었다.[41] 그래서 한국의 민주화운동 과정에서 굿이 시위나 집회, 운동의 주요한 의례 중 하나로 정착한다.

이 시기 한국 작가의 적지 않은 수가 마당극 등 전통문화를 발굴하고 현대화하는 일에 관여했고, 황석영은 지금도 계속 이런 작업에 나서고 있다.[42] 이는 굿을 벌이는 이들에게도 마찬가지였다. 학살 희생자나 일본군 '위안부' 피해 생존자 등을 추모하는 행사에 굿과 제사는 의례의 절차 중 하나로 자리를 잡았다. 이는 죽은 자를 위한 의례가 역사의 피해자를 위로하는 성격이라는 이유도 있지만, 한편으로 피해자를 지원해 온 정치·사회운동과 연대하는 차원이기도 했다.[43] 무교와 같은 전통문화와 종교는 종교적인 의미만을 가진 것이 아니라, 사회 현실과 정치에 맞닿아 있다. 분단과 전쟁, 학살과 같은 냉전기 한반도가 겪은 현대적인 폭력을 고발하려고 했던 황석영에게 무교는 과거의 문화가 아니라, 한국 현대사 속에서 나타났던 중요한 저항 문화였다.

무교와 같은 저항 문화는 현대적인 국가의 영역에서는 동떨어진 것들처럼 보인다. 그러나 전사자 숭배라는 문제를 통해 알 수 있듯, 현대국가 역시 이러한 종교적인 심성과 문화를 통해서 이상적인 국민과 사회의 모델을 제시해 왔다. 죽은 자에 대한 기억과 추모가 실은 현대적인 통치 수단인 셈이다. 그런데 죽은 자를 기억하는 전통문화와 국가의 추모와 애도 문화가 충돌하고 마는데, 그 정치적 경합의 장소는 바로 가족관계였다.

가족을 갈라놓은 이념

북한 정부는 고향방문단의 일원으로 북쪽을 찾은 이들에게 가족 관계를 확인한다. 북에 있는 가족과 만날 수 있는 자리를 주선하기 위함이기도 하지만, 동시에 그들이 누구인가를 파악하려는 목적이었다. 류요섭은 전쟁 중 십 대 청소년이었지만, 그의 형 요한은 다르다. 북한 정부는 그의 가족사를 이미 알고 있고, 그럼에도 그의 방문을 허락한다. 류요섭이 신천 박물관에 동행해야 했던 이유도 분명해진다. 그가 신천 사건을 직접 목격했다는 사실을 북한 당국은 분명 알고 있었지만, 그럼에도 그곳으로 데려간다. "민족의 단결을 위해서 명심해야 할 문제"는 "우리가 분열하게 된 것은 원천적으로 외세 때문"[44]이라고 당부하면서 말이다. 그들은 신천 학살 사건에 대한 류요섭의 기억을 북한 정부가 공식적으로 인정하는 과거사, 즉

'공식 기억'*에 편입시키려고 한다.

끔찍한 참사 이후에 증언할 수 있는 이는 그리 많지 않다. 살아남은 자의 수가 적어서일 수도 있지만, 더 결정적인 이유는 증언의 자리가 그리 쉽게 열리지 않기 때문이다.[45] 증언한다는 것은 그 사회에 공식적으로 사건이 존재했음을 증명하는 일이다. 그리고 그 증명에는 그 사건이 무엇이었느냐에 대한 생존자의 해석이 포함된다. 그리고 신천 학살 사건처럼 많은 경우 국가의 공식 기억과 생존자의 기억이 엇갈린다. 그렇다면 무덤조차 허용하지 않는 이들이 공식 기억과 엇갈리는 기억을 허용할 수 있었을까? 사건의 목격자에게 목격자들의 다른 증언을 전달하는 신천박물관 참관 장면은 기억을 둘러싼 억압과 통제를 보여 준다. 그리고 그 앞에서 류요섭은 별다른 말을 하지 않는다. 미군에 의한 것으로 내용이 변형되기는 했지만, 그 참극의 내용은 거의 다 사실이었음을 알고 있다. 『손님』은 신천 학살 사건에서 살아남아 증언하는 한 사람, 한 사람의 목소리를 정리해서 전해 준다. 그들이 북한의 공식 기억에 맞춰서 이야기를 변형하기는 했지만, 검열을 의식하면서도 자신의 기억을 말할 수 있는 만큼은 말하려고 했기 때문이다.

과거를 말하는 일, 특히 국가의 공식 기억과 엇갈리는 사실을 증언할 기회는 쉽게 열리지 않는다. 그러나 영원히 또 완벽하게 닫혀 있을 수도 없다. 외부의 시선을 통해서 완벽하게

* 공식기억offical memory은 한 사회나 국가에서 어떤 과거의 사건을 인식하고 규정하는 지배적인 기억을 말한다. 국가의 공식적인 제도는 역사를 공식기억에 따라 해석하고 이를 사회적으로 확산하려고 한다.

파악되지 않는, 숨겨진 기억과 대화가 존재하기 때문이다. 앞서 〈사울의 아들〉을 살피면서 수용소라는 극단적인 공간에서조차 속삭이는 말들이 사라지지 않았다는 점을 짚었다. 모든 것이 감시당하고, 언제든 살해당할 수 있는 공간에서조차 숨죽여서라도 말을 이어가는 인간의 능력은 사라지지 않는다. 그 말들이 공개적으로 나오지는 않는다고 해도, 완전히 복종하지도 완전히 사라지지도 않는다. 표면적으로는 권력이 요구하는 바를 충실히 따르지만, 실은 다른 기억과 목소리를 보존하고 공유하는 약자들의 사회가 계속 존재하기 때문이다.

정치학자 제임스 C. 스콧은 이런 저항의 행동들을 '은닉 대본'이라고 불렀다. 마치 무대 위의 배우가 대본에 따라서 연기를 하듯, 어느 사회나 주류가 인정하고 따라야 하는 공식적인 규칙이 존재한다. 스콧은 이런 공식적인 규칙을 '공식 대본'이라고 불렀다. 신천박물관에 전시된 생존자들의 기억은 표면적으로 공식 대본을 그대로 따른다. 가해자가 모두 미군으로 바뀌어 있으니 말이다. 그러나 그들의 이야기가 향하는 방향은 북한의 공식 기억과 어딘가 조금 다르다. 신천박물관은 북한이 모범적인 인민을 만들어 내기 위해 꾸린 반미 교양의 학습장소다. 그러나 증언자가 하는 말들이 반미 교양을 위한 것만은 아니다. 자신과 가족이 겪은 고통을 말하고, 기억하게 하고 싶다는 다른 바람이 담겨 있다. 이들이 가진 다른 목적은 때로 공식 기억이 허용하지 않는 목소리를 섞어서 말하기도 한다.

신천 학살 사건을 처음으로 조사했던 국제여성연맹의 조사위원은 비교적 북한 측 주장에 가깝게 사건을 기록했다. 처음에는 분명 사건에 대한 의심이 있었지만, 북한 통역에 의존할 수밖에 없었기에 사건 현장을 둘러보고 피해자를 만나며 이를 믿기 시작한다. 그러나 북한이 원하는 정보만 기록될 수는 없었다. 조사위원들이 발표한 보고서는 영문판과 한글판의 내용이 미묘하게 다른 부분이 있었다. 강원도 지역의 학살 사건에 대한 기록 중에 미군이 수용시설에 주민들을 감금했다가, 그중에서 다수의 여성을 풀어 주었단 기록이 영문판에는 있지만 한글판에는 없다.[46] 북한 당국의 입장에서 악마적인 잔혹성을 보여야 할 미군이 여성들을 풀어 줬다는 증언은 불필요하다고 느꼈을 것이다. 그래서 한글판에서는 그런 내용이 삭제된다. 이렇게 사라진 증언은 의외의 사실을 증명한다. 북한의 통역사에 의해 검열된 증언일지라도, 권력이 원하는 방향으로만 말해지는 것은 아니라는 사실 말이다. 그 말을 전한 이가 북한 체제에 반대했는지는 알 수 없다. 그러나 그는 자신의 경험을 다른 방식으로 해석하고 전달했다. 그리고 짧은 기록으로나마 그 사실을 남길 수 있었다. 공식 대본을 따르는 것처럼 보이지만, 한편으로 그에 완벽하게 부합하지 않고, 자신의 관점에서 다른 해석과 말을 하는 행동들이 바로 은닉 대본이다.[47]

　은닉 대본이라는 말은 낯설지 모르겠지만, 책의 이 장까지 읽어 온 독자라면 그 내용은 익숙할 것이다. 가족이 겪은 전쟁에 대해서 거짓말을 덧붙이면서도 끝내 과거를 이야기한 박완서의 사례와 그리 다르지 않기 때문이다. 한국에서 제노사이드 사건을 경험한 작가들 상당수가 은닉 대본을 통해 기억을 보존하려고 했다. 오빠의 죽음을 수차례 고쳐서 썼던 박완서뿐 아니라, 김원일, 문순태, 임철우 등 전쟁에 대해서 쓴 많은 작가가 검열을 피해 사건을 조금씩 다른 방향에서 서술해야 했다. 무덤조차 남기지 않으려고 했던 권력의 폭력을 피하고 싶었지만, 동시에 그 참혹한 일들을 말해야 했기 때문이다. 그래서 은닉 대본은 제노사이드에 대한 한국의 소설들에서 두드러지는 재현의 장치였다.[48] 신천 학살 사건의 피해자들은 수십 년간 위험을 무릅쓰고 과거를 기록한 한국의 작가들처럼 처절하게 공식 기억과 싸울 수 없었다. 그러나 그들의 기억과 생각이 공식 기억에 완벽하게 흡수되지 않았다는 사실이 중요하다. 그렇게 두 기억이 엇갈리는 틈 사이에서 유령들은 말한다.

　　신천을 방문하게 된 류요섭은 그곳에 살아 있는 가족들을 만난다. 처음으로 만난 이는 북한 공무원에 의해 숙소로 불려 온 조카, '류단열'이었다. 요한이 죽었으리라 믿었던 아들은 살아남았다. 그리고 철저한 반공주의자였던 아버지와 다르게, 단열은 노동당에 당원으로 가입해서 협동농장 지도원이라는 공무원으로 일하고 있었다. 류요섭의 형이 어떤 사람인지 알고 있던 방문단의 안내원은 그런 자의 아들이 당원이라는 사실에 약간 놀란다. 북한에서 '반동', 즉 북한 치제에 반대한 이들의 가족은 의심받고 차별당하는 이들이다. 그런데 노동당에 당원으로 가입했다는 말은 정권으로부터 모범적 인민으로 인정받았다는 뜻이 된다. 류단열이 갑자기 나타난 작은 아버지의 존재를 못마땅하게 여기는 것은 바로 그 때문이다. 고생해서 숨겨 온 가족사가 작은아버지의 등장으로 원치 않게 다시 언급되었기 때문이다. 류요섭은 남겨진 가족이 겪은 일을 "당원이 되느라구 얼마나 고생을 했는디 모르실 거야요"[49]라는 조카의 원망 섞인 말을 통해 어렴풋이 짐작할 수 있을 따름이다.

가족의 죄로 다른 가족들이 차별받거나 처벌받는 제도를 '연좌제'라고 부른다. 류단열의 가족은 북한 정권 성립부터 지속적으로 대립했던 기독교계이자 지주였으며 그 재산을 모으기 위해 일본에 협력했던 집안이었다. 그래서 북한에서 사실상 계급처럼 쓰이는 '출신성분'으로 본다면 최하층을 벗어나기 어려웠다. 거기다 그의 아버지는 신천에서 많은 이들을 살해한 가해자였다. 그렇기에 그는 오히려 더 절박하게 자신이 모범적인 인민임을 증명하려고 했다. 이런 상황은 남쪽에서도 별반 다르지 않았다. 학살로 가족을 잃은 사람들, 그것도 모자라서 겨우 만든 무덤조차 파헤쳐진 이들 중 적지 않은 수가 충성스러운 국민임을 증명하려고 노력했다.[50] 이러한 노력을 학자들은 '과잉적응'이라고 불렀다. 따르지 않는 이에게 권력이 어떤 짓을 할 수 있는지 적나라하게 목격한 이들은 자신을 보호하기 위해 과도할 정도로 충성스러운 모습을 보여야 했다. 그러나 대부분의 경우 그런 노력에도 불구하고 차별이 쉽게 사라지지 않는다는 사실만을 확인하는 경우가 더 많았다. 수십만의 희생자를 낸 국민보도연맹 사건도 권력의 요구를 따르던 이들에게 가해진 의심 때문에 벌어진 일이었다.

요한은 아들의 이름을 성경 속 천사인 다니엘에서 따왔다. 단열이라는 이름은 다니엘의 한자 표기였다. 류요섭은 조카를 다니엘이라 부르지만, 그 말에 류단열은 불쾌해한다. 당원이 되기 위해, 그래서 의심과 멸시를 피하기 위해 그가 겪었던 고통이 있었기 때문이다. 그러나 작은아버지와 함께 시간을 보내면서, 다른 이들에게 말할 수 없었던 사실들을 고백한다. 태어나 처음으로 아버지의 꿈을 꾸었다는 것, 그리고 어머니는 여전히 남들 몰래 기도하고 있다는 사실을 말이다. 기독교도가 차별받는 북한사회에서 기독교 민병대의 가족이 여전히 종교를 가지고 있다는 사실은 권력의 눈에 의심스러운 일이다. 그래서 다른 이들에게는 말할 수 없었지만, 태어나 처음 만난 류요섭에게는 말할 수 있다. 그가 자신의 가족이기 때문이다.

공개적으로 말할 수 없는 것을 가족에게는 말할 수 있다. 너무 당연한 일이다. 그런데 왜 가족에게는 가능할까? 가족 중 누군가 밀고할 수도 있는데 말이다. 전쟁 중에 가족끼리 서로 적이 되고, 서로를 고발하는 일은 결코 드물지 않았다. 그러나 정치적으로 반대편에 있었다 하더라도, 가족이기에 서로를 도운 일이 훨씬 많았다. 서로에 대한 사랑 때문이기도 하지만, 그들이 서로의 관계로 인해 하나로 묶여 있기 때문이다. 한국전쟁을 비롯해서 냉전 중에 발생한 수많은 전쟁과 폭력은 이념에 따라 편이 갈려서 벌어진 싸움이었다. 그런데 이념과 같은 생각은 눈에 보이지 않는다. 어떤 이념을 가졌다고 해서 그의 겉모습이 달라지는 일은 없다. 제복을 차려입을 수는 있겠지만, 옷은 벗어 두면 그만일 뿐이다. 이념은 보이지 않고, 또 피부색이나 외형과 달리 언제든 달라질 수 있었다. 박상희 같은 유력인사는 자신의 생각을 글로 남겼지만, 평범한 사람들은 변변한 기록조차 없다. 그렇다면 어떻게 그들의 이념을 알 수 있을까? 답은 가족이었다. 좌익의 가족은 좌익이고, 우익의 가족은 우익이었다.

정치 이념은 가족 관계와 관련이 없다. 부모가 어떤 이념을 가졌다고 해서 자식이 같은 이념을 가지는 경우는 많지 않다. 그러나 냉전에서 가족 관계는 이념을 식별하는 가장 강력한 수단이었다. 정치 이념은 개인이 제각각 가질 수 있다. 현대적인 국가는 시민들이 독립적으로 자신의 신념을 가지는 존재라고 가정해서 만들어졌다. 그러나 이는 표면적인 이야기에 불과했다. 보이지 않는 이념을 두고 싸우던 냉전에서 가족 관계는 가장 중요한 식별 수단이었다. 그래서 연좌제는 한국, 베트남 같은 아시아 국가뿐 아니라 유럽의 그리스내전에서도 똑같이 작동했다.[51] 마치 유전자를 이유로 인종을 차별했으나, 유전자 검사를 할 능력이 없어서 가족과 종교를 기준으로 유대인을 분류했던 나치처럼 말이다.

가족은 구성원의 이념에 따라 하나로 묶였다. 좌익의 가족은 좌익으로, 우익의 가족은 우익으로. 그러나 가족 전체가 하나의 이념을 공유하는 경우가 얼마나 있겠는가? 게다가 해방 이후 이념이 정확히 무엇인지 아는 사람도 드물었고, 이념이라고 할 어떤 것도 없는 이들이 훨씬 많았다. 그러나 권력은 자의적인 기준으로 사람들의 이념을 분류했다. 어느 곳에 있었는지, 누구의 가족인지, 밥벌이는 어디서 하는지에 따라 말이다. 그러나 현실에서 그렇게 원하는 대로 나뉠 수는 없는 법이다. 이념이나 진영이 뒤섞인 가족이 더 많았다. 아니 대부분이었다. 어떤 이념과 진영으로 편을 나눌 수 없는 가족의 당혹스러운 처지는 제주 4.3을 알린 작가, 현기영의 소설에 잘 나타난다. 현기영의 아버지는 군인이었고, 막내이모부는 경찰이었다. 그러나 학살을 피해 도망친 다른 친척들은 '입산자', 즉 좌익에 협력한다고 의심받는 이들이었다. 그렇게 한 가족이 이념의 잣대로 찢긴 기막힌 상황을 현기영은 자전적 소설에서 "우리 식구는 군인 가족, 막내이모는 경찰 가족, 나머지 셋이모를 포함해서 모두 '폭도 가족'"[52]으로 나뉘었다고 쓴다. 류단열의 가족이 겪은 사정도 별반 다르지 않았다.

    요한이 월남한 이후 고향에 남겨진 류단열과 그의 어머니는 가족의 도움으로 살아남을 수 있었다. 류요섭의 외삼촌인 '안성만'이 그들을 지켜줬다. 안성만이 요한의 가족을 도울 수 있었던 것은 그가 노동당 당원이었기 때문이다. 류요섭의 외가인 안성만의 가족도 북한 정권이 싫어했던 기독교 집안이었다. 안성만 역시 기독교도였지만, 지역이 이념으로 나뉘어 대립하는 와중에도 그들 사이를 중재해 주는 사람이었기에 신망을 얻을 수 있었다. 그가 당원이 된 것도 이념을 가져서가 아니라, 북한 당국과 기독교도들 사이의 충돌을 막기 위해서였다. 그는 권력으로부터 받게 된 신뢰를 다른 입장에 선 이들을 돕는 데 쓴다. 요한의 친구였던 '조상호'가 북한군에 붙잡혔을 때, 처형될 위기였던 그를 구해 준다. 기독교 민병대가 된 조상호는 신천을 장악한 뒤 반대로 처형될 위기에 처한 안성만을 빼 준다. 류단열이 가족의 문제에도 불구하고 당원이 될 수 있었던 것도, 당원이었던 또 다른 가족인 안성만의 도움 덕이었다. 안성만의 존재는 가족을 이념으로 분류하는 국가의 모순을 적나라하게 보여 준다.

가족 관계는 정치적 이념과는 다른 방식으로 만들어진다. 고대 그리스 비극 「안티고네」*부터 현대까지 가족의 의무를 지키는 것과 국가의 법이 충돌하는 이야기가 반복되어 왔다. 그러나 냉전에서 이념의 경계선은 가족 위에 그려졌다. 가족 중에 좌익도 있고 우익도 있는 사람의 이념은 무엇인가? 권력은 필요에 따라 다른 가족의 이념을 가져와서 사람들을 분류했다. 그러나 이는 안성만의 사례처럼 반대로도 작동할 수 있었다. 이념에 따라 인민을 구별하기 위해 북한은 정권을 수립할 당시에 사람들에게 자서전과 이력서를 쓰게 하고, 주변인들을 통해 평판 조사를 했다. 자신이 누구인지를 증명해야 할 처지에 놓인 사람들은 위험을 피하기 위해서 가족의 이야기를 과장하거나 때로는 거짓을 쓰기도 했다. 가장 확실한 방법은 모범적인 '인민(또는 국민)'인 가족·친척과의 관계를 실제보다 훨씬 가깝다고 주장하는 일이었다. 이처럼 이념에 따라 인민을 분류하는 수단인 자서전은 오히려 자신을 숨기고 방어하려는 이들과 권력이 싸우는 격전장이 되었다.[53] 가족 관계를 둘러싼 정치는 이렇게나 복잡하게 펼쳐졌다. 그리고 그 속에서 살아남은 자는 침묵하지 않았다.

　가족 관계를 통해 권력의 금지에 맞서려고 했던 이들은 냉

---

　* 고대 그리스의 극작가 소포클레스의 비극인 「안티고네」는 오이디푸스의 딸이자 테베의 공주였던 안티고네가 테베의 왕인 외숙부 크레온의 명령을 따르지 않고, 반역을 일으켰던 오빠의 시신을 매장하고 처벌받게 되는 과정을 다루고 있는 작품이다. 「안티고네」는 국가의 법과 가족의 윤리 사이의 충돌에 대한 이야기로 다양한 철학자들이 이에 대해서 논의했던 논쟁적인 작품이다.

전의 곳곳에 등장했다. 무덤 없는 자들이 있는 곳마다 말이다. 통일 이후 베트남 정부는 베트남 중부 지역에서 희생된 가족을 추모하려는 이들을 의심스럽게 바라보았다. 그들 중 적지 않은 수가 남베트남 정권 아래에서 일했거나, 미군이나 한국군 같은 외국과 일했던 이들이었기 때문이다. 특히 큰 문제는 베트남 정부가 세우려는 전사자 위령 시설이 이 불온한 가족들에 대한 추모와 경쟁 관계에 놓일 수 있었다는 점이다. 특히 개혁 개방 이후 민간의 경제력이 커지자 이 문제는 더 깊어졌다. 가족을 위한 추모 시설을 직접 지을 뿐 아니라, 국가가 만든 위령 시설에 자신들의 가족도 함께 모셔야 한다고 주장하는 이들도 나타난다. 그런 갈등이 있을 때 나선 이들이 바로 베트콩과 북베트남군에서 복무했던 가족들이었다. '모범적인 인민'인 가족 구성원은 죽은 가족을 향한 국가의 의심을 막아 주는 역할을 했다.[54] 이런 상황은 한국에서도 별반 다르지 않았다. 보호해 줄 가족이 없다면 군인이나 경찰 사위를 들이는 경우도 적지 않았다.

그러나 권력의 의심을 막아 줄 가족이 있다고 해서 문제가 해결되지는 않았다. 원통하게 죽은 가족, 죽어서 무덤조차 가지지 못할 존재로 전락한 이들의 명예를 회복해야 했다. 권력의 보복을 막아 줄 가족이 있는 것으로는 부족했다. 최고 권력자의 가족이었던 조귀분조차 남편의 명예를 회복하지 못하고 눈을 감았다. 그만큼 폭력의 피해에서 회복되는 길은 멀고 또 험하다. 살아남은 이들은 가족의 명예와 권리를 회복하기 위해서 유족회 활동을 비롯해 긴 시간 정말 많은 일을 감내해야 했다. 떠도는 유령, 버려진 주검이 된 가족에게 무덤에 묻히고 제사를 받을 권리를 돌려주는 노력도 그중에 하나였다.

권력은 이념에 따라 국민과 국민이 될 수 없는 자를 나누려고 했다. 그러나 그들은 보이지 않는 이념 대신 가족 관계에 의지해서 국민을 분류했다. 정치 이념과 가족 관계는 전혀 다른 층위로 나뉘어야 한다. 그러나 현실에서는 서로 다른 두 개념이 포개어졌다. 권력이 허용할 수 없는 이념을 가진 이들은 정치뿐 아니라, 가족의 의무로부터도 배척받았다. 아버지의 무덤을 만든 일을 '빨갱이'를 묻어 준 죄라고 외친 검사의 논리가 그랬다. 그런데 이와는 반대의 작용도 가능하지 않았을까? 이념을 이유로 가족의 권리를 제한할 수 있는 것이 권력의 논리라면 그 반대로 가족으로서의 권리를 누릴 수 있다면 정치적 권리 역시 받을 자격이 있다고 주장할 수 있는 것이 아닌가? 유령과 무덤, 가족과 이념을 둘러싼 문화의 힘은 이 순간에 등장한다.

동아시아사회에서 죽은 가족을 추모하는 일은 단순히 슬픈 감정을 위로하는 문제가 아니었다. 죽은 가족이 가문 안에서 기억되고 존중받을 수 있는 존재, 즉 조상(신)이 될 자격이 있음을 인정하는 방식이었다. 죽은 이가 모두 조상으로 대접받던 것은 아니었다. 가족의 곁에서 그를 추모할 자식을 가진 이들이 집에서 생을 다했을 때가 좋은 죽음이다. 반면 제사를 지낼 가족이 없거나, 불운한 사고 등으로 인한 객사는 나쁜 죽음으로 여겨졌다. 가족이 겪은 나쁜 죽음은 그 혼자만의 문제가 아니었다. 편안히 저승으로 떠나지 못한 죽은 자는 남겨진 가족들에게 나쁜 영향을 끼칠 것이라고 믿어졌다.[55] 그렇다면 이런 나쁜 영향을 해결하기 위해서 대책이 필요했다. 친척의 아이를 입양해 제사를 지내게 하는 사후 양자나 죽은 이들끼리 결혼식을 올리는 영혼결혼식이 이뤄지기도 했다. 그중에서도 가장 널리 쓰인 방식은 진지노귀굿 같은 무교의 굿이었다. 나쁜 죽음을 맞은 이의 한을 풀고, 그를 저승으로 보내는 무당의 일은 조상을 모시는 유교적 제사를 보조하며 가족의 위기를 해결했다. 떠도는 유령은 그렇게 무당의 인도를 통해 저승으로 가거나 조상이 되어 가족을 지켜 주었다.

격렬하고 끔찍한 전쟁과 학살이 일어날 때, 죽음의 정상 상태는 뒤바뀐다. 집 안의 가족 곁에서 죽는 일은 예외적인 사건이 되고, 길가에서 살해당하는 일이 일상이 된다. 죽음의 법칙이 뒤바뀌고 만다. 여기에 더해 권력은 죽은 자의 이념이 무엇인지 묻고, 적이라면 무덤조차 남기지 않았다. 죽은 자의 위기는 가족의 위기가 되었지만, 가족이라는 단위에서는 해결할 수 없는 큰 사건들에 연결되었다. 현대적인 국가의 힘에 의해서 일어난 일이었지만, 법과 정치 같은 수단에 접근할 수는 없었다. 이승만 정권이 무너진 4.19 혁명 직후에는 국회를 찾아가 증언하기도 했지만, 5.16 쿠데타로 다시 그 길이 막혔다. 하지만 정치적 권리와 가족의 권리가 겹쳐지는 회색지대 속에서 다른 가능성을 찾아볼 수 있었다. 공동 제사와 굿을 하는 무교의 전통적인 방식들이 쓰였다.[56] 죽음의 질서가 무너지고, 정상과 예외가 뒤엎어진 상황에서 굿은 국가의 법으로 금지된 추모와 애도를 맡게 되었다.

한국의 무교는 죽은 자의 한을 풀 때, 그의 이야기를 듣는다. 죽은 자가 겪은 사건이 말해질 수 없는 위험한 일이라면, 굿은 억압된 기억을 전달하는 장소가 된다. 무교 전통이 강한 제주에서는 심방(무당)들이 권력의 감시와 포섭의 대상이 되기도 했다. 제주 4.3 희생자들의 위령굿을 하는 심방들이 국가의 공식 기억과는 다른 역사를 듣는 이들이었기 때문이다. 죽은 자들이 무당을 매개해 산 자들에게 이야기하는 굿에서는 권력이 허락하지 않은 기억을 전달할 수 있다. 무당을 통해 전달되는 기억은 국가의 공식 기억에서 벗어나거나 이와 맞설 수 있다. 그래서 굿은 종교의례의 의미를 넘어서서 폭력의 가해자들에 맞서서 대항적인 역사와 기억을 만들어 가는 공간이 될 수 있었다.[57] 『손님』이 진지노귀굿의 형식을 빌려 오면서 얻은 것이 바로 이 지점이다.

『손님』에서 류요섭을 따라온 유령들은 그에게 자신들의 입장에서 당시의 사건을 말한다. 류요섭이 신천박물관을 나온 직후부터 그들은 본격적으로 이야기를 시작한다. 형인 요한은 지주와 기독교도의 입장에서, 순남이 아저씨는 사회주의자와 하층민의 입장에서 그들이 겪은 신천 사건을 말한다. 냉전에서 이들의 목소리는 한 자리에 동등하게 설 수 없다. 신천박물관은 요한의 목소리를 지우고, 신천 사건을 반공 의거라 소리 높이던 한국에서는 순남이 아저씨의 목소리를 들어줄 리 없다. 그러나 위령굿의 무당은 그들의 목소리를 모두 들어준다. 이쪽과 저쪽, 니 편과 내 편이라는 구분에 갇히지 않고 그들은 서로의 기억을 이야기하면서 사건을 다른 각도에서 바라볼 수 있게 한다. 『손님』의 굿판 위에서 유령들은 두 가지 방식으로 자신의 존엄을 회복한다. 유령의 목소리는 권력이 만든 공식 기억에 가려져 있던 기억을 말한다. 유령의 목소리를 통해 독자들 역시 권력의 목적에 따라 가공된 사건이 아니라, 그들이 경험했던 일을 듣는다. 그렇게 역사를 복원해 간다. 그리고 잊힌 유령들은 자신의 역사에 대해서 증언할 수 있는 자가 된다. 이념에 따라 갈라진 세계에서는 지워진 자들이, 굿판 위에서는 자신의 목소리로 말할 수 있는 자로 사회적 위상을 회복하게 된다.

『손님』은 진지노귀굿이라는 전통적인 무고의 형식을 빌려 온다. 그러나 소설은 종교의 시선에서 참혹했던 사건을 바라보지 않는다. 무덤 없는 자들을 위로했던 굿이 권력과 싸웠던 것처럼, 소설을 통해 펼쳐진 굿도 현대의 국가와 냉전이라는 시대가 만든 상처에 대응한다. 그래서 소설 속 유령은 옛 종교 속의 존재가 아니라, 현대적인 현상이다. 냉전과 죽은 자에 대한 추모를 연구한 인류학자 권헌익은 전쟁과 학살 같은 현대적 폭력으로 인한 상처를 치유하려는 종교와 가족의 의례들이 현대적 문제에 맞서는 방식으로 발전해 왔다고 설명한다. 권력이 문제를 해결할 수 있는 현대적인 수단들(법, 정치, 언론, 연구 등)에 피해자가 접근할 수 없도록 막아서고 있을 때, 전통적인 종교와 문화라는 대안을 현대화하는 방식으로 방법을 찾으려고 했기 때문이다.[58] 『손님』에 등장한 냉전의 유령은 과거의 그림자가 아니라, 현재의 위기에 맞서는 자들이다. 그들이 끝내 폭력을 반복해 온 자들의 시대를 닫으려 하기 때문이다. 긴 시간이 걸렸지만, 무덤 없는 자들은 자신의 존엄을 되찾으려고 한다. 이 책의 마지막 장은 끔찍했던 과거로부터 벗어나 정의를 세우려는 이들로 향한다. 그 길에 냉전의 유령들도 함께 할 것이다.

6장　　　　　　기억이 돌아오는 방식

경찰 가해자의 고백

1997년 7월 14일 아파르트헤이트 정권의 경찰 제프리 테오도르 벤지엔Theodor Benzien, 친근하게 제프 벤지엔이라고도 불렸던 그가 심문을 받는 모습이 남아프리카공화국 전국에 방송된다. 약 이십 년 전인 1976년에 남아공의 경찰관이 된 그는 경감까지 승진했다. 그는 1994년에 퇴직했는데, 그해는 남아공에 새로운 대통령 넬슨 만델라가 취임했던 때다. 극단적인 인종차별을 자행했던 아파르트헤이트 정책도 만델라 정권의 등장과 함께 완전히 폐지된다. 만델라 정부가 수립하면서 아파르트헤이트 정권에 저항했던 아프리카민족회의, 한때 테러조직으로 낙인이 찍혀 쫓기고 살해당했던 이 단체는 새로운 집권당이 되었다. 아프리카민족회의는 벤지엔에게도 중요했다. 그가 담당했던 업무, 그가 가혹하게 심문하고 심지어 죽이기까지 한 이들이 바로 아프리카민족회의의 일원들이기 때문이다.

벤지엔은 1986년에서 1990년 사이에 남아공 경찰의 대테

러부서에서 일했다. 그가 담당한 '테러리스트'란 아프리카민족회의의 대원들이다. 그는 유능한 경찰이었다. 최소한 그의 상관들이 보기에는 그랬다. '테러리스트'를 심문할 때 '색다른 접근법'을 시도해 보라는 상관의 조언을 그는 아주 잘 이해했다. 고문을 가했다는 증거가 남지 않는, 그러면서도 상대를 빠르게 굴복시킬 수 있는 '효율적인' 기술을 개발했다. '젖은 가방'이라고 불렸던 '심문 기술'을 통해 벤지엔은 누구든 삼십 분 만에 굴복시킬 수 있었다.

> 벤지엔 경감: 천으로 된 가방을 물에 완전히 젖도록 합니다. 그리고 그걸 저는 이렇게 사용했습니다. 사람을 바닥에, 보통 매트나 그와 유사한 것 위에 배를 대고 눕히고서, 두 손을 뒤로 하고 수갑을 채웁니다. 그러고 나서 저는 그 사람의 아래쪽에 자리를 잡고, 균형을 유지하기 위해 발을 팔 사이로 넣은 다음 가방을 그 사람의 머리에 뒤집어씌우고 목 주위로 비틀어 공기가 들어가지 못하게 막았습니다.
>
> 의장: 질식하는 동안에 그는 어떻게 됩니까? 설명하실 수 있습니까?
>
> 벤지엔 경감: 움직임이 있습니다. 머리를 움직이고, 괴로워했습니다. 그럴 때마다 물었습니다. "말하고 싶어졌나?"라고. 그리고 그 사람이 말하겠다는 신호를 보내면 그가 말할 수 있도록 공기가 다시 통하게 했습니다.

토니 엔게니: 그 사람은 신음하고, 흐느끼고, 울고 비명을 질렀지요?

벤지엔 경감: 네, 그 사람은 신음하고 울었습니다. 비록 소리가 막혔지만, 그렇습니다. 그런 일이 일어납니다.

—"Truth and Reconciliation Commission of South Africa Report Vol.5"(Capetown: Juta, 1988) p.369.

끔찍한 고문이었다. 그러나 낯설지 않다. 한국의 군부 정권 시절 남영동에서도 비슷한 고문이 수도 없이 반복되었다. 그리고 이후에도 이어졌다. 남아공의 한 언론인은 2000년대 후반 미국의 관타나모수용소에 대해 보도하면서, 벤지엔의 유령이 여전히 살아 있다고 말했다.[1] 그가 사용했던 물고문 방법과 유사한 일들이 CIA에 의해서 '선진 심문Enhanced Interrogation' 기법이라는 이름으로 관타나모수용소에 재판도 없이 억류되어 있는 수감자들에게 가해지고 있었다. 고문은 그렇게 반복되었다. 하지만 벤지엔과 또 다른 고문자들 사이에는 중요한 차이가 있었다. 법정 근처에도 가지 않았던 대부분의 가해자와 달리, 벤지엔은 피해자 앞에 서서 자신이 했던 일에 대해 증언해야 했다.

벤지엔의 앞에는 아파르트헤이트 정권 시절에 그에게 붙잡혀서 고문을 당했던 피해자, 토니 엔게니가 서 있다. 아프리카민족회의의 보안 요원이었던 엔게니는 또 다른 피해자 피터

제이콥스, 에슐리 포브스, 안와 드라맷, 개리 크루즈, 니콜로 페드로, 알란 맘바 등을 대신해서 증언하고 있었다. 회색빛 레인코트를 입고, 한 손을 주머니에 넣은 채로 엔게니가 벤지엔에게 묻는다. 당신이 물에 젖은 캔버스 가방으로 어떻게 사람들을 압박하며 고문을 했는지 설명하라고 말한다. 공손하게 두 손을 모아 증인석에 앉아 있던 벤지엔은 엔게니의 말에 범행을 재연하기 위해 일어선다. 그는 가방을 손에 쥔다. 그리고 무릎을 꿇고서 한참을 가방을 붙잡고 있었다.

> 토니 엔게니: 젖은 가방 같은 방법을 다른 사람, 다른 인간에게 반복해서 사용하고 그 신음과 울음, 흐느낌을 듣고도 그 사람들을 죽기 직전까지 몰고 가는 사람은 어떤 사람입니까? 당신은 어떤 종류의 사람입니까? 그런 짓을 할 수 있는 사람은, 그런 종류의 짓거리를 할 수 있는 자는 대체 어떤 종류의 인간인 겁니까, 벤지엔씨?
> 나는 정말 무슨 일이 일어났던 것인지, 왜 그래야 했는지 이해하고 싶습니다. 난 지금 정치나 당신의 가족에 대해서 이야기하는 게 아닙니다. 젖은 가방 뒤에 숨은 그 사람에 대해 말하는 겁니다. 그런 짓을 할 때, 인간으로서 당신에게 무슨 일이 일어납니까? 당신의 머리, 마음에는 무엇이 지나가지요? 당신이 사람에게 한 그 고문은 대체 당신에게 어떤 영향을 끼칩니까?
>
> —"Truth and Reconciliation Commission of South Africa Report Vol.5"(Capetown: Juta, 1988) pp.369~370.

어떻게 사람이 사람에게 그처럼 할 수 있는지 설명할 수 있느냐는 질문에 가방을 붙잡고 있던 벤지엔이 구너지고, 그의 눈에서는 눈물이 흐른다. 벤지엔은 엔게니에게 답한다. 자신은 그런 질문을 계속 받아 왔고, 또 그에 대해서 답해 왔다고. 하지만 여전히 그 질문이 남아 있다고 말이다. 그래서 "그런 짓을 할 수 있는 사람이 어떤 존재인가 물으신다면, 저 또한 스스로에게 같은 질문을 던지고 있습니다"[2]라고 답한다. 하지만 반성과 용서의 이야기는 여기서 멈추지 않는다.

눈물로 얼굴이 젖은 벤지엔은 그의 경력을 화려하게 빛냈던 '젖은 가방'이 어떻게 한 사람을 고통스럽게 하는 기술이었는지, 재연해야만 했다. 그 과정을 피해자와 위원들, 그리고 남아공 전 국민이 지켜봤다. 그중에는 분명 벤지엔의 가족과 친구들도 있었을 것이다. 그게 조건이었다. 진실과 범죄에 대한 사면을 교환하는 조건 말이다. 벤지엔은 TV 쇼에 출연한 것도, 법정에 선 것도 아니었다. 하지만 법원만큼이나 강력한 힘을 가진 국가 기구에 자신의 사면을 신청했고, 과거에 그가 저지른 일에 대해서 증언하고 책임을 인정하는 것이 사면의 조건이었다. 그의 입으로 그가 저지른 일들에 대해 말해야 했다. 그는 세 가지 혐의에 대한 사면을 요청했다. 하나는 재판에서 위증을 한 혐의, 다른 하나는 토니 엔게니를 비롯한 아프리카민족회의의 대원 7명을 잔인하게 고문했던 혐의, 그리고 반아파르트헤이트 활동가였던 에슐리 크리엘을 살해한 혐의였다.

벤지엔의 변호사는 에슐리 크리엘의 사건보다는 고문 사

건에 대해 먼저 진술하기를 요청했다.³ 일곱 사람을 고문한 일이 한 사람을 살해한 일보다는 변명하기 쉬웠으리라. 벤지엔은 에슐리 크리엘을 자택에서 체포하는 과정에서 그가 소지한 총기를 발견하고 우발적으로 발사했으며, 이는 상관의 지휘하에서 일어난 일이라고 밝혔다. 그의 증언 이후 이 년 뒤인 1999년 2월 17일, 벤지엔은 모든 혐의에 대해 사면받았다. 그처럼 사면을 신청했던 이들 중 실제 사면을 받는 비율은 20퍼센트대에 불과했다.⁴ 그의 진술과 제출한 증거 등을 종합한 위원들은 그가 진실을 말했다고 판단했고, 그의 사면을 허락했다.

이 책을 열었던 질문, "사람이 같은 사람에게 어떻게 그럴 수 있습니까?"라는 말 뒤에 따라오는 이야기들은 어딘가 분명 석연치 않고, 개운하지 않은 결말처럼 보인다. 벤지엔은 한 사람을 모함했다. 벤지엔은 일곱 사람을 잔인하게 고문했고, 피해자 중 일부는 그로 인해 고막이 파열되는 등 영구적인 장애를 입었다. 그리고 벤지엔은 한 사람을 살해했다. 어떻게 그런 이가 진실을 말했다는 이유만으로 죄를 사면받을 수 있다는 말인가? 그리고 대체 누가 그를 재판 없이 사면할 권리를 가졌단 말인가? 벤지엔에게 사면권을 행사한 이들은 남아공의 '진실화해위원회'였다.

아파르트헤이트 정권이 붕괴하고 진실화해위원회가 등장한 20세기 후반은 전 세계가 과거사와 마주했던 시대였다. 우리에게는 민주화가 이루어진 시기였지만, 한국은 예외적인 사례가 아니었다. 동아시아와 동유럽, 아프리카, 남미의 수십 개 국가가 냉전이 끝나던 이 시기에 민주화와 체제 변화를 경험했

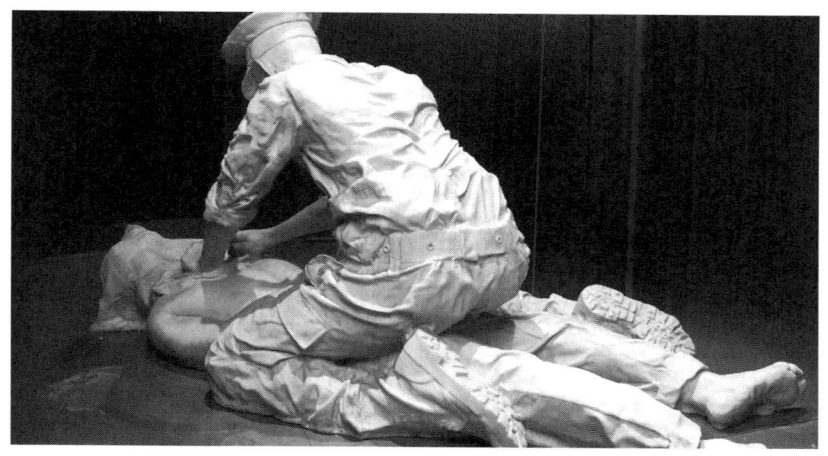

'젖은 가방' 고문을 재현한 아파르트헤이트 박물관의 조형물.
출처: 아파르트헤이트 박물관

다. 수십 년간 계엄령이 내려진 상태로 국민당 독재가 이어지던 대만이나, 군부 독재가 끝났던 칠레, 아르헨티나, 비밀경찰 슈타지 등을 통해 이루어진 감시와 통제 사건을 조사한 구동독 지역[5] 등 많은 곳이 변화를 맞았다. 그리고 이전 정권이 자행한 폭력과 억압, 불법행위에 대한 조사와 진상 규명에 대한 요구가 쏟아져 나왔다. 한국도 비슷했다. 소설가 박완서는 민주화 직후에 과거에는 발설도 못 했을 이야기가 갈 그대로 쏟아져 나왔다고 기록했다. 1988년 국회에서 5.18 민주화운동에 대한 진상 규명을 위한 청문회가 진행된 것이 결정적 계기였다. 피비린내가 나는 과거를 영원히 숨길 수 없었다. 그리고 새로운 정부들은 이 과거사 문제를 해결하기 위해서 조사 기구를 운영했다. 운영 기간, 규모, 권한 등은 모두 제각각이었지만, 진실화해위원회라고 불릴 수 있는 수많은 위원회가 세계 각국에 만들어졌다. 남아공의 진실화해위원회는 그 위원회 중에서도 가장 독보적으로 큰 권한과 규모, 그리고 성과를 낸 기관이다.

남아공의 진실화해위원회는 새로운 집권 세력이 될 것이 확실했던 아프리카민족회의에 관한 사건으로 출발했다. 아프리카민족회의는 백 년 이상의 역사를 가진 유서 깊은 정치 세력이었지만, 1960년대 아파르트헤이트 정권에 의해 불법화되었다. 이후 인종주의 정권에 맞서 합법적 저항과 무장 투쟁으로 치열하게 싸웠다. 아프리카민족회의는 무장 투쟁 단체 중에서도 극히 예외적으로 제네바협정을 준수하겠다고 비준할 만큼 도덕적 기준이 높았지만, 내전이라 해도 과언이 아닐 만큼 격렬한 탄압을 당했고 그 과정에서 극단적인 사례들도 발생했다. 정권에 협력했다고 여겨지는 구성원을 수감하는 감옥을 자체적으로 만들기도 했다. 협력자를 색출해 내겠다면서 고문이나 살해가 이뤄지기도 했다. 조직 내에서 자행되었던 잔학 행위를 조사하기 위해서 아프리카민족회의는 체제 이행기였던 1992년과 1993년에 두 차례에 걸쳐서 조사위원회를 운영했다. 인종차별 정권에 맞서는 과정에서 일어난 일이라며 내부의 반발이 있었고, 그로 인해 조사 활동이 제한되기도 했지만 추가 조사까지 진행하면서 진실규명에 성과를 냈다. 아프리카민족회의가 스스로 잘못을 조사한 경험은 아파르트헤이트 체제 아래에서 일어난 문제를 해결하는 데 도움이 되었다. 이 위원회의 경험을 토대로 진실화해위원회를 만들겠다고 공약했고, 다음 해 선거에서 승리한 뒤 그 약속을 지켰다.[6] 그러나 권력이 넘어왔다고 해서 과거사를 정리하는 일이 쉽게 이루어지는 것은 아니었다.

남아프리카공화국은 20세기 후반까지 세계에서 가장 악명 높은 인종차별주의 국가였다. 인종 분리와 차별은 홀로코스트를 자행했던 나치가 가장 악명이 높지만, 그들보다 앞서 그 길을 열었던 국가가 여럿 있었다. 특히 미국의 이민법과 혼혈 금지에 관한 법률은 나치가 가장 중요하게 참조했던 모범 사례였다.[7] 그리고 나치가 참조한 또 하나의 사례가 바로 다른 인종 간의 성관계를 금지하는 남아프리카공화국의 법조항이었다.[8] 심지어 남아공은 나치가 붕괴하고 전 세계에서 인종차별에 대한 여론이 부정적으로 바뀌는 추세에 아랑곳하지 않고, 오히려 훨씬 강력한 인종차별 정책을 유지했다. 남아공은 전체 인구의 13퍼센트에 불과한 백인들이 국가의 거의 모든 재산을 소유하고 있었다. 남아공 전체 인구의 75퍼센트에 달하는 아프리카인, 그리고 인도인을 비롯한 나머지 인구들을 고작 국토의 14퍼센트에 불과한 '홈랜드'라는 유명무실한 자치 구역으로 몰아넣었다.[9] 그뿐 아니라 남아공 정권은 아프리카 각지의 내전에도 깊숙이 개입했다. 남아공은 끔찍한 인종차별주의 국가였지만, 미국이 아프리카에 영향력을 행사하기 위해 가장 의존하는 중요한 국가로 대우받았다.[10] 극단적인 인종차별, 즉 '아파르트헤이트' 정책은 외교에 큰 문제가 되지 않았다. 물론 이런 상황이 영원하지는 않았다.

남아공은 1980년대에 들어서면서 전 세계로부터 고립되었다. 앙골라내전에 개입했던 남아공 군대는 쿠바군에 의해 격퇴되었고, 그로 인해 남아공에 지배를 받던 나미비아의 독립을 막을 수 없게 되었다.[11] 이 상황을 타계하고 백인 기득권을 지키기 위해 핵 개발까지 추진했고, 정권이 교체되기 직전에 실제 핵무기를 개발하는 데 성공하기도 했다. 그러나 상황을 바꿀 수는 없었다. 아파르트헤이트 정책을 추진했던 집권 세력인 국민당 정부는 국가적 위기에 직면한 1980년대 후반부터 만델라의 아프리카민족회의로 대표되는 아프리카계 남아공 국민들에게 권력을 이양할 준비를 하고 있었다.[12] 더 이상 국제사회의 압력과 남아공 국내의 상황을 감당할 수 없다는 점을 아파르트헤이트 정권도 알게 되었다. 그리고 몇 년에 걸친 협상 끝에 치러진 1993년 총선에서 아프리카민족회의가 승리하면서 반세기에 가까운 백인의 국민당 독재가 끝난다. 그렇게 정권이 바뀌었지만, 해결해야 할 문제가 쌓여 있었다. 가장 중요하고 또 민감한 문제는 바로 이전 정권에서 수십 년에 걸쳐 자행한 거대한 국가폭력 문제였다.

남아공의 주요한 정부 기관과 전 정권의 거물급 인사 등은 모두 어떤 범죄행위에 대해서도 인정하지 않았다. 옛 경찰과 군조직은 더 과감하게 자신들에 대한 일괄 사면을 요구하기까지 했다.[13] 그들은 자신들이 전임자였던 데 클레르크 대통령으로부터 사면을 약속받았고, 그 약속 때문에 권력 이양 과정에서 아프리카민족회의 지도부를 보호했다고 강변했다.[14] 만약 이들의 요구를 완전히 거절한다면, 쿠데타가 일어나거나 백인들의 테러 시도를 방치하는 등 극심한 혼란이 이어질 수 있는 상황이었다. 게다가 사면을 약속한 데 클레르크는 만델라 대통령의 공동 부통령으로 취임하면서 정권의 파트너가 되기도 했다. 남아공은 혁명적인 변화를 겪었지만, 이는 아프리카인들의 완벽한 승리가 아니라 '협상에 의한 혁명'이었다. 2차 세계대전이 끝난 직후 홀로코스트의 가해자들은 뉘른베르크 전범재판에서 처벌받았지만, 협상은 일방적인 승리를 기대할 수 없었다. 그리고 이러한 남아공의 곤경은 한국을 비롯해 비슷한 시기에 민주화와 체제 변화를 겪은 아시아, 아프리카, 남미, 동유럽의 수십 개 국가도 함께 직면했던 중요한 문제였다.

1987년 6월 항쟁으로 전두환의 신군부 독재 정권은 붕괴했지만, 이듬해 치러진 대선에서 노태우가 승리하면서 한국의 민주화는 점진적인 이행의 과정을 거쳐야 했다. 그리고 그 과정에는 심각한 위협도 있었다. 1990년 국군보안사령부에서 '청명 계획'*이라는 이름으로 반정부 인사나 야당, 정적 등을 감시하고 체포하기 위한 친위 쿠데타를 계획하고 있었다는 사실이 폭로되면서, 민주화가 얼마나 위태로운 상황이었는지 확

---

* 청명계획은 국군방첩사령부의 전신이었던 군내 방첩 및 수사기관인 국군보안사령부가 당시 유력정치인과 언론인, 사회활동가 등 노태우 정권의 정치적 반대파 다수를 지속적으로 감시·도청하고 이들을 체포하기 위한 계획과 훈련을 진행하는 내용을 골자로 한 친위 쿠데타 계획이었다. '모비딕'이라는 이름의 위장 카페를 중심으로 1300명에 달하는 민간인에 대한 불법 사찰을 진행했고, 이 중 900명을 체포할 계획을 세웠다. 보안사는 A/B/C 등급으로 감시 및 체포 대상을 관리했는데, 이 중에는 훗날 대통령이 되는 김대중, 김영삼, 노무현, 문재인 등이 포함되어 있었다. 특히 김영삼은 3당 합당 이후 집권여당 총재였지만, 사찰 대상에 올라와 있어서 민주화가 얼마나 불안한 상황이었는지를 잘 보여 준다. 보안사가 사용한 A, B, C 등급에 따른 구별은 보도연맹 사건처럼 한국전쟁기 민간인 학살 때부터 사용되었던 분류 방식이다.

인되었다. 남아공과 한국을 비롯해서, 과거사 문제의 해결이라는 과제를 안고 있던 대부분의 나라가 이러한 쿠데타나 내란의 위협에 직면했다. 이러한 갈등과 취약성은 민주화 이후로도 수십 년간 이어질 만큼 극복하기 쉽지 않은 문제다.

민주화가 이루어졌다고 해도 과거의 권력자들은 여전히 강력한 세력인 경우가 많았다. 권력의 이양과 체제의 변화가 완만하게 이루어지는 경우라고 해도 별반 다르지 않았다. 스페인내전에서 승리하고 이후 삼십 년 넘게 철권을 휘둘렀던 프란시스코 프랑코Francisco Franco 장군이 1975년 사망한 이후 수년에 걸쳐서 점진적으로 민주화가 진행되었던 스페인도 유럽연맹EC에 가입하는 1986년 전까지는 지속적으로 군부의 쿠데타를 걱정해야 했고, 실제로 1981년에는 군인들의 쿠데타 시도가 있었다.[15] 집권 세력과 국왕, 야당 사이의 점진적인 협상을 통해 느리게 민주화가 진행된 스페인은 '망각협정'이라고 불리는, 과거사에 대한 집단적 망각을 선택했음에도 그랬다. 체제의 변화는 위태로운 과정이었고, 과거의 범죄를 다시 바라보는 것은 위험한 일이었다.

남아공의 진실화해위원회도 그런 상황 속에서 등장했다. 남아공의 진실화해위원회가 만들어질 때, 많은 위원이 강조한 사실이 있다. 그들이 만들어야 할 진실화해위원회는 결코 '뉘른베르크'가 아니라는 점이다. 뉘른베르크는 2차 세계대전이 끝난 후 유럽의 전쟁 범죄자들을 처벌했던 국제전범재판이 이루어진 장소다. 뉘른베르크와 도쿄에서 이루어진 두 번의 전범재판을 통해 세계대전과 태평양전쟁을 일으켰던 독일과 일본

등 추축국 권력자들이 처벌을 받았다. 홀로코스트를 자행한 이들도 그 재판정에 섰다. 모두는 아니었지만, 적은 숫자도 아니었다. 히틀러 정권의 이인자였던 헤르만 괴링Hermann Göring과 일본의 전쟁을 지휘한 수상 도조 히데키東條英機가 두 재판을 통해 사형판결을 받았다. 이들은 자살과 사형으로 생을 마감한다. 전쟁은 승자와 패자가 존재한다. 물론 그보다 훨씬 많은 이들, 희생자가 존재하지만 말이다. 그래도 승리와 패배의 경계는 비교적 선명했다. 특히 2차 세계대전 이후에 더욱 분명해졌다. 새로운 국제질서와 국제법은 국가가 저지른 범죄를 처벌할 수 있도록 변해갔기 때문이다.[16] 그러나 대부분의 체제 변화에서는 승자와 패자 사이의 경계가 흐릿했다.

아파르트헤이트 체제의 마지막 대통령인 데 클레르크는 만델라 집권 후 이 년간 공동 부통령직을 수행했다. 한국에서는 민주화 직후의 선거에서 신군부 쿠데타의 주역이자 전두환 정권의 이인자였던 노태우가 당선되었다. 그리고 민주화운동의 중요한 축이었던 야당 정치인, 김영삼은 노태우의 집권당과 합당하고 여당 총재가 된다. 스페인에서는 프랑코 사후 칠 년이 지난 1982년에야 정권 교체가 이루어진다. 전쟁과 달리 집권 세력의 교체는 느리게 일어났고, 타협과 협상의 지난한 과정 끝에 이루어지는 경우가 대부분이었다. 세계대전이 끝나고, 독일에서는 광범위한 '반나치화'[17] 과정이 진행된다. 나치의 정책과 흔적은 점령군 아래에서 빠르게 사라져 간다. 물론 권력자들은 몇 년 지나지 않아서 다시 지위와 세력을 회복했지만 말이다.[18]

과거와의 '단절'은 전쟁의 승리와 같은 극적인 정치 지형의 변화 없이는 불가능하다. 하지만 민주화 같은 점진적 변화에서는 법과 제도가 연속되어야 했다. 그래서 범죄를 저지른 이전 정권의 조치를 무효화하는 데 오랜 시간이 걸리거나, 불가능하기도 했다. CIA의 지원으로 살바도르 아옌데Salvador Allende의 민주 정부를 뒤엎은 칠레의 독재자 피노체트Augusto Pinochet는 쿠데타와 고문, 살해, 불법 체포 등 불법 행위에 대한 사면법을 통과시켰다.[19] 1980년대 후반, 피노체트는 재신임 국민투표에서 패배하면서 권력을 잃지만 새로운 정부는 그가 했던 모든 조치를 무효화할 수는 없었다. 전쟁으로 파괴된 권력과 달리, (불법적인 쿠데타로 집권했다고 하더라도) 그의 통치는 칠레의 법률에 따라 끝났다. 독재자 피노체트와 새로운 민주 정권의 관계는 정치적으로 단절되었지만, 법과 제도 속에서는 연속된 것이었다.

남아공의 진실화해위원회의 위원들이 말했던, 뉘른베르크와 다르다는 말에는 그런 의미가 담겨 있었다. 전범재판을 하듯이 과거를 끊어 낼 수 없다는 현실 말이다. 그러나 또 다른 의미도 있었다. 뉘른베르크는 처벌과 단죄를 통해서 정의를 추구했다. 그러나 남아공은 진실화해위원회라는 이름처럼, 진실과 화해를 통해 정의를 세울 수 있다고 믿었다. 남아공의 진실화해위원회가 진실을 고백하는 대가로 범죄자들에 대한 사면권을 행사했던 이유도 바로 여기에 있다.

벤지엔이 서게 된 자리는 그렇게 만들어졌다. 어느 사악한 한 사람을 벌하기 위해서나, 적들의 잘못을 처벌하기 위해서가 아니라 새로운 사회를 만들기 위해서 지켜야 할 가치가 무엇인지 말하기 위해서 말이다. 남아공의 진실화해위원회가 새로운 집권 세력인 아프리카민족회의의 잘못을 밝히는 과정을 거쳐 등장했다는 사실이 말해 주는 것은 바로 그들이 추구한 것이 일방적인 단죄가 아니라, 새로운 사회가 함께 지켜야 할 정의의 기준을 세우는 일이었다. 처벌과 단죄를 넘어서, 새로운 사회가 가져야 할 정의가 무엇인지 그 기준을 세우는 길고 괴로운 과정이 진실화해위원회 앞에 놓여 있었다. 이 과제는 과거사 청산에 또 다른 이름이 붙게 된 이유를 보여 준다.

과거사 청산이라는 말은 말 그대로 과거사 문제로 비롯된 잘못과 피해의 역사를 해결하겠다는 뜻이다. 과거와 마주하는 일은 미래를 위한 것이기도 하다. 오래된 빚을 청산하는 것이 아니라, 미래에서 지켜야 할 새로운 정의의 기준을 세우는 과정 말이다. 그래서 과거사 청산은 '이행기 정의'라는 또 다른 이름을 가지고 있다. 폭력적인 과거의 정치 체제에서 새로운 민주적 사회로 이행하기 위해 정의의 기준을 타로 세우는 과정이란 뜻이다.[20] 냉전이 끝나가던 20세기 후반부터 21세기가 벌써 이십 년 이상 지난 현재까지, 세계 각지에서 이행기 정의는 계속되고 있다. 그렇다면 과거의 상처를 그저 묻어 버리기로 했던 이들은 어떻게 되었을까? 망각으로 도강친 이들에게도 과거의 빚은 사라지지 않는다. 그저 곪아가는 상처를 이자처럼 쌓아 둘 뿐이다. 과거를 잊기로 모두가 약속했다 하더라도 말이다. 망각협정 위에 세워진 스페인이 바로 그런 곳이었다.

기억과 교환한 스페인 민주화

스페인의 소설가 하비에르 세르카스Javier Cercas의 『살라미나의 병사들』은 기념의 공간에서 쫓겨난 자들, 잊힌 공화 진영 스페인인들의 기억이 돌아오는 과정을 보여 주는 작품이다. 2차 세계대전의 전초전이었던 1930년대의 스페인내전에서 공화파 정부는 프랑코 장군이 이끄는 반란군에 패배한다. 프랑코가 죽은 이후로도 수년간 이어진 스페인의 군부통치는 1982년이 되어서야 종식된다. 그러나 민주화는 전쟁과 학살에 대한 단죄가 아니라, 정치적 타협과 거래 속에서 완만하게 이루어졌다. 그 거래를 위해서 스페인 사회가 포기한 것은 바로 과거였다. '망각협정'이라고 불렸던 민주화 과정에서의 타협안은 프랑코 정권과 군부가 자행한 폭력과 잔혹 행위를 처벌하지 않는 것이었다. 그렇다고 피해자를 완전히 잊은 것은 아니었다. 미약하게나마 피해자들에 대한 보상을 준비하기도 했다. 그러나 프랑코가 만든 스페인내전에 대한 공식 기억은 견고했다. 그래서 망각협정은 스페인내전을 잊어버리자는 합의가 아니라, 기억의 권력구조를 뒤흔들 수 있는 피해 입은 자들의 존재에 대한 사회적 침묵에 더 가까웠다.

『살라미나의 병사들』의 등장은 망각협정이 묻어 버린 기억의 귀환을 촉진했다. 이 소설이 출간되고 몇 년 지나지 않아, 과거사 문제에 대한 스페인 사회의 접근 방식이 완전히 바뀌게 된다. 그런 전후 사정을 살펴본다면, 아마 이 작품이 공화 진영 이야기일 것이라 예상하게 된다.『살라미나의 병사들』은 살아남은 자의 아들과 나누는 인터뷰로 시작한다. 기자로 일했던 소설의 주인공은 라파엘 산체스 페를로시오라는 유명한 스페인의 작가를 취재한다. 성공한 작가였던 그의 시답잖은 취미 이야기를 들으며, 건성으로 인터뷰를 진행하던 주인공은 어떤 흥미로운 사건을 듣고는 눈이 번쩍인다. 페를로시오는 자신과 마찬가지로 작가였던 아버지가 겪은 스페인내전에 대해서 이야기를 들려준다. 병사들에게 붙잡혀서 총살을 앞두고 있던 그의 아버지, 라파엘 산체스 마사스가 기적적으로 살아남은 사건을 말이다.

　　내전이 끝나가던 무렵, 산체스 마사스는 국경 근처의 마을로 이송된다. 여러 정치범이 모여 있던 그 군기지에서 그가 할 수 있는 일이라고는 그저 기다리는 것뿐이었다. 그러다가 어느 날 산체스 마사스와 함께 수감된 그의 동료들이 공터로 끌려간다. 병사들은 정치범들을 모두 처형하라는 명령을 받고, 그들에 대한 총살을 집행하고 있었다. 처형 장소에 도착한 산체스 마사스는 주위를 둘러보다가 수풀이 우거진 곳으로 시선이 향한다. 총격이 가해지기 직전 산체스 마사스는 6~7미터 거리를 달려서 덤불 사이로 뛰어든다. 그보다 먼저 행동하지 못했던 다른 정치범들도 도망치려고 했지만, 총알을 피할 수는 없었다. 산체스 마사스는 병사들의 추격을 피해서 다급하게 달리다가 넘어지고 말았는데, 운 좋게도 언덕 아래에 고인 물웅덩이에 떨어진다. 그는 나뭇잎과 잔가지, 진흙 등을 긁어모아서 몸에 바르고 어둠 속에 숨어든다. 병사들이 그를 쫓고 있었다.

다행히 점점 고함이나 총성이 잦아든다. 그들은 아마도 산체스 마사스가 멀리 도망쳤다고 여길 것이다. 처형장 근처 구덩이에 숨었으리라고는 생각하지 못한 것 같다. 그런데 뒤쪽에서 무언가 움직이는 소리가 들린다. 산체스 마사스가 급하게 고개를 돌렸다. 구덩이 옆에 소총으로 무장한 건장한 병사가 보인다. 마사스는 그와 눈이 마주쳤다. 병사는 계속 그를 바라본다. 그때 병사의 뒤에서 누군가 소리친다. "거기 누구 있어?" 흩어져 수색을 계속하던 또 다른 병사의 목소리다.

그 병사는 산체스 마사스를 바라본다. 산체스 마사스도 그 병사를 본다. 하지만 약해진 시력은 눈앞에 보이는 것을 이해하지 못한다. 젖은 머리카락, 넓은 이마, 빗방울이 맺힌 눈썹 아래 병사의 시선은 동정도, 미움도, 경멸도 드러내지 않고, 다만 일종의 비밀스럽고 그 깊이를 헤아릴 수 없는 즐거움을 드러내고 있다. (중략) 지금 흙과 웅덩이의 황토색 물과 구별되지 않는 한 사내를 바라보는 병사를 말로 표현할 길이 없다. 그 병사는 그 사내를 계속 바라보면서 허공을 향해 힘차게 소리친다.
「여긴 없어!」
그리고 뒤돌아 가버린다.

—하비에르 세르카스, 김창민 옮김, 『살라미나의 병사들』,
열린책들, 2010, 133쪽.

산체스 마사스는 자신을 눈감아 준 이름 모르는 병사 덕에 살아남는다. 산체스 마사스는 며칠을 산에서 헤매며 전쟁이 끝날 때까지 버티려고 한다. 하지만 도시에서 태어난 귀족적인 작가, 게다가 이미 중년의 나이에 시력조차 좋지 않은 그가 혼자의 힘으로 버틸 수는 없었다. 그때 또 다른 이들이 그를 도왔다. 산체스 마사스가 "숲속의 친구들"이라고 불렀던, 그 지역 출신의 탈영병 청년들이 내전이 끝날 때까지 그를 보호했다. 숲속의 친구들과 산체스 마사스 사이의 우정은 이 극적인 사건을 더 낭만적으로 보여 주는 장신구 같다. 그렇게 작가 산체스 마사스는 스페인내전에서 기적적으로 살아남았고, 집으로 돌아와 가족과 친구들에게 그 기적적인 사건에 대해 들려준다. 스페인내전에 대한 자신의 기억을 후대에 말할 수 있는 이는 마사스를 살려 준 이름 없는 병사도, 그를 구한 숲속의 친구들도 아니었다. 산체스 마사스, 스페인의 파시즘 정당이었던 팔랑헤당의 핵심 당원이자 프랑코 정권에서 장관직을 지낸 권력자였던 그에게만 기억될 권리가 주어졌다.

  1936부터 1939년까지 약 사 년간 이어진 스페인내전은 2차 세계대전의 전초전이었다. 보수 세력의 지지를 얻은 스페인 군부는 선거를 통해서 집권한 좌파 정당 연합인 '인민 전선' 정부를 뒤엎기 위한 반란을 일으켰다. 스페인너전은 '모든 이념의 격전장'이라고도 불렸다. 가톨릭 보수주의자들이나 왕당파, 파시스트 세력인 팔랑헤당 등 전통적 우파부터 극우파까지 아우르는 반란 세력 '국민 진영'과 사민주의와 사회주의, 공산주의, 중도적인 공화파, 심지어 아나키스트들까지 협력했던 공화 정부가 격돌했다. 파시즘과 공산주의, 사회주의, 아나키즘 등 당시 유럽의 현대적인 정치 이념을 내세우는 수많은 세력과 정당이 내전에 참여했다. 내전에서 현대적 이념만이 충동한 것은 아니었다. 스페인의 정부 대부분을 장악하고 있던 가톨릭 교회와 과거 제국 시절의 영광을 꿈꾸던 군인들, 그리고 수백 년간 분리 독립을 주장해 온 바스크와 카탈루냐 등 오래된 사회 구조와 갈등이 뒤엉켜서 내전으로 폭발했다.[21]

사 년간 이어진 스페인내전은 프랑코 장군이 승리했다. 그가 이끈 국민 진영은 반란이 시작된 시점부터 이미 전력이 우세했고 독일과 이탈리아의 강력한 지원을 받았다. 스페인내전에서 사망한 이는 100만 명에 달했으며, 전쟁 후에도 프랑코 독재 정권의 고문과 학살, 반대파 숙청, 게릴라 소탕 작전 등으로 5만 명이 넘는 이가 목숨을 잃었다.[22] 잔혹한 통치가 이어졌지만, 프랑코 체제는 그가 숨을 거두는 1975년까지 견고하게 유지되었다. 프랑코 사후에 이르러서야 점진적인 민주화 과정과 과거사 문제를 덮어 두기로 한 망각협정을 통해서 스페인은 느리고 불안한 단계를 거쳐서 점차 민주 국가로 바뀌게 된다. 스페인의 민주화는 1982년에 사회당 정권이 투표로 정권 교체에 성공하면서 달성되었다. 이는 마찬가지로 끔찍한 과거사 문제를 겪었던 여러 국가에 비해 훨씬 빠르게 민주화를 이룬 성과였다. 게다가 유럽의 다른 지역보다 훨씬 빈곤했던 스페인의 경제 상황 역시 그 사이에 크게 나아졌다. 그렇다면 독재에서 민주주의로 넘어가는 스페인의 이행기는 가해자의 반성이나 처벌이 빠져 있다는 점(물론 거의 모든 국가에서 일어나지 않은 일이었다)을 제외한다면 좋은 결말처럼 보인다. 그러나 정말 그랬을까? 정치적으로는 수월하고 안정적으로 진행된 이 과정이 누군가에게는 "염병할 놈의 이행기!"[23]였다.

전쟁은 기념비를 남긴다. 기념비는 죽은 자를 위한 것이지만 동시에 산 자를 위한 것이기도 하다. 전사자 숭배에서 보았듯이, 죽은 자에 대한 기억은 산 자가 따라야 할 가치로 기억된다. 그렇기에 대부분의 기념물은 승리자의 것이다. 패배한 자가 내세운 가치는 전쟁 이후에 완전히 사라지지 않더라도, 아주 작은 자리만 가질 수 있기 때문이다. 스페인에서는 프랑코가 승리했고, 공화파는 패배했다. 프랑코는 죽기 전까지 거대한 권력을 가졌다. 그리고 죽은 이후에도 수많은 기념비와 동상이 그를 위해 세워졌다. 프랑코의 군대와 그의 동맹들도 마찬가지다. 그들은 살아서는 권력을 누렸고, 죽어서는 기념을 누렸다. 그러나 공화파는 패배했고, 쫓겼고, 살해당했다. 그리고 죽어서는 잊혔다. 다행히도 영원히는 아니었지만 말이다. 그들의 기억은 결국 돌아왔다.

산체스 마사스, 처형 직전에 탈출했다가 다른 이들의 도움으로 기적적으로 살아남은 한 작가의 이야기는 소설의 주인공을 사로잡는다. 그래서 인터뷰가 있고 몇 년이 지난 뒤인 스페인내전 종전 60주년에 그는 산체스 마사스의 이야기를 기사로 쓴다. 내전의 이야기를 다룬 다른 언론사에서는 또 다른 시인, 그러나 산체스 마사스와 달리 살아남지 못한 이에 대한 기사를 써서 발행했다. 주인공은 자신이 페를로시오로부터 들었던 이야기가 그 기사에 화답하는 내용이 될 수 있을 것이라 확신한다. 죽음을 피하지 못한 또 다른 시인, 안토니오 마차도의 비극과 산체스 마사스의 기적이 거의 같은 시기에 일어났기 때문이다. 그는 마사스의 기적적인 생존, 그리고 동료들에게 여기는 아무도 없다고 소리를 쳤던 병사가 어떤 생각을 했을지 알 수 없으리라는 이야기를 담아 기사로 쓴다. 그는 이 기사에 만족했지만, 누군가는 그를 (역사)수정주의자라고 비판하며 항의 편지를 보낸다.

> 그는 〈전쟁에서 이긴 사람들에겐 끝이 잘 된 것이다〉라고 말했다. 〈하지만 전쟁에서 진 우리들에겐 끝이 잘못된 것이다. 아무도 우리가 자유를 위해서 투쟁한 것에 대해 감사하는 시늉조차 하지 않았다. 모든 마을마다 전쟁에서 죽은 사람들을 추모하는 기념물들이 있다. 그런데 당신은 그중에서 양측의 전몰자 이름이 다 새겨진 기념물을 몇 개나 보았는가?〉 그 편지는 이렇게 끝나고 있었다. 〈염병할 놈의 이행기! 마테우 레카센스〉
>
> —하비에르 세르카스, 김창민 옮김, 『살라미나의 병사들』, 열린책들, 2010, 27~28쪽.

주인공에게 도착한 편지 중 하나는 분노한다. 자신과 같이 패배한 자들을 잊어버린 스페인에서, 그 죽음을 모두 잊은 스페인의 현재에서 살아남은 자의 낭만적인 모험에 대한 기사를 읽었기 때문이다. 산체스 마사스는 잊힌 자가 아니었다. 그는 패배한 자도 아니었다. 그는 전쟁의 승자, 프랑코 측 사람이었다. 산체스 마사스는 "좋은 작가이긴 하지만 위대한 작가는 아니"[24]었고, 강력한 권력자였다. 그는 팔랑헤당의 창립자인 호세 안토니오 프리모 리베라의 최측근이자, 팔랑헤당의 이데올로기를 만든 사상가이기도 했다. 호세 안토니오를 비롯해 공화 정부에 붙잡힌 팔랑헤당원 여럿이 처형당한 이후 그는 가장 오래된 고참 당원이자 주요한 권력자로 프랑코 정권에서 장관에 임명되기도 했다. 소설의 주인공은 내전이 끝나고 육십 년이 지난 때에 기적적으로 팔랑헤당의 권력자가 생존한 일화와 공화파 시인이 반란군에게 잔인하게 살해된 사건에 대한 보도에 화답하며 기사로 쓴 것이다. 주인공은 수정주의자*라고 비판받아야 할 만큼 프랑코나 팔랑헤를 지지하는 사람이 아니다. 오히려 그 반대편에 서 있다. 그가 산체스 마사스의 사건에 매료된 것은 살해당한 자의 고통과 서로가 서로를 죽이는 내전의 참혹한 속에서도 한 사람을 살린 병사의 마음을 이해하려는 휴머니즘적 관심에 가깝다. 그래서 그는 서로 전혀 다른 정치적 입장(그리고 전혀 다른 결말)을 가졌던 두 시인의 사건을, 그 사건에 연루된 이들의 마음을 모두 이해하는 것이 스페인내전을 이해하는 한 방식이 되지 않을까 생각했을 따름이다.

반란군에게 살해된 공화파 시인의 가족이 느꼈을 고통과, 패전의 분노와 절망 속에서도 명령에 따르지 않고 파시스트 시인을 살려 준 병사의 마음. 이 두 마음은 기묘하게 균형을 잡는 것처럼 보인다. 내전의 양측 사이에서 균형을 유지하는 접근이

---

* 스페인에서 수정주의자는 프랑코 장군의 반란과 통치를 정당화하려는 우파를 비판할 때 쓰는 표현이다. 역사학에서 수정주의 혹은 역사수정주의란 용어 자체는 기존 지배적인 역사관에 대해서 반박하고, 새로운 역사적 관점을 주장하는 이들에 대한 표현이다. 그러나 일본의 우익이나 한국의 뉴라이트, 홀로코스트 부정론자 등 2차 세계대전 이후 형성된 전쟁 기억을 부정하는 집단을 비판하기 위해서도 '역사수정주의자'라는 표현이 부정적 의미로 사용되었다.

라 생각할 수도 있다. 이 두 사건은 기사 속에서는 균형을 잡는 것처럼 보이지만, 스페인의 현재에서는 아니다. "양측의 전몰자 이름이 다 새겨진 기념물"을 찾을 수 없는 스페인에서는 말이다. 『살라미나의 병사들』은 균형이 잡힌 듯 보이는 인도주의적 시선이 오히려 사실을 은폐하고 마는, 불균형적으로 기울어진 현실을 폭로하는 소설이다.

『살라미나의 병사들』의 주인공은 작가 자신인 '하비에르 세르카스'다. 소설 속 하비에르 세르카스는 실제 작가 하비에르처럼 몇 권의 책을 출간한 소설가지만, 문학적으로 성공하지는 못했다. 소설 속 하비에르는 실제 작가 하비에르와 많이 닮아있지만, 동시에 동일한 인물은 아니다. 실제 작가는 대학의 문헌학과 교수였지만, 소설 속 하비에르는 전업 작가가 되는 데 실패한 신문기자로 등장한다. 두 하비에르가 사실과 가상 속에서 뒤얽힌 것처럼, 『살라미나의 병사들』도 역사와 허구를 뒤섞어 가며 펼쳐 놓는 이야기다. 소설은 본래 꾸며 쓴 이야기, 즉 허구로서의 성격을 가지지만, 『살라미나의 병사들』이 가진 허구성은 독특한 소설적 장치다. 작가 자신을 모델로 한 주인공을 내세울 뿐 아니라, 책의 제목인 『살라미나의 병사들』이 작품 속에서 주인공이 써야 할 책의 제목으로 언급되기 때문이다. 스페인내전은 작품 속에서 여러 인물이 쓰려고 시도하는, 다시 쓰여야 할 역사로 남겨져 있다. 소설 안에 뒤엉킨 허구와 사실은 그 완결되지 않은 역사적 평가를 바라보도록 만든다. 『살라미나의 병사들』은 3부, 「숲 속의 친구들」「살라미나의 병사들」「스톡턴에서의 만남」으로 나뉘어 있다. 흥미롭게도 기자 하비에르가 쓴 기사에 대해 독자들이 쓴 편지도 세 통이다. 마치 소설 속에서 스페인내전을 바라보는 역사적 관점이 여러 인물로 나뉘어 있듯, 기자 하비에르에게 온 세 통의 편지는 각기 다른 기억의 관점을 상징한다. 그리고 소설의 1부에서 하비에르는 세 통의 편지 중 한 편지에 대해서만 답을 한다. 그 편지는 스페인의 지역사학자가 쓴 것으로, 그에게 산체스 마사스처럼 공화파의 총살에서 살아남은 이들이 더 있다는 것을 알려 주면서 관심이 있다면 자신이 가진 자료를 보여 주겠다고 말한다. 그리고 이 편지를 쓴 이와 만나게 되면서 하비에르는 산체스 마사스와 그를 도와준 이들, 숲속의 친구들과 그를 두고 떠난 병사에 대해서 파고들기 시작한다.

『살라미나의 병사들』은 소설 속 기자 하비에르와 작가 하비에르의 관심이 미묘하게 엇나가다 포개어지는 과정을 보여 준다. 기자 하비에르는 산체스 마사스의 사건을 집요하게 파고든다. 그는 그 흥미로운 사건과 인물들에 관한 책을 쓰고 싶다고 생각한다. 그래서 그는 자신에게 온 세 통의 편지 중 산체스 마사스 사건과 유사한 일에 대한 제보에만 반응을 한다. 그러나 소설을 쓰는 작가 하비에르가 관심*을 두는 것은 오히려 두 번째 편지, 즉 전쟁에서 패배한 자신들을 기억하는 곳이 대체 어디에 있느냐고 따져 묻는 이에게 향하고 있다. 『살라미나의

---

* 작품 속에 등장하는 화자나 서술자 이외에 글에 투영된 작가를 '내포작가'라고 부른다. 내포작가라 부르는 이유는 한편의 작품 속에 작가의 인식이나 정서 등이 전부 반영되지 않고 일부분만 담기기 때문이다. 그래서 작품마다 작가의 태도나 입장이 바뀔 수 있으므로, 내포작가를 작가와 완전한 동일인으로 보지 않는다.

병사들』의 작가는 자신을 모델로 한 소설 속 인물이 스페인 역사의 어두운 곳을 바라보도록 이끌고 있다. 그 길이 주인공뿐 아니라, 스페인 사회가 거쳐야 할 길이라고 믿기 때문이다. 그래서 기자 하비에르는 자신도 모르게 망각의 이행기를 둘러싼 문제와 마주하게 된다.

문명을 지켜 낸 병사들

20세기 중반 세계를 휩쓴 강력한 정치 이념이었던 파시즘은 후대의 사람들이 생각하던 모습과는 많이 달랐다. 파시즘 연구자인 로버트 O. 팩스턴Robert O. Paxton은 나치와 2차 세계대전이라는 강렬한 이미지로 각인된 후대 사람들의 인식과 20세기 중반 파시즘이 놓인 상황이 달랐다는 점을 주목한다. 독일과 이탈리아를 제외한다면 어떤 파시즘 정당도 제대로 권력을 잡아 본 적이 없다고 말이다.[25] 나치는 20세기 파시즘을 대표하는 세력이자, 현재까지도 유럽 등지의 극우파가 모델로 삼고 있는 강력한 상징이다. 그러나 파시즘 정당의 원조는 독일이 아니라 이탈리아였다. 히틀러가 이탈리아의 파시스트인 무솔리니를 역할 모델로 삼았다는 것은 잘 알려져 있다. 베니토 무솔리니Benito Mussolini는 국가 파시스트당이라는 유럽에서 처음으로 집권에 성공한 파시즘 정당의 창립자이자, 1922년 쿠데타를 통해 권력을 잡고 이후 이십 년 이상 '두체(지도자)'로서 이탈리아를 통치한다. 그런데 파시즘의 기본적인 체계를 만든 이는 따로 있었다. 이탈리아의 작가 가브리엘레 단눈치오 Gabriele D'Annunzio는 대규모 군중집회와 경례, 구호 그리고 제복 등 우리가 파시즘 하면 떠올리는 거의 모든 것을 만들었다. 하지만 정치적 실수로 단눈치오가 몰락하자 사회주의자였던 무솔리니가 이어받아 현대적인 파시즘 정당을 만들었다.

    2차 세계대전 직전 세계적으로 파시즘의 확장세가 막강하다는 인식이 널리 퍼져 있었다. 러시아 혁명으로 최초의 공산주의 국가인 소련이 등장한 이후, 파시즘은 공산주의의 정치적 파도에 맞설 수 있는 유일한 대항마라고 주장했다. 그러나 실제 파시즘 정당이 권력을 장악하는 일은 2차 세계대전이 발발하기 전에는 매우 드물었다. 유럽 거의 모든 국가와 심지어 미국에까지 파시즘 정당이나 파시즘 정치운동이 등장했지만, 전쟁 전에 권력을 잡는 데 성공한 사례는 이탈리아의 국가 파시스트당과 독일 나치당, 그리고 스페인의 팔랑헤당뿐이었다. 그마저도 팔랑헤당은 보수주의자 군인이었던 프랑코의 꼭두각시에 불과했지만 말이다.

    대부분의 유럽 파시즘 정당이 권력을 잡은 시점은 전쟁 중이었다. 독일이 유럽을 점령하면서 각지에 파시즘 정당이나 정치인을 꼭두각시로 내세워 만들어졌다. 팩스턴은 심지어 이탈리아의 파시즘 정당조차 권력이 강력하지 않았다고 지적한다. 전쟁의 승기가 연합군 측으로 명백하게 기울자 이탈리아 국왕과 보수파가 무솔리니를 축출하고 종전 협상을 시도한다. 무솔리니는 히틀러의 군대에 의해 구출되고, 독일군에 의해 점령당한 이탈리아를 계속 통치한다. 그렇다고 해도 무솔리니는 국내의 정치적 동맹들이 언제든 제거할 수 있었던 이에 불과했다. 프랑코의 꼭두각시였던 팔랑헤당의 처지가 유럽 파시즘에서는 예외이기보다는 오히려 일반적인 경우였다.

파시즘은 민족 집단이라는 오래된 정체성과 전근대문화에 대한 복고주의를 내세웠으나, 이 이념은 지극히 현대적인 현상이었다. 파시즘운동은 대중 정치, 즉 정치 권력이 소수의 권력자나 귀족이 아니라 투표나 정당 활동, 사회운동이나 노동운동 등에 참여하는 대다수 시민이 주도하는 시대의 정치 이념이었다. 이런 특징을 잘 보여 주는 사례가 나치였다. 1933년 선거로 집권한 나치당이 독일인의 절대적인 지지를 받았다고 아는 경우가 많다. 그러나 나치는 민주적인 선거에서 단 한 번도 과반 득표를 얻은 적이 없었다. 히틀러에 대한 지지나 (오스트리아 병합과 같은) 정책에 대한 찬성투표가 90퍼센트를 넘었을 때는, 나치 이외의 다른 모든 정당이 해산당한 이후였다. 오스트리아 병합 찬성투표 때 사용한 투표용지에는 찬성 칸이 반대를 표기하는 칸보다 네 배 가까이 크기까지 했다. 박정희 시대 유신헌법 국민투표에서 받은 찬성표 74퍼센트가 실상 반대파를 탄압하고 정부 조직 등을 동원한 부정투표 등으로 달성했던 수치라는 것과 별반 다르지 않았다. 민주적 선거가 이루어지던 시절의 나치는 보수 정당들과의 연정 없이 정권을 장악할 수 없었다. 독일의 좌파, 사민당과 공산당의 득표율과 별반 차이가 나지 않았기 때문이다. 나치는 기존 우파 정당의 지지층

을 흡수하고 그들과 연정하는 방식으로 권력을 장악했다.[26]

히틀러는 1932년에 선거에서 승리하고 독일의 총리가 되었지만, 정권의 기반이 불안했다. 의회해산권을 남발하던 고집스러운 전쟁 영웅인 힌덴부르크Paul von Hindenburg 대통령이 아직 살아 있었고, 나치의 득표는 37.4퍼센트에 불과했다. 히틀러는 나치당의 단독 과반을 목표로 의회를 해산하여 1933년에 다시 선거를 열었다. 그러나 이번에도 단독 과반을 달성하지는 못했다. 나치 단독으로는 43.9퍼센트, 연정에 참여한 보수 정당들을 합쳐서 겨우 과반을 넘긴 51.8퍼센트를 득표했다. 나치의 지지층 대부분은 원래 독일의 보수 정당 지지자였다. 1933년 선거에서 공산당 지지층의 20퍼센트가 나치에 표를 던진 것을 제외하면 사민당 등 다른 진영의 유권자는 거의 포섭하지 못했다.[27]

히틀러가 등장한 이후에 보수 세력의 규모가 확대된 것은 아니었다. 1차 세계대전 패배 이후 갑자기 주입된 민주주의 체제인 바이마르 공화국*의 정치 제도, 즉 민주적인 대중 정치에 적응하지 못한 보수 정당의 지지자들이 나치로 옮겨 간 것에 불과했다. 반대파를 제거하기 위한 정치적 숙청이나 행정부 수반인 총통이 입법권까지 가져가는 의회의 무력화는 바이마르

---

* 바이마르공화국은 제1차 세계대전으로 독일의 제2제국이 멸망한 이후 성립된 민주 공화제 연방국가로 '이원집정부제'(의원내각제와 대통령제를 절충한 것으로 행정부 수반의 권한이 대통령과 총리에게 나뉘어 있었다)체제로 운영되었다. 바이마르공화국은 전후戰後 독일사회를 안정화하기 위해 노력했으나 의회해산권을 남용한 대통령과 의회 권력의 충돌, 패전 이후 독일사회의 위기와 경제대공황 등 연속된 위기로 불안한 체제였고, 1933년 나치당이 집권하면서 막을 내렸다.

공화국 시대에도 이미 횡행하고 있었다. 힌덴부르크 대통령은 의회해산권을 통해 의회 제1당이 바뀔 때마다 정치를 마비시켰고, 입법부의 역할을 긴급 명령권을 통해 법안 제정을 행정 명령으로 대신하면서 무력화했다. 히틀러가 집권하던 시절의 선거에 야당들이 큰 의미를 부여하지 않았던 것도 바이마르공화국의 민주주의가 이미 오래전에 망가진 상태였기 때문이다.

히틀러의 나치는 다른 보수 정당과 달리 대중 정치에 잘 적응했다. 파시즘의 대중 동원 노하우를 나치는 잘 활용했고, 이러한 능력이 필요했던 반민주주의적인 보수 세력과의 협력을 통해 정권을 잡을 수 있었다.[28] 그리고 물론 대중 동원은 파시즘만의 특징도, 장기도 아니었다. 대중 정치의 시대에 대중의 지지가 없이는 어느 세력도 권력을 잡을 수 없었다. 그래서 지극히 현대적인 현상이었던 파시즘은 생각보다 그 시기 다른 정당이나 정치 세력과 차이가 대단하지 않았다. 르코르뷔지에의 건축 철학이 20세기 정치 이념의 경계를 마음대로 넘나들며 퍼졌던 것처럼, 이들은 같은 토양 위에서 자라난 나무들이었다.

물론 파시즘에도 자기 나름의 특징이 있었다. 대중 정치의 한 형태였던 만큼 다수의 단결을 강조하지만, 한편으로 이들을 소수의 뛰어난 지도자가 이끌어야 한다고 믿었다. 물론 지도자나 소수의 권력자에 대한 숭배는 다른 이념들에서도 나타났다. 예를 들어 미국 공화당의 선거 전략에 밑그림을 그렸던, 현대적인 정치 선전의 창시자인 광고전문가 에드워드 L. 버네이스 Edward L. Bernays가 가진 정치 인식도 별반 다르지 않았다. 그는 현명한 이가 통치할 수 있도록 어리석은 다수의 대중을 조종하는 것이 선거 홍보의 핵심이라고 생각했다.[29] 자본주의와 파시즘 모두와 싸웠던 소련도 스탈린 같은 최고 지도자가 모든 권력을 장악하고 통제했다. 그래서 팩스턴은 모든 민주국가에는 초기적 파시즘이 잠복해 있다고 말한다.[30] 그리고 파시즘은 지도자에 대한 신성화, "예술적 천재나 정신적 천재 같은 특출난 개인에 대한 낭만주의적 이상"으로 대중을 묶는 것을 정치운동의 핵심으로 삼았다.[31] 뛰어난 소수가 민족과 문명을 구하리라는 파시즘의 낭만주의적 욕망은 스페인의 팔랑헤당 역시 공유하고 있었다. 군부의 꼭두각시에 불과한 실패한 파시스트들이었지만 말이다.

『살라미나의 병사들』의 제목은 그리스와 퍼르시아 사이에 있었던 '살라미나 전투(살라미스 해전)'[*]에서 따왔다. 크세르크세스 왕이 이끄는 페르시아와의 싸움에서 그리스의 아테네가 승리함으로써 페르시아 제국의 침공을 저지하게 된다. 이 작품에는 〈살라미나의 병사들〉이라는 제목으로 책을 쓰겠다는 두 작가가 등장한다. 스페인내전 직후의 산체스 마사스와 1990년대 후반의 하비에르 세르카스가 말이다. 산체스 마사스가 살아남은 과정에 관심을 가진 하비에르 세르카스는 자신에게 온 세 편의 편지 중 비슷한 사건이 있었다고 알려 준 아마추어 지역

---

[*] 살라미나는 그리스의 섬 이름으로 한국에서는 '살라머스'라는 이름으로 더 유명하다. 살라미스 해전은 기원전 480년에 아테네 해군이 페르시아 함대를 대파하면서 페르시아 제국의 그리스 침공을 끝내고, 아테네가 지중해와 그리스의 강자로 거듭난 결정적인 전투였다.

사학자에게 연락한다. 공화 정부가 내전 말기에 자행한 정치범 처형에 관한 자료를 얻으려고 그와 만났던 세르카스는 뜻밖의 수확을 얻는다. 바로 산체스 마사스를 도와준 이들, 숲속 친구들의 가족으로 추정되는 사람을 소개받은 것이다.

숲속의 친구들은 스페인내전에서 공화 정부 측에서 싸웠지만 패배가 확실해지자 고향으로 도망친 탈영병들이었다. 숲속에 숨어 있던 그들은 초라한 몰골의 산체스 마사스를 발견하고 그를 어떻게 처리해야 할지 고민한다. 그때 산체스 마사스는 자신이 공화 정부로부터 도망친 사람이며 국민 진영 군대가 오는 것을 기다리고 있다고 털어놓는다. 탈영병 신분이던 숲속 친구들은 마사스가 자신들과 비슷한 처지라 생각하고 군대가 올 때까지 그를 돕기로 한다. 군대가 도착한 후 마사스는 떠나기 전에 그들이 자신을 도운 일에 대해서 보답하겠다고 팔랑헤당 간부로서 약속한다. 마사스는 작가로서도 그들의 도움에 보답하겠다고 약속한다. 바로 그들과 자신의 이야기를 담은 책, 〈살라미나의 병사들〉을 써서 보내 주겠다고 했다.

산체스 마사스가 스페인내전에서 자신이 경험을 쓸 책에 〈살라미나의 병사들〉이라는 제목을 붙인 것은 의미심장하다. 스페인내전에서 반란 세력의 승리를 아테네가 페르시아를 격파하여 그리스 문명을 지켜 낸 살라미나 전투에 빗대고 있기 때문이다.

 호세 안토니오는 오스발트 슈펭글러의 말을 인용하는 것을 무척 좋아했는데, 그에 따르면, 최후에 문명을 구해 낸 것은 항상 소수의 군인이었다는 것이다. 그 당시 팔랑헤 청년들은 자신들이 바로 그 소수의 군인이라고 생각했었다. 그들은 불경스러움과 야만스러운 평등주의의 파도가 대재앙의 끔찍한 굉음과 함께 갑자기 자신들을 잠에서 깨울 것이라는 사실도 모른 채 자신의 가족이 천진난만하게 부르주아의 행복한 잠을 자고 있다는 것을 알고 있었다(또는, 안다고 믿고 있었다). 그래서 팔랑헤 청년의 의무는 힘을 통해서 문명을 보존하고 대재앙을 막는 것이라고 믿었다. 자신들이 소수이기는 하나 단순히 수적인 상황으로 위축되지는 않는다고 알고 있었다(또는, 안다고 믿고 있었다). 그들은 스스로를 영웅이라고 느꼈다.

—하비에르 세르카스, 김창민 옮김, 『살라미나의 병사들』,
열린책들, 2010, 110쪽.

파시스트 특유의 영웅주의와 낭만주의는 팔랑헤당처럼 그저 꼭두각시에 불과한 이들도 가지고 있었다. 그리고 군인도 아니고 나이 든 작가였던 산체스 마사스, "비록 영웅이 되기에는 이미 젊지도 않고, 힘도 없고, 몸에 밴 열정이나 구체적인 신념도 부족"했던 그 역시 자신을 "스스로 영웅이라" 생각했다.[32] 산체스 마사스는 전쟁 중에 그저 도망치기를 반복했고, 전후에는 고작 몇 달간 실권 없는 장관이었을 뿐이었다. 호세 안토니오 사후 지도부를 잃은 팔랑헤당은 고참당원인 마사스에게 당을 지도할 것을 요청했지만, 그는 정치인이 아닌 작가였다. "특권적인 자리에서 희생이니, 멍에니, 화살이니, 불굴의 함성이니 따위를 언급하며 폭력적인 애국시"로 "수십만 젊은이들의 상상력에 불을 붙여 결국 그들을 도살장으로 보"낸 시인[33]이었지만, 그는 역경을 극복하는 영웅이 아니라 파티장이 더 어울렸던 부자일 뿐이다. 그는 장관으로도, 팔랑헤당 간부로도 눈에 띄는 업적을 이루지 못했다. 심지어 작가로서도 실패한다. 파시스트 작가로서 자신이 한 일들조차 믿지 못하게 된 산체스 마사스의 말년은 프랑코 장군의 비위를 맞춰 주는 아첨꾼이자, 문학사에서 잊힌 존재로 전락한다. 산체스 마사스는 그가 꿈꿨던 영웅이 되지 못한다. 그래서였을까? 그는 〈살라미나의 병사들〉을 쓰겠다는 약속을 지키지 못한다. 〈살라미나의 병사들〉을 마사스가 쓰지 못했다는 것은 곧 스페인내전에 참전했던 이들이자, 자신의 생명을 구해 준 숲속 친구들이 스페인 사회에서 기억될 이들로 만드는 데 실패했음을 의미한다. 권력의 비위를 맞추며 부와 권력을 누리는 데 말년을 허비한 산체스 마사스에게는 프랑코가 만든 지배적인 기억에 맞서서, 잊히고 축출된 삶을 복원할 작가로서의 역량도, 자격도 없었다.

하지만 산체스 마사스가 모든 약속을 저버린 것은 아니었다. 그는 자신을 구해 준 숲속의 친구들, 공화파 군대에서 탈영했다가 전쟁이 끝난 직후 반대파에 속했었다는 이유로 프랑코 정권에 의해 체포당한 '페레 피게라스'를 구해 주었다. 숲속 친구들에게 산체스 마사스가 자신을 구해 준 보답을 하겠다고 약속했기 때문이다. 내전이 끝난 뒤로도 적지 않은 수의 공화파 군인들이 스페인과 해외에서 프랑코에 맞서 싸웠다. 십 년이 넘게 이어진 공화파 군인들의 게릴라전과 저항을 진압한다는 이유로 프랑코 정권은 6만 명 이상의 스페인 사람들을 체포했으며 그중 많은 이들이 고문받거나 살해당하기까지 했다.[34] 이런 프랑코의 숙청에 휘말려서 공화파 탈영병이었던 페레 피게라스도 붙잡혔던 것이다. 숲속 친구들의 가족이라며 나타난 이들을 의심하던 세르카스도 마사스의 도움으로 피게라스가 풀려났던 기록을 발견하고는 그들의 이야기를 믿게 된다.

산체스 마사스는 피게라스를 돕지만, 이후 그들은 생전에 다시 만날 수는 없었다. 용기를 낸 피게라스가 마사스를 찾아가지만, 경비에 가로막혀 말 한번 걸 수 없었다. 프랑코 정권하에서 공화파 군대로 싸운 시골 청년과 팔랑헤당의 권력자 사이의 거리는 좁혀질 수 없는 것이었다. 산체스 마사스는 자신과 그를 살려 준 이름 모를 군인, 그리고 숲속의 친구들과 함께 할 수 없었다. 그래서 산체스 마사스는 내전의 참혹함과 비정함 속에서도 문명을 지킨 자들, '살라미나의 병사들'이 누구였는지 글로 쓸 수 없었다. 소설에서 반복해서 인용하는 한 문학자의 말처럼, 산체스 마사스는 "전쟁에서 이기고 문학사에서는 패배"[35]했다.

〈살라미나의 병사들〉을 쓰려고 했던 한 작가, 산체스 마사스는 글을 쓰지 못했다. 그렇다면 또 다른 작가, 소설 속에 등장하는 하비에르 세르카스는 〈살라미나의 병사들〉을 쓸 수 있었을까? 산체스 마사스가 기적적으로 살아남게 된 사건에 매료된 세르카스는 끈질긴 조사를 통해 그 사건이 실제로 있었던 일이고, 숲속 친구들 중 일부가 여전히 살아 있음을 알게 된다. 오랜 시간 소설을 쓰지 못했고, 쓸 수 없게 되었다고 느꼈던 이 실패한 소설가는 자신이 이 '실화'에 대해서 쓸 수 있을 것이라 기대한다. 다만 그는 이게 누구의 이야기가 될 것인지는 확실하게 알지 못했다. 아니, 부분적으로만 알았다. 세르카스는 산체스 마사스가 숲속 친구들에게 〈살라미나의 병사들〉이라는 책을 쓰겠다는 약속을 했다는 것을 듣고는 자신이 쓸 책의 제목을 정한다. 〈살라미나의 병사들〉로 말이다. 그는 자신의 이야기가 '살라미나의 병사들', 내전의 참혹함 속에서도 문명을 지킨 자들이자 산체스 마사스 같은 자는 결코 될 수 없었던 이들에 대한 것임을 직감한다. 그러나 여전히 그들이 누구인지 정확히 알지 못했다. 공화국의 종말을 눈앞에 두고서, 프랑코에 의해 수많은 무고한 이들이 살해당하는 것을 지켜봤고 이제는 조국을 뒤로하고 국경을 넘어 도망쳐야 할 상황에서도 전쟁과 폭력을 독려했던 작가를 그저 한마디 말만으로도 죽일 수 있던 그 병사. 그러나 뒤돌아서 떠났을 뿐인 그 병사가 누구인지 알 수 없었기 때문이다.

소설 속 등장인물인 하비에르 세르카스는 자신이 무엇을 써야 하는지 확신하지 못하는 작가다. 그는 산체스 마사스의 사건을 내전의 양측 모두가 서로를 죽이는 악다구니 속에서 발견한 인간성의 증거처럼 여긴다. 그러나 내전의 기억에 다가가면 다가갈수록 그는 모두의 잘못을 덮고, 잊어버리기로 선택했던 망각협정으로부터 멀어진다. 내전에서 모두가 잘못했고, 누가 저지른 일인지 따지지 않고 묻어 버리겠다는 망각협정의 합의[36]가 실상은 패배한 쪽을 완전히 기억 속에서 지워버린 '염병할 놈의 이행기'였기 때문이다. 산체스 마사스가 살아남은 일은 그의 가족과 친구들 사이, 그리고 유명한 작가가 된 아들과 언론 보도를 통해서도 알려지는 사건이 된다. 그러나 산체스 마사스의 이야기가 재발견되고 있는 상황에서도 그를 살린 병사도, 숲속 친구들도 이름을 딴 거리나 기념비 하나 없이 잊힐 뿐이다. 기울어진 세상에서 저울의 양쪽에 같은 무게를 올리는 것으로는 정의를 찾을 수 없었다.

『살라미나의 병사들』의 1부는 세르카스가 산체스 마사스의 사건을 조사하는 것에서 시작한다. 1부는 그의 이름을 딴 거리가 있는 산체스 마사스와 달리 여전히 살아 있음에도 그 이름조차 알려지지 않은 숲속 친구들과 그 가족들을 세르카스가 찾아가 만나는 것으로 끝난다. 그 만남을 통해서 세르카스는 〈살라미나의 병사들〉을 쓰기로 결심한다. 소설의 2부는 세르카스가 산체스 마사스의 생애를 조사하고 기록한 내용으로 이어진다. 세르카스가 산체스 마사스를 바라보는 시선은 가혹하다. 산체스 마사스를 '위대하지는 않지만 좋은 작가' 정도로 바라보았던 그의 평가는 곧 급격하게 추락한다. 산체스 마사스는 내전과 폭력으로 청년들을 이끌었던 파시스트였지만, 정작 자신이 불러일으킨 사건들을 진지하게 바라보지 않는다. 그는 그저 "지어낸 천국의 세계에 대한 향수, 저항할 수 없는 역사의 강풍이 영원히 휩쓸어 가고 있는 옛 체제의 확고한 계급제도에 대한 향수"[37]만을 좇은, 즉 시대로부터 도망친 무책임한 낭만주의자일 뿐이다. 팔랑헤당이 프랑코의 꼭두각시가 될 상황에 처했을 때도, 그저 자신의 부와 권력을 즐기는 것 외에는 변변한 일을 해내지 못했다는 사실에서 알 수 있듯, 산체스 마사스는 자신의 신념에 대해서도 투철하지 않았다. 산체스 마사스는 결코 자신이 꿈꾼 영웅이 아니었고, 위대한 작가도 될 수 없었다.

　세르카스가 산체스 마사스에 대한 문학적 단죄를 가하자, 소설 속 〈살라미나의 병사들〉의 완성은 다시 묘연한 일이 된다. 산체스 마사스의 기적적인 생존에서 시작했던 글이었지만, 오히려 산체스 마사스가 〈살라미나의 병사들〉의 주인공이 될 수 없는 자임을 확인했을 뿐이다. 그리스 고대 희곡처럼 〈살라미나의 병사들〉의 주인공은 문명을 지킨 자들이다. 문명을 지킨 자는 잔혹한 내전 속에서도 인간다움을 잃지 않은 이들, 패배했을지라도 올바른 것을 믿었던 자들을 의미한다. 세계대전으로 이어질 지옥의 서막에서 목숨을 걸고 싸운 자들, 공화국이 패배한 뒤에도 싸움을 이어간 자들, 그러나 잊힌 자들이다. 스페인의 어떤 거리에도 그들의 이름이 새겨지지 않았지만, 전쟁을 겪었던 이들이다. 그들은 어디에 있을까? 역사의 그림자 속에 있다. 냉전이 끝나고 점차 옅어지고 있는 그 그림자 속에 말이다.

거리에 새겨질 이름

　망각협정은 흔들리고 있었다. 20세기 후반은 억눌려 있던 기억이 되돌아오는 시대였다. 스페인은 망각협정을 통해서 과거사에 대해 눈을 감고 있었지만, 되돌아오는 기억의 흐름으로부터 완전히 떨어져 있을 수는 없었다. 스페인은 예상하지 못한 방식으로 이 거대한 흐름에 휘말려 들어간다. 1998년 스페인 법원은 칠레의 독재자였던 피노체트를 기소한다. 쿠데타로 살바도르 아옌데 정권을 전복한 피노체트 정권하에서 수만 명이 불법적인 고문과 살해로 고통을 받았다. 칠레를 대표하는 가수 빅토르 하라를 비롯해 많은 이들이 쿠데타 직후 체포되고 처형당했다. 세계 최초로 민주적 선거를 통해 집권한 사회주의자 대통령이었던 아옌데는 대통령궁인 모데나궁에서 쿠데타 세력에 맞서다 스스로 목숨을 끊었다. 반면 피노체트와 그의 부하들은 1978년의 사면법과 이후 1980년대 후반 협상을 통한 민주화 이행을 거치면서 법적 책임을 모두 피해 갈 수 있었다. 하지만 국제법에는 피노체트의 사면법이 통하지 않았다.

국제형사재판소ICC*는 국제범죄에 대한 사면 행위를 엄격

---

* 국제형사재판소는 뉘른베르크 전범재판이나 도쿄 전범재판 등 임시로 운영되던 국제법 범죄자를 처벌하기 위해 2002년에 설립된 국제 상설기구다. 비슷한 역할을 하는 국제기구로는 국제사법재판소ICJ가 있다. 국제사법재판소는 세계대전 직후인 1946년에 출범했다. 비슷해 보이는 기구지만 재판의 대상은 명확하게 나뉘어 있다. 국제사법재판소는 '국가'가 저지른 범죄에 대한 기소하고 처벌할 수 있는 기구인데 반해서, 국제형사재판소는 국제범죄를 저지른 '개인'을 처벌한다. 이런 두 기구는 최근 가자전쟁에 대한 대응에서도 확인된다. 남아프리카공화국이 이스라엘 정부를 제노사이드 혐의로 국제사법재판소에 기소했고, 재판소는 2024년 초 이스라엘 정부에 제노사이드 방지조치를 실행하라는 긴급 명령을 내렸다. 반면 국제형사재판소는 이스라엘 총리인 네타냐후와 하마스 지도부에 대해서 전쟁범죄 등의 혐의로 체포영장을 발부했다.

하게 제한하고 있고, 피노체트처럼 스스로에게 사면권을 행사한 경우 칠레 이외에 로마 규정에 비준한 다른 국가들은 이를 인정하지 않았다.³⁸ 스페인 법원도 마찬가지였다. 스페인 법원은 피노체트의 쿠데타와 뒤이은 독재의 시대에 살해당한 스페인 국적자들에 대한 불법 행위를 처벌하고자 체포 영장을 발부한다. 1998년에 치료를 위해 영국에 머물고 있었던 피노체트는 스페인 법원의 영장을 집행한 영국 정부에 의해 체포당한다. 1998년은 아직 국제형사재판소가 출범하기 전이었지만 이를 위한 다자조약인 '국제형사재판소에 관한 로마 규정'이 합의된 해였다. 그리고 이러한 국제법은 국제범죄에 대해서는 모든 나라 법원에 관할권을 주었다. 어떤 나라라도 국제범죄자를 기소할 수 있었던 것이다. 스페인 법원은 범죄자 인도를 요구했다. 그러나 피노체트는 이 년간 영국에 억류되어 있다가 고령과 질병을 이유로 칠레로 송환된다. 그러나 피노체트가 칠레 법원이 아니라 스페인 법원의 영장에 의해 체포되자, 칠레 내부의 상황이 급변하게 된다. 민주화 이행 과정에서 처벌 문제를 회피했던 칠레사회는 그가 송환되자 기존 사면법에 적용되지 않았던 다른 혐의로 피노체트를 기소한다.³⁹ 피노체트는 고령과 치매 등을 이유로 결국 처벌을 피했으나 아흔한 살의 나이로 사망할 때까지 가택 연금을 당했다.

　스페인 법원이 피노체트가 수십 명의 스페인인을 살해한 혐의로 체포하고 기소하려고 하자, 스페인사회는 기뻐하기보다는 당혹감에 휩싸인다. 스페인 국민 절대다수는 피노체트를 스페인에서 처벌에서 한다고 생각했지만, 동시에 스페인 집권 세력은 이 문제의 처리를 놓고 분열에 빠진다.[40] 피노체트가 프랑코와 무엇이 다르길래, 스페인은 프랑코를 용서하고 피노체트를 처벌하겠다는 것인가? 이런 당혹스러운 질문과 마주하게 된 스페인은 망각협정에 가려져 있던 과거사 문제를 바라보기 시작한다. 더욱이 피노체트가 체포된 다음 해인 1999년은 스페인내전 종전 60주년이기도 했다.

　스페인이 과거사를 해결하기 위해 어떤 논의나 시도도 하지 않았던 것은 아니다. 프랑코가 아직 살아 있던 1960년대 후반에 유럽은 68혁명의 열기에 휩싸였다. 대외환경이 변할 때마다 유연하게 대응하며 권력을 지켜 온 노회한 독재자는 그가 가장 아꼈던 곳, 전사자 숭배의 공간인 거대한 추모 시설 '망자의 계곡'에 공화파 희생자들도 안치할 수 있게 한다. 프랑코는 쿠데타 세력의 기념비였던 망자의 계곡을 명목상으로는 내전의 양측 모두를 위로하는 공간으로 바꾼다.[41] 그러나 이는 어디까지나 표면적인 조치일 뿐이다. 그들의 역사는 공백으로 남았다. 망자의 계곡에는 공화파 희생자들이 무엇을 위해 싸웠는지 한 줄도 기록되지 않았다. 프랑코와 반란군의 잘못을 밝히지도, 공화파의 재평가도 없이 형식적으로만 평등하게 그들을 대했고 이런 기조는 1990년대 중반까지 유지된다.[42] 소설 속 세르카스가 받은 항의 편지의 내용처럼 승자의 이름을 딴 거리는 스페인의 전국에 걸쳐 있었지만, 패배한 자의 이름은 어디에도 찾아볼 수 없다. 망각협정은 화해라는 이름으로 이들의 존재를 어둠 속에 묻어 버리는 것이었다. 이름을 알 수 없던 그 병사처럼 말이다.

소설 속 세르카스는 〈살라미나의 병사들〉을 쓰려다 이내 포기한다. 그는 〈살라미나의 병사들〉을 총살 직전 기적적으로 살아남은 산체스 마사스의 전기를, "팔랑헤당을 세운 소수의 박식하고 교양 있는 사람들"이 "나라를 미친 듯한 피의 축제에 내몰도록 유도한 동기"[43]를 비판적으로 분석하는 전기로 쓰려고 했다. 『살라미나의 병사들』의 2부가 바로 그 산체스 마사스의 전기였다. 그러나 그 원고를 다시 검토하면서 세르카스는 깨닫는다. 이 책이 결코 〈살라미나의 병사들〉, 문명을 지킨 자들의 이야기가 될 수 없음을 말이다. 그렇게 책을 포기하고 있던 세르카스로 하여금 다시 글을 쓰게 한 것은 칠레로부터 온 인물, 피노체트 쿠데타 때 체포당했다가 탈출해서 여러 나라를 떠돌았던 작가 로베르트 볼라뇨다.

〈살라미나의 병사들〉을 포기하고 다시 기자로 돌아간 세르카스는 여러 인터뷰 기사를 쓰고 있었다. 그가 인터뷰했던 이 중에는 가난한 무명 작가였지만 그즈음에 남미 최고의 문학상인 '로물로 가예고스상'을 수상하면서 명성을 얻은 로베르트 볼라뇨가 있었다. 스페인어권 국가인 칠레 출신이자, 유럽으로 이주한 뒤 스페인에 정착한 볼라뇨는 세르카스의 소설을 읽었다. 그들은 인터뷰를 통해 친해지게 된다. 게다가 그들이 만나 인터뷰를 했던 날은 이 년간 영국에 억류되어 있던 피노체트가 칠레로 돌아가는 날이었다. 자연스럽게 둘의 대화는 피노체트 쿠데타와 그로 인해 살해된 이들, 살바도르 아옌데 대통령과 같은 사람들로 이어지게 된다. 패배했지만 잘못된 일을 하지 않은 숭고한 자들, 바로 영웅들에 대해서 말이다.

기품 있는 사람은 많아요. 필요할 때 〈아니오〉라고 말할 수 있는 사람이죠. 영웅은 반대로 아주 적습니다. 사실, 내가 보기에 영웅의 행동에는 거의 언제나 맹목적이고, 비이성적이고, 본능적인 것이 있습니다. 뭔가 자기 본성 속에 있는 것으로부터 벗어나지 못하지요. 게다가 사람은 평생토록 기품 있는 사람이 될 수는 있으나, 지속적으로 숭고한 사람이 될 수는 없습니다. 그러니까 영웅은 단지 예외적으로 어느 한순간만 영웅인 것입니다. 아니면 고작해야 광기와 영감을 지니는 일정한 기간 동안에만요. 아옌데가 바로 그랬어요. 마가야네스 라디오 방송을 통해 연설하면서 라모네다 대통령 궁의 어느 구석 바닥에 엎드려 있었죠. 한 손에는 기관 단총을, 한 손에는 마이크를 들고서요. 마치 술에 취한 사람처럼, 아니면 이미 죽은 사람처럼, 자기가 무슨 말을 하는지도 잘 의식하지 못한 채, 제가 지금까지 들어 본 것 중에 가장 맑고 숭고한 말들을 쏟아 냈어요.

―하비에르 세르카스, 김창민 옮김, 『살라미나의 병사들』,
열린책들, 2010, 192~193쪽.

볼라뇨가 말한 영웅은 기품이 있는 사람이 아니다. 영웅은 대학과 파티장, 의회와 '카우디요'*의 관저인 몽클로아궁을 오

---

* 카우디요Caudillo는 스페인어로 지도자 혹은 영도자라는 의미를 가지는 단어로, 스페인에서는 독재자를 호칭했다. 프랑코 장군은 쿠데타 이후 자신을 지원했던 파시스트 지도자인 무솔리니와 히틀러의 호칭인 두체(지도자), 퓌러(총통)처럼 카우디요라는 칭호를 사용하면서 후원자들의 환심을 얻으려고 했다.

가며 영웅과 희생을 찬양하는 시를 노래하던 산체스 마사스 같이 기품 있는 이와 달랐다. 그들은 포기하지 않은 사람, 패배가 확실한 순간임에도 맹목적으로, 자신의 본능을 따라 행동한 이들이다. 그래서 숭고해질 수 있는 그 짧은 순간에 잘못된 선택을 하지 않은 이들이다. 그들이 바로 '살라미나의 병사들'이다.

〈살라미나의 병사들〉을 거의 잊고 있었던 세르카스는 볼라뇨의 격려 속에서 다시 원고를 붙잡게 된다.『살라미나의 병사들』은 스페인 바깥의 변화들, 세계의 이행기 정의와 동행하고 있었다. 스페인의 망각협정에 가해진 균열은 칠레의 이행기 정의 문제, 즉 독재자 피노체트의 처벌과 단죄에서 시작되었다. 방황하고 있던 세르카스를 격려하고 살라미나의 병사들이 어떤 이들인지 알려 준 것도 칠레에서 온 작가 볼라뇨였다. 어떤 의미로『살라미나의 병사들』은 볼라뇨의 소설을 이어받는다. 2003년에 오십 세라는 이른 나이에 세상을 떠나게 된 볼라뇨가 해 왔고, 계속하고 싶었던 일들을 말이다. 볼라뇨는 그에게 쿠데타 이후 칠레에서 도망친 뒤에 병으로 사경을 헤매던 시절의 이야기를 들려준다. 췌장염에 의한 끔찍한 고통과 자신의 상태를 묻는 질문에 답하던 의사의 어두운 표정을 통해 볼라뇨는 자신에게 죽음이 다가오고 있음을 직감한다. 곧 병이 자신의 삶을 앗아가리라는 불길한 예감은 볼라뇨를 슬픔 속에 빠뜨린다. 그런데 볼라뇨의 슬픔은 자신을 위한 것이 아니다.

볼라뇨는 한없이 슬펐다. 자신이 죽게 되어서가 아니라, 자신이 쓰려고 했던 책들을 이제 영원히 쓰지 못하게 되었기 때문이다.

이미 죽은 친구들, 자기 세대의 모든 라틴아메리카 젊은이들—
패배가 뻔한 전쟁에서 죽은 병사들—때문이었다. 그 젊은이들
을 자기 소설에서 부활시키려는 소망을 늘 가지고 있었던 것이
다. 하지만 이제 그들은 자신처럼 영원히 죽은 자로 남게 되리
라. 마치 전혀 존재하지 않았던 것처럼 말이다.

—하비에르 세르카스, 김창민 옮김, 『살라미나의 병사들』,
열린책들, 2010, 197~198쪽.

『살라미나의 병사들』에서 볼라뇨와 칠레의 과거사 문제는 거의 그대로 스페인내전의 기억에 대입될 수 있다. 볼라뇨는 피노체트와 또 다른 독재자들을 상대로 승리할 수 없는 싸움에 나섰던 청년들을 소설로 남기고 싶었다. 그들의 이름은 어느 거리에도 남아 있지 않기 때문이다. 스페인내전에서 패배가 확실해졌을 때조차 공화국의 편에서 싸웠던 이들처럼 말이다. 그들이 살라미나의 병사들이다. 볼라뇨의 소설을 통해서 반란군과 독재자에 맞서 정의를 찾고자 했던 이들이 다시 기억될 수 있었던 것처럼, 세르카스의 책도 잊힌 스페인의 병사들에 대한 것이어야 했다. 하지만 산체스 마사스를 살렸던 병사가 누구인지 도저히 알 수 없지 않은가? 그 병사의 얼굴을 알고 있던 산체스 마사스는 이미 오래전에 죽었다. 설사 살아 있었다고 해도 마사스는 병사의 이름을 알지 못한다. 그런데 이렇게 다시 미궁에 빠진 세르카스를 돕는 이는 역시나 볼라뇨다.

실제 스페인의 역사와 가상의 인물, 사건이 뒤섞인 소설 『살라미나의 병사들』에서 가장 극적인 (그리고 아마도 가상의 인

물일) 사람이 볼라뇨의 기억 속에서 등장한다. 스페인으로 이주한 이후 여러 일로 생계를 유지했던 볼라뇨는 몇 년간 유럽의 관광객들이 찾는 캠핑장에서 일했다. 볼라뇨는 세르카스에게 자신과 가까웠던 어느 상처투성이의 남자에 대해서 이야기해 준다. 미라예스라는 이름을 가진 그 노년의 남성은 전 세계의 수많은 전장에서 싸웠고, 살아남아서 그 캠핑장에서 휴가를 보내고 있었다.

그가 겪은 첫 번째 전쟁이 바로 스페인내전이었다. 프랑코 장군의 군대에 맞섰던 그는 패배가 확실해졌을 때 국경을 건너 프랑스로 넘어간다. 난민수용소에 있던 그는 프랑스가 나치에 점령당했을 때는 괴뢰정권인 비시 정부에 반대하는 프랑스군에 합류한다. 그렇게 2차 세계대전이 끝날 때까지 칠 년 동안 미라예스와 스페인인들은 아프리카와 유럽을 넘나들며 나치와 싸운다. 미라예스의 전쟁은 실제 스페인내전에 참전했던 군인과 난민들이 주축이 되었던 부대인 '9중대'의 행적과 거의 일치한다. 이들은 파리를 나치로부터 해방할 때, 가장 먼저 파리에 입성한 부대였다.[44]

미라예스는 전쟁이 끝나기 직전 지뢰를 밟았지만, 기적적으로 살아남는다. 그는 이후 프랑스에 정착해 프랑스인 신분으로 볼라뇨가 일하던 캠핑장에서 휴가를 보내곤 했다. 세르카스는 볼라뇨가 들려주는 미라예스의 이야기에 빠져든다. 아니 그 이야기 속에서 볼라뇨가 자신도 모르게 그에게 준 어떤 선물을 발견한다. 바로 그 병사, 산체스 마사스를 눈앞에 두고 돌아서서 영원히 돌아올 수 없을지 모를 조국을 뒤로 하고 국경을 넘었던 병사가 미라예스일 수 있다는 확신을 말이다. 내전이 끝나갈 때 미라예스처럼 국경을 넘어 프랑스로 간 이는 45만 명에 달했다. 그중에 공화 정부의 군인이었던 이가 최소한 수만 명은 넘었다. 그런데 미라예스가 어떻게 그 병사였다고 확신하는 것일까? 산체스 마사스가 그 병사가 누구인지 알고 있었기 때문이다.

산체스 마사스는 그 병사의 이름을 알지 못했다. 그러나 산체스 마사스는 처형장에 끌려가기 전에 수감되어 있던 곳에서 그를 본 적이 있다. 감방의 창문 너머의 정원에서 그 병사가 홀로 춤을 추고 있던 모습을 보았던 것이다. 공화국의 종말이 다가오던 그때, 그 이름 모를 병사는 스페인의 전통춤인 파소 도블레를 추고 있었다. 〈스페인을 향한 탄식〉이라는 파소 도블레 곡에 맞춰서 그는 멋들어진 춤을 추었다. 그리고 다시 총살에서 도망친 산체스 마사스 앞에 그 병사가 섰고, 소리친다. 이곳에는 아무도 없다고. 그리고 뒤를 돌아서 가버린다.

볼라뇨가 캠프장에서 일했던 시절, 미라예스와의 우정을 나누었던 즐거운 기억 속 한 장면에도 파소 도블레가 등장한다. 노년의 미라예스는 그의 연인과 함께 파소 도블레를 춘다. 〈스페인을 향한 탄식〉에 맞춰서. 그 이야기가 하비에르 세르카스가 발견한 유일한 단서다. 그 불확실한 단서에 생각이 미치자, 세르카스는 볼라뇨의 기억 속 미라예스를 찾기 위해 몇 주에 걸쳐 프랑스 각지를 수소문한다. 그가 아는 것이라고는 안토니 미라예스라는 이름 그리고 그가 스페인에서 온 이라는 사실 뿐이다. 볼라뇨와 미라예스의 우정도 이미 이십 년 가까운 세월이 지난 뒤였고, 그가 살아 있을지도 알 수가 없다. 그렇지만 묵묵하게 연락를 돌리던 세르카스는 드디어 미라예스와 통화를 하게 된다. 성당에서 운영하는 한 요양원에 홀로 머무는 노인이 된 미라예스는 볼라뇨가 기억하고 있던 그 사람이었다. 내전의 상처를 온몸에 흉터로 남겼지만, 연인의 손을 붙잡고서 〈스페인을 향한 탄식〉에 맞춰 춤을 추던 그 노인 말이다.

미라예스는 아무도 자신과 동료들을 기억하지 않던 스페인에서 온 전화에 불신의 시선을 거두지 않는다. 더욱이 전화를 한 낯선 이는 그에게 혹시 공화 정부가 전쟁이 끝나기 직전 반란군 정치범들을 처형했던 곳에 있었느냐고 물어본다. 스페인내전에서 양측 모두 살육을 자행했다. 그러나 역사가들은 이들의 폭력을 같은 잣대로 평가하기 어렵다고 말한다. 반란군인 국민 진영 측은 체계적이고 광범위하게 학살을 자행했고, 이를 자신들의 승리를 위한 무기로 사용했다. 그에 반해 공화 정부 측이 저지른 잔혹 행위는 그들이 겪은 폭력에 대한 반발이거나 대부분은 우발적인 사건이었다. 그래서 국민 진영에 의해 살해된 이의 숫자가 압도적으로 많았다. 하지만 그렇다고 해서 정치범과 포로를 처형한 일을 정당화할 수는 없는 노릇이었다. 조국과 가족 모두로부터 떨어져서, 프랑스의 요양원에서 생의 마지막을 기다리고 있는 노인 미라예스에게 이 낯선 전화가 던지는 질문은 뒤늦게 그의 책임을 따지려는 것처럼 들렸다.

미라예스는 전화기 너머의 남자에게 조국을 위해 싸운 자신과 죽은 동료들을 수십 년간 잊고 있다가 인제 와서는 그가 살인자였냐고 묻는 것이냐며 날 선 반응을 보인다. 세르카스는 자신이 조사하고 있던 것이 무엇인지 들려준다. 총살에서 기적적으로 살아남은 산체스 마사스와 그를 살려준 병사에 대해서, 그가 어떤 마음으로 뒤돌아섰는가를 말이다. 세르카스는 자신이 그 사건을 조사하고 그 일을 경험한 이들이 남긴 기록을 보고 살아남은 자의 이야기를 모았음을 밝힌다. 그리고 그가 미라예스에게 원하는 것은 빠져 있는 한 가지, 즉 공화파가 그 일을 어떻게 기억하고 바라보느냐는 이야기뿐이라고 말한다. 하지만 이미 오랜 침묵과 망각에 지쳐 있던 미라예스는 조용히 말년을 보내고 싶을 뿐이라 답한다.

실망스러운 전화를 끝낸 세르카스는 볼라뇨에게 아직 미라예스가 살아 있음을 알리며, "스톡턴에서 보자"라는 그의 안부 인사도 전해 준다. 스톡턴은 볼라뇨와 미라예스가 함께 보았던 영화 속에 등장하는 가상의 도시 이름이다. 그들이 본 영화에서 스톡턴은 오직 파멸만이 예정된 곳, 필사적으로 모든 것을 걸고 싸우는 이들에게 실패와 고립만을 확인시켜 줄 뿐인 어두운 공간이다. 그리고 그 도시의 어둠은 반란군과의 싸움에서 패배하고, 조국의 영토와 기억 모두에서도 잊힌 사람들이 마주하게 될 최후를 상상하게 한다. 그렇게 서로의 비슷한 처지를 위로하며, 미라예스와 볼라뇨는 다음 만남을 기약한다. "스톡턴에서 보자고!" 스톡턴에서의 만남은 어떠한 정의도 세우지 못한 채 시간을 흘려보낼 뿐인 '염병할 이행기'에 그 두 사람, 스페인과 칠레 그리고 수많은 나라와 사람들이 여전히 갇혀 있음을 알리는 암호다. 그리고 세르카스는 그 자조 섞인 암호에 숨겨진 슬픔을 발견한다. 그는 프랑스에 있는 미라예스를 찾아가기로 결심한다.

　세르카스는 어떤 연락도 없이 방문했지만, 미라예스는 그가 올 것을 미리 알고 있던 사람처럼 여유롭게 그를 마주한다. 그리고는 세르카스가 궁금해했던 것들에 대해서 알려 준다. 당시 미라예스도 산체스 마사스가 죽음의 위기를 넘은 곳, 쿨엘 수도원에 있었다. 총살은 미라예스와 그의 동료들이 국경이 넘기 하루 전에 있었던 일이다. 미라예스는 마사스와 같은 거물급 정치범들을 감시하기는 했지만, 총살할 계획인 것은 알지 못했다. 그는 도망친 포로를 찾기 위해 숲에 투입된 수색대원 중 한 사람이었지만, 산체스 마사스 같은 도망자를 발견하지는 못했다. 그는 그곳에서 있었지만, 세르카스가 찾던 그 병사가 아니었다. 그는 산체스 마사스 같은 이들은 총살당해 마땅한 자들이라고 말한다. 전쟁을 일으킨 자들 말이다.

　세르카스는 미라예스의 이야기를 듣고도 그가 그 병사였다는 생각을 버리지 않는다. 세르카스는 반복해서 미라예스에게 당신이 그 병사가 아니었냐고 묻는다. 그러나 그 질문은 전혀 다른 물음으로 바뀐다. 잊힌 자들, 미라예스와 그의 동료들이 겪었고 쓰러져 간 전쟁에 대한 이야기로 말이다. 스페인은 그들을 잊었지만, 미라예스는 동료들을 기억한다. 볼라뇨가 두려워했듯, 미라예스가 죽게 된다면 그 기억이 모두 사라지겠지만 말이다. 미라예스는 세르카스에게 따져 묻는다. 당신은 사실 산체스 마사스의 일에 대해서 전혀 관심이 없지 않느냐고 말이다. 당신은 영웅을 찾으려고 했고, 그 (전쟁에 반대하는 인도주의적인) 영웅이 자신일 것이라고 믿는 거 아니냐며 말이다.

그때가 돼서야, 세르카스는 자신이 찾고 있던 것, 〈살라미나의 병사들〉에 써야 할 것이 무엇인지 알게 된다.

> 거기서 나는 알았다. 비록 이 엿 같은 나라는 아주 하찮은 마을의 하찮은 거리 그 어디에도 미라예스의 이름을 붙이지 않을지라도, 내가 그의 이야기를 전하는 한 미라예스는 어떤 식으로든 계속 살아 있게 될 것이라고. 내가 그들의 이야기를 계속하는 한 가스리사 세게스 형제—주안과 렐라—, 미겔 카르도스, 가비 발드리치, 피포 카날, 고르도 오데나, 산티 브루가다, 조르디 구 다욜 역시, 비록 그들이 오랜 세월 동안 죽고, 죽고 죽고, 죽어 있었지만, 계속 살아 있게 되리라는 것을 알았다. 누구에게도 맡기지 않고 나는 미라예스와 그들 모두에 대해서 이야기할 것이다. 물론 피게라스 형제와 안젤라츠에 대해서도, 마리아 퍼레와 나의 아버지, 그리고 볼라뇨의 젊은 라틴 아메리카 친구들에 대해서도 이야기하리라. 하지만 무엇보다도 산체스 마사스와, 마지막 순간 문명을 구원한 그 소수의 병사들에 대해서 말하리라. 그 소수의 병사들에 산체스 마사스는 끼일 자격이 없지만 미라예스는 자격이 있다.
> ―하비에르 세르카스, 김창민 옮김,『살라미나의 병사들』, 열린책들, 2010, 277쪽.

〈살라미나의 병사들〉의 출발점이었던 산체스 마사스는 이야기의 작은 배경으로 사라진다. 산체스 마사스는 자신이 꿈꾸었던 영웅으로 기억될 자격이 없다. 그러나 공화국을 위해 싸웠던 자들, 조국은 잊었으나 서로를 기억하고 있던 자들은 '살라미나의 병사들'이라 불릴 자격이 있다. 세르카스가 써야 할 것은 인도주의적 관심으로 포장될 수 있는 어떤 이상한 사건이 아니다. 망각을 통해 기울어진 역사를 영원히 유지하려고 했던 이들을 위해 저울 위에 올릴, 같은 무게의 두 개의 추를 만들 이유가 없다. 그는 기억과 마주한다. 그들이 싸웠던 기억, 그들이 무엇을 위해 싸웠는가에 대한 기억과 말이다.

소설 『살라미나의 병사들』은 망각협정을 통해 내전의 상처를 봉합한 스페인사회에 가해지고 있던 기억의 균열을 포착한다. 작가 자신을 등장인물로 내세워서 가상의 사건과 인물과 역사를 교차하여 만든 이 소설은, 주인공이 자신도 알지 못했던 진정한 질문을 향해 나아가는 과정을 뒤쫓는다. 은폐되고 망각된 기억들이 돌아오던 시대의 조류가 망각협정을 무너뜨리고 있음을 보여 준 소설의 이야기처럼, 이 작품이 발표되고 몇 년이 지나지 않아서 스페인에서도 남아공이나 한국, 독재와 전쟁을 경험한 다른 나라들처럼 과거사를 해결하려는 노력이 본격화된다. 2007년 스페인에서 제정된 '역사기억법'은 망각협정이라는 암묵적인 합의에 맞서서 과거의 상처와 마주하게 한다. 역사기억법은 내전과 독재 기간에 저질러진 일로 고통받은 이들에게 국가가 보상하고, 그들의 권리와 정당성을 회복하는 데 초점을 맞췄다. 또한 전쟁 중 집단살해 피해자나 실종자들의 유해를 발굴하는 조사와 위령도 포함하고 있었다. 그러나 역사기억법에서 가장 중요한 문제는 과거에 대한 평가였다.

스페인의 역사기억법에서 내세운 목표는 대부분 이전에

도 있었던 내용이다. 공화 정부 측 피해자들도 국민 진영 측 피해자들처럼 국가의 연금과 보상금 지급 대상에 포함하는 조치 같은 것들은 프랑코 사후부터 점진적으로 진행되고 있었다. 그러나 이런 조치는 대부분 동등한 자격을 주기, 즉 평등하게 균형 맞추기를 위한 작업에 불과했다. 그 어디에서도 공화 진영이 어떤 이유로 어떻게 싸웠는지, 어떤 고통을 겪었는지 말하지 않았다. 반면 역사기억법에서는 내전과 반란을 정당화하기 위해서 프랑코가 만든 역사관에서 벗어나려고 했다. 가장 논쟁적인 사안은 프랑코 장군이 만든 기념물들 철거하는 문제였다. 역사기억법은 공공기관에 위치한 반란과 내전, 독재를 찬양하고 기념하는 상징물을 철거하도록 강제했다.[45] 이런 조치는 프랑코 독재가 미라예스와 같은 이들을 지워 버리고 비난했던 수단들을 하나씩 제거하게 되었음을 보여 준다.

『살라미나의 병사들』이 출간된 이후 역사기억법처럼 이전보다 크게 진전된 조치들이 이루어졌다. 그러나 역사기억법은 거리에 미라예스와 그의 동료들처럼 공화국을 위해 싸운 자들의 이름을 붙이는 대신 산체스 마사스 같은 이들의 이름을 지우기로 선택한다. 내전도 독재도 끝났지만, 승리한 이들에 맞선 자들의 정당성을 주장하는 일은 이처럼 힘든 일이다. 남아공의 진실화해위원회가 마주했던 곤란한 질문이 무엇이었는지 이제는 뚜렷하게 보인다. 뉘른베르크처럼 가해자를 모두 처벌할 수 없다. 그렇다고 억압한 자와 맞선 자 모두의 잘못만을 지적할 수도 없다. 그래서 사면권이라는 엄청난 권한을 통해 진실과 화해로 향하는 길을 열어야 했다.

벤지엔은 사면을 받았다. 그로 인해 고통을 겪은 이들, 특히 벤지엔의 총격으로 사망한 에슐리 크리엘의 가족은 사면이 부당하다며 강하게 항의했다. 그럼에도 진실화해위원회는 사면을 결정했다. 벤지엔의 죄가 가벼워서가 아니라, 그의 증언과 잘못의 인정이 가진 힘의 무게 때문이다. 벤지엔의 사건을 인상적으로 기록한 남아공의 대법관 알비 삭스도 비슷한 일을 겪은 피해자였다. 백인 법률가였지만 아파르트헤이트에 저항했던 알비 삭스는 정부가 사주한 폭탄 테러로 한쪽 팔을 잃었다. 그가 진실화해위원회의 위원으로 있을 때, 누군가 찾아와 자신이 사면을 신청할 것이라고 밝힌다. 헨리라는 이름의 그 남자는 알비 삭스를 암살하려고 한 작전에 투입되었던 군인이었다. 헨리 역시 벤지엔처럼 적극적으로 진실을 말하고 사면을 얻은 20퍼센트 중 한 사람이었다. 알비 삭스는 몇 년이 지난 뒤 한 파티장에서 헨리와 다시 만난다. 그는 사면을 받기 전처럼 불안해 보이지 않았고, 알비 삭스에게도 먼저 다가가 인사한다. 그의 사면 사실을 알고 있던 알비 삭스도 그와 흔쾌히 악수를 한다. 하지만 편안해 보이던 얼굴 뒤로 헨리의 내면은 불안하게 흔들리고 있었다. 악수를 나눈 이후 그는 도망치듯 파티장을 떠났고, 이 주간 자신의 집에서 울기만 했다.[46]

    헨리의 눈물은 이상해 보인다. 그는 사면을 받았다. 그는 더는 처벌을 두려워할 필요가 없었다. 그러나 피해자 앞에서 웃으며 아무렇지 않은 듯 행동할 수는 없었다. 알비 삭스는 사면과 증언에 숨겨져 있는 또 다른 강력한 힘, 즉 수치스러움에 대해 말한다. 진실화해위원회에서 공개적으로 자신의 잘못을 고백하는 과정은 수치스러움을 감당하는 일이다.[47] 그리고 그 수치는 가해자가 타인을 판단하고 정의하는 자리에서 내려왔음을 의미했다. 한때 고문으로 자백을 강요하던 벤지엔이 피해자가 던지는 고통스러운 질문에 답해야 했던 것처럼 말이다. 누군가를 고문할 때 벤지엔은 자신의 정당성을 의심할 필요가 없었다. 그는 (인종주의 국가) 경찰의 직업적 의무, 즉 얼마나 효과적으로 자백을 받아 내느냐의 문제만 고민하면 충분했다. 그러나 진실화해위원회에서 그가 당연하다고 믿어 온 것들은 피해자에게 심문받는 대상이 된다. 그는 더는 자신이 정당하다고 믿지 못한다. 그리고 그가 저지른 일에 대한 수치심 앞에 홀로 서야만 했다. 그렇게 남아공의 진실화해위원회는 무엇이 올바른 일인지, 사회가 공유해 온 정의의 기준을 바꾸었다. 그래서 이런 과정을 이행기 정의라 불렀던 것이다.

그렇다면 한국은 스페인과 남아공, 그 둘 중 어디에 가까울까? 한국도 민주화 과정에서 과거의 권력자들, 군부와 보수 세력과 타협하면서 민주적 사회로 안착했다. 군부 출신의 대통령이나 집권당은 과거사 문제를 가급적 조용히 보상하는 것으로 끝내려고 했다. 하지만 야당과 시민사회, 피해자들의 노력으로 느리지만 5.18 민주화운동과 4.3과 같은 국가폭력 사건에 대한 진상조사 활동이 이루어졌고, 국가 차원에서 배상과 보상도 진행했다. 스페인의 역사기억법 제정과 비슷한 시기인 2000년대 중반에는 남아공 등의 사례를 참고해서 모든 사건을 종합적으로 담당하는 '진실·화해를위한과거사정리위원회'를 출범하기도 했다. 한국의 진실화해위원회는 남아공과 달리 사면권 같은 법적 처리에 대한 권한은 없었다. 그러나 진상조사 조치와 피해에 대한 보상 및 명예 회복 업무 등을 맡았고, 조사와 활동 범위도 매우 넓었다. 그런 점에서 스페인보다는 역할과 권한이 크지만, 남아공보다는 작은 편이라 할 수 있다. 내용적으로도 마찬가지다.

　스페인의 역사기억법은 독재자가 만든 기념물을 철거하고, 기존의 추모 시설을 공화 진영 측 피해자들에게 개방하는 데 초점을 맞추었다. 반면 한국에서는 피해자들을 추모하고 기념할 수 있는 기념물과 공간을 적극적으로 만들었으며, 과거 군부 독재 시절 파괴된 것들을 회복하기 위한 노력도 함께 했다. '국립 5.18 민주묘지'나 '제주 4.3 평화공원'처럼 국가에 의해 살해당한 자들을 추모하는 국가적 기념 시설들이 민주화 이후 수십 년에 걸쳐 만들어졌다. 마치 미라예스의 이름을 거리에 붙이는 것처럼, 이러한 국가적 기념은 과거에 대한 평가를 바꾸는 과정이다.

　제주 4.3 평화공원은 국가 차원에서 제주 4.3에 대한 진상조사를 진행했던 제주 4.3 특별법의 결과였다. 특별법을 통해 이루어진 정부 차원의 조사는 독재 정권들이 '공산 반란'이라고 주장했던 제주 4.3을 정부에 의한 민간인 학살로 규정했다. 이는 노무현 대통령이 한국 정부를 대표해서 제주 4.3으로 고통받은 제주도민들에게 사과하는 것으로 이어졌다. 제주 4.3의 역사가 가진 의미가 완전히 달라진 것이다.

　하지만 이행기 정의의 과정은 완전히 끝나지 않았다. 문재인 정부에서는 진실화해위원회 2기를 출범했다. 노무현 정권 이후의 보수 정권들이 과거사 문제를 덮으려고 나서면서 1기 위원회가 무력화되었기 때문이다. 정권이 바뀔 때마다 과거사에 대한 정부의 시각이 요동치는 것은 이행기 정의 과정을 겪은 대부분의 나라가 비슷했다. 그럼에도 한국은 다른 나라에 비해 과거사 문제를 잘 진전해 온 나라에 속한다. 김대중, 노무현, 문재인 정권을 거치며 제주 4.3 등 국가폭력으로 고통받은 이들에 대한 국가적 책임인정과 보상이 꾸준히 시도되어 왔기 때문이다. 하지만 정의라는 기준에서는 여전히 한계가 명확하다.

제주 4.3 평화공원에는 '백비白碑'라는 조형물이 있다. '하얀 비석'이라는 이름처럼 모양은 하얀 돌로 만들어진 비석인데, 단 한 글자도 새기지 않았다. 게다가 세워져 있어야 할 비석은 바닥에 누워 있다. 제주 4.3의 백비는 한국의 이행기 정의가 가진 곤경을 압축적으로 보여 주는 기념물이다. 정부의 공식 문서에서는 '제주 4.3'이라고 표기하고 있지만, 실상은 그 역사적 사건의 명칭을 확정하는 대신 모호한 내용으로 봉합한 것에 가깝다. 해방 후 남한 단독 정부수립과 분단, 제주에 대한 지역적 차별과 이념 문제 등 복합적인 갈등으로 촉발된 제주 4.3의 성격을 어떻게 규정할 것인가를 두고 진상 조사가 이루어지던 시점에도 여러 입장이 계속 충돌했기 때문이다. 그래서 사건이나 참사, 항쟁 등 어떤 명칭도 붙이지 않고 '제주 4.3'이라고만 표기하는 학자들도 있다.

진상 조사 과정에서 정부는 이 갈등 자체보다는 잔혹한 폭력의 강도와 제주 사람들이 겪은 고통에 집중했다. 이를 통해 당시 국가가 저지른 범죄를 비판할 수는 있었지만, 역설적으로 제주도를 피해자로만 규정하면서, 해방 후 한국사회가 나아갈 방향을 두고 고민한 이들의 사회적·정치적 상상력과 역할을 보이지 않게 만들었다.[48] 백비는 한국의 이행기 정의가 놓친 그 문제를 비판하는 기념물이다. 제주에서는 이를 제주 4.3의 '정명正名', 즉 역사의 의미를 정의하는 문제라고 부른다. 남아공에서 피해자들이 벤지엔을 심문하고, 미라예스가 산체스 마사스를 대신해서 〈살라미나의 병사들〉의 주인공이 되었던 것처럼 폭력에 맞서는 길은 정의의 기준을 새롭게 바꾸는 것이다. 거리에는 살해당하고 패배한 자들의 이름이 새겨지겠지만, 그들이 올바름의 새로운 기준을 세울 수 있느냐가 가장 중요한 판단의 기준이다. 그래서일까? 고통받은 자, 잊힌 자, 그럼에도 기억되어야 할 자들에 대한 이야기는 계속 쓰이고 있다. 우리가 계속 읽는다면, 그들은 잊히지 않을 것이다.

에필로그

기록이 존재를 대신할 수 없지만

이 책을 준비하고 있던 어느 밤, 나는 집으로 돌아가는 열차를 타고 있었다. 책의 초고를 끝내고 편집자에게 원고를 보낸 지 일주일 정도 지났을까? 지하철 안에서 이어폰으로 익숙하지만 낯선 단어가 들려 왔다. 근현대사에 대한 문학을 공부해 온 나에게 '계엄'이라는 단어는 전혀 낯선 말이 아니다. 그러나 그동안 읽었던 계엄은 모두 지나간 과거의 것이었고, 내가 살고 있는 현재를 규정하는 힘이 아니었다. 하지만 그 밤의 계엄은 달랐다. 익숙하고 당연하게 여기던 삶을 중단시킬 수 있었던, 내가 알던 시간이 이미 끝났다는 불길한 신호였다. 국회가 계엄령을 해제하고, 군인들이 국회를 떠나기까지 그 몇 시간 동안이 끝나지 않는 어둠에 갇혀 있는 것처럼 답답하고 두렵게 느껴졌다. 이 책을 쓰기 시작할 때, 여기서 이야기하는 어두운 시대가 완전히 끝난 과거의 일만은 아니라는 점을 독자에게 어떻게 설득해야 할지 고민이 많았다. 원치 않았지만, 그

걱정은 기우에 불과하게 되었다. 다시는 일어나지 않을 것이라 믿어 온 일이 이렇게 반복되었으니 말이다.

    인간의 삶은 취약하다. 그래서 웃음이 터질 것 같은 엉성한 일들만으로도 세상은 돌이킬 수 없이 기울 수 있다. 이 책에서 우리는 20세기에 드리운 어둠들을 함께 읽었다. 수많은 이들의 생명을 앗아간 일이었지만, 철두철미한 계획 위에서 이루어진 일은 오히려 드물었다. 홀로코스트조차 그랬다. 죽음의 전 과정은 치밀하게 설계되기보다는 마주하게 된 상황에 대응하기 위한 임기응변과 합리화가 뒤엉키며 이어졌다. 그곳에 사람이 사는지 확인하지도 않고 결정된 밤섬 폭파 같은 일도 어설프고 황당하게 느껴진다. 하지만 과정이 어설프고 가해자가 시시하다고 해서, 그 일들이 없던 일이 될 수는 없다. 대형마트 노동자 불법 해고 문제를 다룬 최규석의 만화 『송곳』에는 사람의 삶을 흔드는 일들, 그리고 누군가를 벼랑으로 밀어내는 이들이 대체 누구인지 각인시켜 주는 인상적인 대사가 있다. 해고 노동자들을 위해 싸우는 노무사 '구고신'은 자신의 일이 선한 약자를 악한 강자로부터 지키는 일이 아니라고 말한다. 그가 하는 일은 "시시한 약자를 위해 시시한 강자와 싸우는" 일이다. 시시하다는 말은 약자를 탓하는 것도, 강자의 잘못을 덮어 주는 것도 아니다. 시시함은 누군가 휘두른 권력에 뿌리 뽑힐 수 있는 삶의 취약성을 이야기한다. 시시함은 그렇게 뿌리 뽑힌 이들의 삶을 보지도 듣지도 못하는 권력의 어리석음을 이야기한다. 시시함은 과거를 통해 얻은 우리의 반성이 언제든 뒤집힐 수 있다고 경고한다.

이 책은 눈물 흘리는 자에 대한 이야기로 시작했다. 가해자의 눈물도 반성도 볼 수 없던 한국 현대사를 생각한다면, 그 광경이 놀라워 보일 수도 있다. 그러나 최규석의 말처럼, 그곳에는 시시함이 있다. 그저 더 좋은 자리에 올라갈 수 있다는 믿음으로, 혹은 높은 분들의 눈에 들 기회라는 생각만으로도 인간은 잔인해질 수 있다는 시시함이 말이다. 그러나 가해자의 그 시시함에는 희망이 숨겨져 있는지도 모르겠다. 인간은 그런 시시한 이유만으로 인간을 죽일 수 있었지만, 반대로 그들이 쌓은 어둠도 시시한 일로 인해 무너질 수 있을 테니 말이다. 오십 년간 자신이 저지른 일을 정당화해 왔던 안와르 콩고는 살해당한 자들을 연기한 뒤로는 전처럼 과거를 말할 수 없었다. 오랜 시간 정당화해 왔던 말들을 다시 꺼내려고 해도, 그의 속에서 무언가 계속 토해지며 입을 막았다. 그렇게 시시한 가해자는 삶의 시시함, 그 돌이킬 수 없는 취약함을 체험한 이후에는 방패 뒤로 다시 숨을 수는 없었다. 하지만 그렇다고 해서 수많은 안와르 콩고'들'을 죽은 자의 자리에 세워서 과거를 보게 만들 수 있을까? 벤지엔의 눈물이 희귀했던 것처럼, 박정희가 묘를 뒤엎었던 일을 기억하는 이가 드문 것처럼 어둠에 잠긴 이야기를 밝은 쪽으로 밀어 낼 기회는 많지 않다. 현실에서는 말이다.

    이 책은 영화와 소설, 수기를 통해 무너진 삶들에 대해서 살펴보았다. 한 편의 이야기마다 많은 내용을 품고 있었던 것 같지만 모아 보니 어두운 시대의 아주 작은 부분만을 들춰 보았던 게 아닐까? 비평가의 일은 읽는 것이다. 글쓰기는 항상 그다음 일이다. 그렇다면 나는 충분히 읽고 나서 이 글을 썼던 것일까? 많은 글을 보았지만, 수많은 기록 중 아주 작은 부분에 불과하다. 어두운 시대가 삼켜 버린 삶의 수를 헤아릴 수 있을까? 학자들이 작성한 통계는 있다. 어느 곳에서는 수백만이, 어느 때는 수십만이 사라졌다고 한다. 그렇게 사그라든 불빛을 기록하는 일은 중요한 작업이다. 하지만 언제나 부족한 작업이기도 하다. 역사는 기록된 것이고, 삶은 존재하는 것이다. 삶이 존재했음을 기록할 수는 있지만, 기록이 존재를 대신할 수는 없다. 사라진 사람들의 수를 세어 볼 수는 있다. 그러나 그 한 사람, 한 사람의 죽음은 결코 같을 수 없다. 그렇다면 짧지 않은 문장들을 거쳐 우리가 손에 쥔 것이라고는 사라진 삶의 부스러기일 뿐일까? 멈춰 버린 삶은 다시 시작되지 않는다. 그래서 죽음은 비극이다. 반복할 수 없기 때문이다. 그러나 읽기는 언제고 다시 할 수 있다. 이 책에 기록된 것들, 그 이야기들은 한때 존재했던 삶의 빈자리를 기록한다. 그 기록이 아무리 늘어난다고 해도, 사라진 한 사람의 삶을 이해하는 일은 벅찰지 모른다. 그러나 우리는 다시 읽을 수 있고, 다시 쓸 수 있다. 사울은 아이의 장례를 치를 수 없었다. 하지만 우리는 사울이 한 시체를 인간의 죽음으로 돌려놓기 위해 지옥을 누비는 과정을 다시 볼 수 있다. 이름 없는 여자가 견뎌야 했던 추위와 허기는 없었던 일이 될 수 없다. 하지만 함께 겪은 일을 이야기하며 서로의 상처를 치료하는 대화는 다시 할 수 있다. 돌아올 수 없는 삶들에 대한 기록을 보며 견뎌야 했을 무력감 앞에서 내가 할 수 있는 것은 다시 읽는 일이다. 그게 비평가의 일이다.

이 책은 내가 수년간 보고 읽어 온 것들, 그리고 그것을 말하기 위해 썼던 것을 다시 읽고 쓴 글이다. 수년 전에 맡았던 대중강연이 시작이었다. 이야기를 쓰는 사람들, 창작자들을 위해 폭력의 역사를 읽는 방식을 보여 줄 수 없을까 하는 고민에서 시작한 수업이었다. 한국 문학과 세계 문학의 여러 작품을 교차하며 여러 테마를 살피는 방식으로 수업을 진행했다. 수업을 끝내고 이 년 뒤에 같은 주제로 다시 한번 강의를 진행할 기회를 얻었다. 이번에는 꼭 문학에 국한하지 않았다. 영화가 들려줄 수 있는 이야기는 영화로, 소설이 들려줄 이야기는 소설로, 수기에서 찾을 수 있는 것은 수기로 읽었다. 그 수업 내용이 이 책의 구성으로 이어졌다. 몇 년에 걸쳐서 만든 수업 자료와 강의안이 상당한 분량으로 있었기 때문에 금방 끝날 원고 작업이라고 생각했다. 하지만 책의 초고를 완성하는 데까지는 꼬박 일 년이 걸렸다. 강의안부터 교양서를 염두에 두고 썼던 글이었지만, 책과 강의가 같을 수 없다는 것을 배운 일 년이었다. 모든 내용을 처음부터 다시 썼다. 그렇게 다시 읽고, 다시 쓰는 일 년을 거쳐 당신이 읽은 이 책이 만들어졌다.

  이 책의 근간이 된 두 번의 강의 사이에 박사학위논문을 썼다. 운이 좋게도 이 책의 출간과 비슷한 시기에 박사학위논문도 책으로 나올 수 있었다. 일 년간 꼬박 한국의 제노사이드 문학을 연구한 연구서와 20세기의 역사적 비극을 다루는 인문서를 함께 작업한 셈이다. 이 책은 비평가로서의 나와 연구자로서의 나 사이에서 이루어진 독특한 글쓰기의 경험이었다. 지난 십 년간 여러 편의 논문과 비평을 써왔지만, 이 책은 비평과 연구 사이에서 보여 주어야 할 이야기였다. 이 책을 쓰는 과정은 오래 반복한 일이면서도 새롭게 시도한 일이기도 한 셈이다. 십 년의 경험이 무색하게, 쓰고 지우길 반복하면서 어렵사리 방향을 잡아야 했다. 그 과정에서 많은 이들에게 도움을 받았다. 내용을 검토해 준 친구들, 김연호와 이태호의 도움으로 책이 독자에게 어떻게 읽힐지 조금씩 감을 잡을 수 있었다. 긴 글을 꼼꼼히 살펴주고 중요한 조언을 해준 동료, 김다솔 평론가에게도 감사의 말을 전한다. 부족한 책에 흔쾌히 추천사를 써 주신 강성현 선생님께 감사를 드린다. 선뜻 이 작업을 제안해 준 바다출판사의 양하경 편집자에게는 감사와 미안함을 함께 느낀다. 첫 단행본 작업을 시작하면서 의기양양하게 반년이면 충분하다고 말했던 저자를 꿋꿋하게 기다려 주면서 가본 적 없는 글쓰기의 영역으로 이끌어 주었다.

일 년을 붙잡고 있던 이 글을 보내 주려던 사이에 많은 일이 있었다. 끝났다고 여겼던 것들이 반복되고 있다. 글을 쓰는 이들은 누구나 자신의 글이 시의성을 가지길 원한다. 하지만 이런 주제를 붙잡고 있다 보면, 그저 기억해야 할 것 정도로만 남겨지길 바라는 마음도 생긴다. 불행히도 기억되어야 할 것이 다시 겪은 일이 되고 말았다. 그 어둠을 다시 겪어야 한다는 사실이 막막하지만, '다시'라는 말에는 묘한 감정이 실리기도 한다. 과거에 겪었던 일이라면, 그리고 우리가 그 이후를 살아왔다면 이번에도 다시 해낼 수 있지 않을까? 과거를 잊는 것이 아니라, 다시 해내야 할 일로 받아들일 수 있지 않을까? 그래서 '다시'에는 두 가지 가능성이 담겨 있다. 하나는 반복되는 것. 다른 하나는 다시 해낼 것. 우리가 거쳐온 이야기들에는 그 두 가능성이 모두 담겨 있다.

벤지엔의 '다시'는 무엇이었을까? 진실화해위원회에서 가해자의 고백이 이어지면서 아파르트헤이트는 용서할 수 없는 과거가 되었다. 그러나 진실화해위원회의 기대와 달리 벤지엔을 '우리'가 아니라 '그들'로 여기는 이들도 많았다. 역사에 드리운 어둠이 얼굴을 드러낸 가해자로 특정이 되자, 누군가는 '우리'와 다른 악한 '그들'을 찾았다며 안도했다. 그들은 우리와 다르다는 이 반복된 믿음은 '다시'에 숨겨진 불안을 암시한다. 벤지엔의 고백 같은 장면은 대부분의 나라에서는 볼 수 없었던 광경이다. 하지만 그가 눈물 흘리도록, 자신을 정당화하지 못하도록 만든 자리인 진실화해위원회는 수많은 나라에서 만들어졌다. 한국에서는 2005년과 2020년에 두 차례 만들어졌다. 현재 한국의 진실화해위원회는 한국의 벤지엔들, 광주의 5월을 짓밟은 군인들을 조사하고 있다. 벤지엔이 눈물로 고백했던 자리는 몇 번이고 다시 만들어지고 있다. 이 '다시'에서 우리는 희망을 발견할 수 있을까? 결말은 알 수 없는 일이다. 그러나 우리는 다시 시도할 수 있고, 다시 해낼 수 있다. 반복된 것과 다시 해낼 것이 놓여 있는 역사의 저울 위에 우리는 다시 읽고 쓴 것을 쌓아 올리며 희망의 무게를 늘려갈 수 있다.

주

1장

1. 알비 삭스, 김신 옮김, 『블루 드레스』, 일월서각, 2012, 54쪽.
2. 크리스토퍼 R. 브라우닝, 이진모 옮김, 『아주 평범한 사람들』, 책과함께, 2023, 357쪽.
3. 같은 책, 86쪽.
4. 한나 아렌트, 김선욱 옮김, 『예루살렘의 아이히만』, 한길사, 2006, 159쪽.
5. 같은 책 174쪽.
6. Jessica Kiang, 「Interview: Joshua Oppenheimer Talks 'The Act of Killing,' How Werner Herzog Works & The Scene That Gave Him Nightmares」, 《IndieWire》, 2015.02.26.
7. 클로드 란츠만, 이채영 옮김, 『쇼아』, 필로소픽, 2022, 80쪽.
8. 「Anti-PKI death squad leader Anwar Congo dies at 78」, 《The Jakarta Post》, 2019.10.27.
9. 그로스먼은 군대의 역사가 같은 인간에 대한 살인 행위를 거부하려는 심리적 장벽을 극복해 가는 역사임을 강조하면서, 군사훈련을 비롯한 군조직의 사회적 기술들이 폭력에 대한 저항을 낮춰 현대전에서 병사의 살인 행위 참여를 크게 이끌어 냈다는 사실을 주목한다. 군사주의 문화 속에서 장기간에 걸쳐서 살인행위에 대한 인간의 심리적 저항이 존재한다는 사실을 은폐하려는 문화적 공모가 존재했으며 이는 현대적 심리학과 사회학 기술을 통해 병사들이 적극적으로 전투에 참여하게 하는 목표에 근접해 갔다고 보았다. 데이브 그로스먼,

이동훈 옮김, 『살인의 심리학』, 열린책들, 2023, 79~82쪽.
10. 데이브 그로스먼, 이동훈 옮김, 『살인의 심리학』, 열린책들, 2023, 411쪽.
11. 도널드 G. 더튼, 신기철 옮김, 『제노사이드와 대량학살, 극단적 폭력의 심리학』, 인권평화연구소, 2022, 224쪽.
12. 라울 힐베르크, 김학이 옮김, 『홀로코스트 유럽 유대인의 파괴 1』, 개마고원, 2009, 463~464쪽.
13. 도널드 G. 더튼, 신기철 옮김, 『제노사이드와 대량학살, 극단적 폭력의 심리학』, 인권평화연구소, 2022, 218쪽.
14. 프리모 레비, 이소영 옮김, 『가라앉은 자와 구조된 자』, 돌베개, 2014, 68쪽.
15. 크리스토퍼 R. 브라우닝, 이진모 옮김, 『아주 평범한 사람들』, 책과함께, 2023, 284쪽.
16. 라울 힐베르크, 김학이 옮김, 『홀로코스트 유럽 유대인의 파괴 2』, 개마고원, 2009, 1417~1418쪽.
17. 허버트 허시, 강성현 옮김, 『제노사이드와 기억의 정치』, 책세상, 2009, 205쪽.
18. 데이비드 리빙스턴 스미스, 김재경·장영재 옮김, 『인간 이하』, 웨일북스, 2022, 229~230쪽.
19. 라울 힐베르크, 김학이 옮김, 『홀로코스트 유럽 유대연의 파괴 1』, 개마고원, 2009, 464~465쪽.
20. 라울 힐베르크, 김학이 옮김, 『홀로코스트 유럽 유대인의 파괴 2』, 개마고원, 2009, 1425쪽.
21. 지그문트 바우만, 정일준 옮김, 『현대성과 홀로코스트』, 새물결, 2013, 292쪽.
22. 같은 책, 296쪽.
23. 크리스토퍼 R. 브라우닝, 이진모 옮김, 『아주 평범한 사람들』, 책과함께, 2023, 89~90쪽.
24. 한나 아렌트, 김선욱 옮김, 『예루살렘의 아이히만』, 한길사, 2006, 79쪽.
25. 허버트 허시, 강성현 옮김, 『제노사이드와 기억의 정치』, 책세상, 2009, 209쪽.
26. 젱케 나이첼, 하랄트 벨처, 김태희 옮김, 『나치의 병사들』, 민음사, 2015, 351쪽.
27. 데이브 그로스먼, 이동훈 옮김, 『살인의 심리학』, 열린책들, 2023, 395~396쪽.
28. 젱케 나이첼, 하랄트 벨처, 김태희 옮김, 『나치의 병사들』, 민음사, 2015, 460쪽.
29. 미셸 푸코, 오생근 옮김, 『감시와 처벌』, 나남, 2003, 244~247쪽.
30. 앤서니 기든슨, 필립.W.서튼, 김봉석 옮김, 『사회학의 핵심 개념들』, 동녘, 2015, 151쪽.
31. 지그문트 바우만, 정일준 옮김, 『현대성과 홀로코스트』, 새물결, 2013, 271쪽

32. 스탠리 밀그램, 정태연 옮김, 『권위에 대한 복종』, 에코리브르, 2009, 67쪽.
33. 같은 책, 61~62쪽.
34. 같은 책, 267쪽.
35. 요한 샤푸토, 고선일 옮김, 『복종할 자유』, 빛소굴, 2022, 117~119쪽.
36. 라울 힐베르크, 김학이 옮김, 『홀로코스트 유럽 유대인의 파괴 2』, 개마고원, 2009, 1393쪽.
37. 김득중, 『빨갱이의 탄생』, 선인, 2009, 487쪽.
38. 스탠리 밀그램, 정태연 옮김, 『권위에 대한 복종』, 에코리브르, 2009, 204쪽.
39. 한나 아렌트, 김선욱 옮김, 『예루살렘의 아이히만』, 한길사, 2006, 159쪽.
40. 조르조 아감벤, 박진우 옮김, 『호모 사케르』, 새물결, 2009, 263~267쪽.
41. 니콜라스 스타가르트, 김학이 옮김, 『독일인의 전쟁 1939-1945』, 교유서가, 2024, 390~393쪽.
42. Ian Kershaw, Popular Optian and Political Dissent in Third Reich(Oxford: Clarendon Press, 1983), PP.359, 364, 372. 지그문트 바우만, 정일준 옮김, 『현대성과 홀로코스트』, 새물결, 2013, 217쪽에서 재인용.
43. 크리스토퍼 R. 브라우닝, 이진모 옮김, 『아주 평범한 사람들』, 책과함께, 2023, 123쪽.
44. 노다 마사아키, 서혜영 옮김, 『전쟁과 인간』, 길, 2000, 295~296쪽.
45. 라울 힐베르크, 김학이 옮김, 『홀로코스트 유럽 유대인의 파괴 2』, 개마고원, 2009, 1430쪽.
46. 「"양심상 죽일 수밖에 없었다"던 '공산당 학살자'와 살아남은 합창단」, 『한국일보』, 2019.10.28.
47. 스탠리 밀그램, 정태연 옮김, 『권위에 대한 복종』, 에코리브르, 2009, 233쪽.

2장

1. 라울 힐베르크, 김학이 옮김, 『홀로코스트, 유럽 유대인의 파괴 2』, 개마고원, 2009, 1243쪽.
2. 같은 책, 1340쪽.
3. 익명의 여인, 염정용 옮김, 『함락된 도시의 여자』, 마티, 2018, 319쪽. 소련군에 함락된 베를린에서 살아남은 한 여성의 일기인 『함락된 도시의 여자』는 전시 성폭력 문제를 은폐하고 피해자를 적대시하는 독일사회의 가부장적 문화 때문

에 익명으로 발간되었다. 책의 저자가 독일인 기자 '마르타 힐러스'라는 사실은 그의 사후에야 밝혀졌다. 익명으로라도 당대를 증언하려고 했던 작가의 의지를 존중하여 책을 인용할 때는 (독일을 포함해) 출판사들이 표기한 그대로 저자를 '익명의 여인'으로 쓸 것이다.

4. 철학자 조르조 아감벤은 아우슈비츠와 같은 절멸수용소에서 이루어지는 파괴는 단순한 살해가 아니라, 인간의 죽음이 가진 의미를 무효화하는 행위였다고 설명한다. 목숨을 빼앗는 것을 넘어서 죽은 자는 존중받아야 한다는 인류문화의 가장 오래된 권리가 박탈당하기 때문이다. 그래서 그는 절멸수용소가 사람을 죽이는 장소가 아니라 "시체를 생산하는" 장소라고 불렀다. 조르조 아감벤, 정문영 옮김, 『아우슈비츠의 남은 자들』, 새물결, 2012, 108~109쪽.

5. 군수 분야 관리들이 유대인 노동자의 강제이송을 거부할 때 친위대장 하임리히 힘러는 "유대인 문제의 해결에서 경제 문제는 고려해지 말아야 합니다"라며 명백하게 거부 의사를 밝혔다. 라울 힐베르크, 김학이 옮김, 『홀로코스트 유럽 유대인의 파괴 2』, 개마고원, 2009, 1408쪽.

6. 제1차 세계대전 중 오스만 제국의 집권 세력이었던 청년튀르크당은 제국에 있는 아르메니아인들에 대한 대량학살을 자행하여, 100만 명 가량이 사망했다. 이 사건은 오늘날 20세기 최초의 제노사이드 사건으로 평가받지만(최호근, 『제노사이드』, 책세상, 2022, 197쪽), 당시에는 제노사이드 사건으로 인지되지도, 인정받지도 못했다.

7. 김기진, 『끝나지 않은 전쟁 국민보도연맹』, 역사비평사, 2002, 87쪽.

8. 20세기 전쟁이 아닌 제노사이드로 인한 피해자만 6000만에서 1억 5천만 명까지 추정된다. 벤자민 발렌티노, 장원석 옮김, 『20세기의 대량학살과 제노사이드』, 제주대학교 출판부, 2006, 13쪽.

9. 최호근, 『제노사이드』, 책세상, 2022, 21~23쪽.

10. 현대 법률은 법적으로 동등한 개인이라는 단위를 기본으로 했고, 이 때문에 집단을 보호해야 한다는 렘킨의 입장은 다른 법률가들의 관점과 충돌했다. 홀로코스트를 처벌하기 위해서 '인도에 반한 범죄'라는 극제법 개념을 제안했던 폴란드 태생 유대인 법률가 라우터파히트도 제노사이드 개념에 대해서는 현대적인 법률이 아니라고 부정적으로 평가했다. 필립 샌즈, 정철승·황문주 옮김, 『인간의 정의는 어떻게 탄생했는가』, 더봄, 2019, 428쪽.

11. Martin Shaw, What is Genocide?, Polity, 2015, P.59. 특히 영어권에서 홀로코스트라는 용어가 자리를 잡은 것은 1978년 미국 방송사 NBC의 드라마 〈홀로코스트〉가 크게 성공한 이후였다. 최호근, 『서양현대사의 블랙박스 나치대

학살』, 푸른역사, 2006, 397쪽.
12. 임지현, 『기억전쟁』, 휴머니스트, 2019, 116~117쪽.
13. 제노사이드 개념을 만든 라파엘 렘킨이 이 문제를 고민하기 시작했던 것은 이보다 앞서 아르메니아인 제노사이드 사건에 대해 알게 된 직후부터였다. 렘킨은 1933년에 폴란드 검사로 국제형법회의에 '잔학행위(Barbarity)'와 '문화·예술에 대한 파괴 행위(vandalism)'를 국제법으로 금지해야 한다고 주장했지만 받아들여지지 않았다. 사만다 파워, 김보영 옮김, 『미국과 대량 학살의 시대』, 에코리브르, 2004, 53~56쪽.
14. 최호근, 『제노사이드』, 책세상, 2022, 143쪽.
15. 서경식, 한승동 옮김, 「'증언 불가능성'의 현재 - 아우슈비츠와 후쿠시마를 잇는 상상력」, 『아시아저널』 제 5호, 5.18기념재단, 2012, 55쪽.
16. 라울 힐베르크, 김학이 옮김, 『홀로코스트 유럽 유대인의 파괴 2』, 개마고원, 2009쪽, 1221쪽. 이 말은 수용소의 의사였던 프리드리히 엔트레스가 뉘른베르크 재판의 법정진술에서 사용했던 표현이다. 라울 힐베르크, 같은 책, 1349쪽.
17. 티머시 스나이더, 조행복 옮김, 『블랙 어스』, 열린책들, 2018, 296쪽.
18. 스나이더는 아우슈비츠를 정점에 두는 인식을 깨기 위해서 처형이 이루어지던 동유럽 마을에서의 유대인 생존률이 아우슈비츠 수용소보다 더 낮았다고 지적한다. 유대인 인구의 생존률이 3퍼센트 수준이었던 동유럽의 마을들에 비해 아우슈비츠에서 살아남을 확률이 더 높았다는 것이다. 수용소의 학살기능이 정지했던 1945년 1월에 아우슈비츠에 남은 수감자가 6만 명 이상이었음을 생각한다면 타당한 지적이다. 하지만 아우슈비츠보다 먼저 설치된 다른 절멸수용소의 생존률은 동유럽의 마을들보다 훨씬 낮은 0.01퍼센트 수준이었다. 물론 스나이더가 이를 몰랐던 것은 아니다. 다만 그는 아우슈비츠를 홀로코스트의 정점으로 여기고, 다른 지역의 희생자들이 기억 속에서 잊히는 문제를 비판하기 위해서 이러한 극단적 비교를 했다. 죽음의 수용소는 다른 국가들에도 있었는데, 캄보디아 킬링필드 당시 정치범 수용소였던 S-21에서는 1만 8000명 이상이 죽었는데, 그곳에서 살아남은 자는 고작 12명에 불과했다.
19. Martin Shaw, What is Genocide?, Polity, 2015, P.54~55.
20. 라울 힐베르크, 김학이 옮김, 『홀로코스트 유럽 유대인의 파괴 2』, 개마고원, 2009, 1392쪽.
21. 티머시 스나이더, 조행복 옮김, 『블랙 어스』, 열린책들, 2018, 312쪽.
22. 지그문트 바우만, 이일수 옮김, 『액체근대』, 도서출판 강, 2009, 9~12쪽.
23. 나치국가의 등장 이후의 정치적 변화에 대해서는 마르틴 브로샤트, 김학이 옮

김, 『히틀러 국가』, 문학과지성사, 2011 참조.
24. 독일의 관료조직들은 법령을 의지의 표현으로 이해했고(나치 집권 이후 독일의 법률적 근거는 총통의 의지로 재구성되고 있었다), 이를 통해 자신들에게 제약을 가했던 법률조항을 회피하여 목표를 달성할 수 있었다. 라울 힐베르크, 김학이 옮김, 『홀로코스트 유럽 유대인의 파괴 2』, 개마고원, 2009, 1395쪽.
25. 독일 내부의 사회조직과 기구들에 대한 나치국가의 해체작업에 대해서는 데틀레프 포이케르트, 김학이 옮김, 『나치시대의 일상사』, 개마고원, 2003.을 참조.
26. 권헌익, 정소영 옮김, 『전쟁과 가족』, 창비, 2020, 164쪽.
27. 김태후, 「제노사이드의 단계적 메터니즘과 국민보도연맹사건」, 『동북아연구』 40호, 조선대학교 사회과학연구원 부설 동북아연구소, 2015, 177~178쪽.
28. 지그문트 바우만, 정일준 옮김, 『현대성과 홀로코스트』, 새물결, 2013, 221쪽.
29. 라울 힐베르크, 김학이 옮김, 『홀로코스트 유럽 유대인의 파괴』 2, 개마고원, 2009, 1453쪽.
30. 조르조 아감벤, 김상운, 양창렬 옮김, 『목적 없는 수단』, 난장, 2009, 44~45쪽.
31. 데틀레프 포이케르트, 김학이 옮김, 『나치시대의 일상사』, 개마고원, 2003, 319~322쪽.
32. 김학이, 『빨갱이의 탄생』, 선인, 2009, 605쪽.
33. 한성훈, 『가면권력』, 후마니타스, 2014, 48~50쪽.
34. 선우종원, 『사상검사』, 계명사, 1993, 176쪽.
35. 박명림, 「국민형성과 내적 평정」, 『한국정치학회보』 36권 2호, 한국정치학회, 2002, 87~88쪽.
36. 라울 힐베르크, 김학이 옮김, 『홀로코스트, 유럽 유대인의 파괴』 1, 개마고원, 2009, 132~133쪽.
37. 권헌익, 정소영 옮김, 『전쟁과 가족』, 창비, 2020, 139쪽.
38. 일란 파페, 유강은 옮김, 『팔레스타인 종족 청소』, 교유서가, 2024, 101쪽.
39. 조르조 아감벤, 김항 옮김, 『예외상태』, 새물결, 2009, 18~19쪽.
40. 김항, 『종말론 사무소』, 문학과지성사, 2016, 237~238쪽.
41. Martin Shaw, What is Genocide?, Polity, 2015, P.194.
42. 지그문트 바우만, 정일준 옮김, 『현대성과 홀로코스트』, 새물결, 2013, 165쪽.
43. 김득중, 『빨갱이의 탄생』, 선인, 2009, 412~413쪽.
44. 요한 샤푸토, 고선일 옮김, 『복종할 자유』, 빛소굴, 2022, 44~45쪽.
45. 제노사이드 사건의 발생에서 외부 세력의 견제 혹은 지원은 중요한 변수였다. 바바라 하프, 「제노사이드의 발생원인」, 『현대사회와 제노사이드』, 각, 2005,

93쪽.
46. 프리모 레비, 이소영 옮김, 『가라앉은 자와 구조된 자』, 돌베개, 2014, 57쪽.
47. 같은 책, 67쪽.
48. 어빙 고프먼, 심보선 옮김, 『수용소』, 문학과지성사, 2018, 225쪽.
49. 프리모 레비, 이현경 옮김, 『이것이 인간인가』, 돌베개, 2007, 124쪽.
50. 조르조 아감벤, 정문영 옮김, 『아우슈비츠의 남은 자들』, 새물결, 2012, 112쪽.
51. 빅터 프랭클, 이시형 옮김, 『빅터 프랭클의 죽음의 수용소에서』, 청아출판사, 2020, 66~68쪽.
52. 프리모 레비, 이현경 옮김, 『이것이 인간인가』, 돌베개, 2007, 130쪽.
53. 어빙 고프먼, 심보선 옮김, 『수용소』, 문학과지성사, 2018, 364쪽.
54. Jonathan C. Friedman, 'The Holocaust in Feature Films', "The History of Genocide in Cinema", I. B. Tauris & Company, 2017, p.114.
55. 이상빈, 『아우슈비츠 이후 예술은 어디로 가야 하는가』, 책세상, 2021, 93쪽.
56. 프리모 레비, 이소영 옮김, 『가라앉은 자와 구조된 자』, 돌베개, 2014, 17쪽.
57. 메도루마 슌, 유은경 옮김, 「물방울」, 『물방울』, 문학동네, 2012, 29쪽.
58. 프리모 레비, 이소영 옮김, 『가라앉은 자와 구조된 자』, 돌베개, 2014, 24~25쪽.
59. 오카 마리, 김병구 옮김, 『기억·서사』, 교유서가, 2024, 69쪽.
60. 티머시 스나이더, 조행복 옮김, 『블랙 어스』, 열린책들, 2018, 298~299쪽.
61. 조르조 아감벤, 정문영 옮김, 『아우슈비츠의 남은 자들』, 새물결, 2012, 58쪽.
62. 같은 책, 222~223쪽.
63. 오카 마리, 김병구 옮김, 『기억·서사』, 교유서가, 2024, 112쪽.
64. 조르조 아감벤, 정문영 옮김, 『아우슈비츠의 남은 자들』, 새물결, 2012, 231쪽.
65. 알렉스라는 이름으로 알려진 촬영자는 아우슈비츠-비르케나우의 소각장 화부였던 존더 코만도, '알베르토 에레라'였을 것이라고 추정된다. 조르주 디디-위베르만, 이나라 옮김, 『어둠에서 벗어나기』, 만일, 2016, 26쪽.
66. 조르주 디디-위베르만, 오윤성 옮김, 『모든 것을 무릅쓴 이미지들』, 레베카, 2017, 17쪽.
67. 같은 책, 70쪽.
68. 스탠리 코언, 조효제 옮김, 『잔인한 국가 외면하는 대중』, 창비, 2009, 274쪽.
69. 조르주 디디-위베르만, 김홍기 옮김, 『반딧불의 잔존』, 길, 2012, 98~99쪽.
70. 조르주 디디-위베르만, 이나라 옮김, 『어둠에서 벗어나기』, 만일, 2016, 63쪽.

3장

1. 박완서 외, 「6·25 분단문학의 민족동질성 추구와 분단극복 의지」, 『한국문학』 6월호, 한국문학사, 1985, 49쪽.
2. 박완서, 「부처님 근처」, 『부끄러움을 가르칩니다』, 문학동네, 2013, 113쪽.
3. 박완서, 「복원되지 못한 것들을 위하여」, 『나의 가장 나종 지니인 것』, 문학동네, 2013, 203쪽.
4. 박완서 외, 「6·25 분단문학의 민족동질성 추구와 분단극복 의지」, 『한국문학』 6월호, 한국문학사, 1985, 45쪽.
5. 이성숙, 「한국전쟁에 대한 젠더별 기억과 망각」, 『여성(들)이 기억하는 전쟁과 분단』, 아르케, 2013, 57~61쪽.
6. 류한수, 「제2차 세계대전기 여군의 역할과 위상」, 『서양사연구』 35, 한국서양사연구회. 2006, 141~144쪽.
7. 스베틀라나 알렉시예비치, 박은정 옮김, 『전쟁은 여자의 얼굴을 하지 않았다』, 문학동네, 2015, 17쪽.
8. 문승숙, 이현정 옮김, 『군사주의에 갇힌 근대』, 또 하나의 문화, 2007, 78~79쪽.
9. 커트 보니것, 정영목 옮김, 『제5도살장』, 문학동네, 2016, 221쪽.
10. 김태우, 『폭격』, 창비, 2013, 36~37쪽.
11. 알베르트 슈페어, 김기영 옮김, 『알베르트 슈페어의 기억』, 마티, 2016, 456~458쪽.
12. 익명의 여성, 염정용 옮김, 『함락된 도시의 여자』, 마티, 2018, 15쪽.
13. W. G. 제발트, 『공중전과 문학』, 문학동네, 2013, 26쪽.
14. 같은 책, 47쪽.
15. 히메오카 도시코, 서재길 옮김, 「나치 독일의 성폭력은 어떻게 불가시화되었나」, 『전쟁과 성폭력의 비교사』, 어문학사, 2020, 293쪽.
16. 익명의 여성, 염정용 옮김, 『함락된 도시의 여자』, 마티, 2018, 321쪽.
17. Sibylle Meyer, Eva Schulze: Von Liebe sprach damals keiner, Familienalltagin der Nachkrigszeit, München 1985, S.161-206. 재인용
18. 요한 슈푸토, 고선일 옮김, 『복종할 자유』, 빛소굴, 2022, 35~37쪽.
19. 브룬힐데 폼젤, 토레 D. 한젠 엮음, 박종대 옮김, 『어느 독일인의 삶』, 열린책들, 2018, 119쪽.
20. 이창신, 「제2차 세계 대전 중 미국정부의 이미지 전략과 젠더 이데올로기」, 『미국사연구』 15, 한국미국사학회, 2002, 81쪽.

21. 류한수, 「제2차 세계대전 시기 소련의 전쟁 포스터에 나타난 여성의 이미지」, 『슬라브학보』 26권 2호, 한국슬라브유라시아학회, 2011, 69쪽.
22. 야니크 리파, 이은민 옮김, 「무장 해제된 여자들을 상대로 한 남자들의 무기」, 『폭력과 여성들』, 동문선, 2002, 143쪽.
23. 익명의 여성, 염정용 옮김, 『함락된 도시의 여자』, 마티, 2018, 42쪽.
24. 스베틀라나 알렉시예비치, 박은정 옮김, 『전쟁은 여자의 얼굴을 하지 않았다』, 문학동네, 2015, 17쪽.
25. 이창신, 「제2차 세계 대전 중 미국정부의 이미지 전략과 젠더 이데올로기」, 『미국사연구』 15, 한국미국사학회, 2002, 89쪽.
26. 하랄트 애너, 박종대 옮김, 『늑대의 시간』, 위즈덤하우스, 2024, 200쪽.
27. 같은 책, 202~204쪽.
28. 안태운, 「후방의 '생계전사'가 된 여성들」, 『중앙사론』 33, 한국중앙사학회, 2011, 263~267쪽.
29. 이재경, 「근대 '주부' 주체의 구성과 갈등」, 『여성(들)이 기억하는 전쟁과 분단』, 아르케, 2013, 173쪽.
30. 박완서, 「부처님 근처」, 『부끄러움을 가르칩니다』, 문학동네, 2013, 108~109쪽.
31. 박완서, 「그 가을의 사흘 동안」, 『엄마의 말뚝』, 세계사, 2004, 233쪽.
32. 익명의 여성, 염정용 옮김, 『함락된 도시의 여자』, 마티, 2018, 70쪽.
33. 수전 브라운밀러, 박소영 옮김, 『우리의 의지에 반하여』, 오월의봄, 2018, 114쪽.
34. 제임스 Q. 위트먼, 노시내 옮김, 『히틀러의 모델, 미국』, 마티, 2018, 70~80쪽.
35. 죙켈 나이첼, 하랄트 벨처, 김태희 옮김, 『나치의 병사들』, 민음사, 2015, 351쪽.
36. 같은 책, 256쪽.
37. 수전 브라운밀러, 박소영 옮김, 『우리의 의지에 반하여』, 오월의봄, 2018, 62쪽.
38. 베로니크 나움-그라프, 이은민 옮김, 「전쟁과 성의 차이」, 『폭력과 여성들』, 동문선, 2002, 180~182쪽.
39. 익명의 여성, 염정용 옮김, 『함락된 도시의 여자』, 마티, 2018, 165쪽.
40. 같은 책, 165쪽.
41. 같은 책, 275쪽.
42. 김학이, 『감정의 역사』, 푸른역사, 2023, 358~361쪽.
43. 같은 책, 360쪽.

44. 티머시 스나이더, 함규진 옮김, 『피에 젖은 땅』, 글항아리, 2021, 303~304쪽.
45. 이런 대규모 기아를 유발할 수 있는 식량 약탈은 전쟁 후반에는 독일의 전체 식량 수급량의 20~30퍼센트에 달했고, 이러한 정책에 특히 취약했던 폴란드에서는 주요 식량 작물인 감자생산량의 절반, 귀리는 3분의 2까지 독일로 보내야 했다. 니콜라스 스타가르트, 김학이 옮김, 『독일인의 전쟁 1939~1945』, 교유서가, 2024, 386~388쪽.
46. 칼 야스퍼스, 이재승 옮김, 『죄의 문제』, 앨피, 2014, 156쪽.
47. 익명의 여성, 염정용 옮김, 『함락된 도시의 여자』, 마티, 2018, 15쪽.
48. 브룬힐데 폼젤, 토레 D. 한젠 엮음, 박종대 옮김, 『어느 독일인의 삶』, 열린책들, 2018, 147쪽.
49. 같은 책, 2018, 163쪽.
50. 수전 브라운밀러, 박소영 옮김, 『우리의 의지에 반하여』, 오월의봄, 2018, 118쪽.
51. 마사 누스바움, 박선아 옮김, 『교만의 요새』, 민음사, 2022, 45쪽.
52. 익명의 여성, 염정용 옮김, 『함락된 도시의 여자』, 마티, 2018, 157쪽.
53. 히메오카 도시코, 서재길 옮김, 「나치 독일의 성폭력은 어떻게 불가시화되었나」, 『전쟁과 성폭력의 비교사』, 어문학사, 2020, 295~296쪽.
54. 같은 책, 301~302쪽.
55. 조갑상, 「살아 있는 사람들」, 『다시 시작하는 끝』, 세계일보사, 1990, 73쪽.
56. 윤정모, 『에미이름은 조센삐였다』, 당대, 1997, 185쪽.
57. 하랄트 애너, 박종대 옮김, 『늑대의 시간』, 위즈덤하우스, 2024, 215쪽.
58. 볼프강 조프스키, 이한우 옮김, 『폭력사회』, 푸른숲, 2010, 25쪽.
59. 주디스 루이스 허먼, 최현정 옮김, 『트라우마』, 사람의집, 2022, 363쪽.

4장

1. 한국어판 제목은 『알베르트 슈페어의 기억』(마티, 2016)으로, 처음 번역되었을 때 제목은 원제를 살려서 『기억』(2007)이었으나 이후 개정판이 나오면서 바뀌었다.
2. 바이마르 공화국의 힌덴부르크 대통령이 사망한 직후 총리였던 히틀러는 대통령의 권한까지 겸하면서 총통이 되었다. 이후 그는 모든 야당을 해산 뒤에 총통에게 입법부의 핵심권한인 입법권까지 부여하는 법률 '수권법'을 통과시켜

서 모든 권력을 자신에게 집중시켰다. 의회의 입법권을 행정부 수반이 가져가는 수권법은 히틀러 시대에 통과되었지만, 독일 의회는 바이마르 공화국 시대에 이미 무력화된 상태였다. 군부 출신의 권위주의자였던 힌덴부르크 대통령은 의회해산권을 통해 선거로 집권한 총리와 소속 정당을 지속적으로 견제하면서 내각제였던 바이마르 공화국의 정치 시스템을 망가뜨렸다. 의회해산이 반복되면서 입법부의 업무는 사실상 마비상태였고, 입법권한은 대통령이 한시적인 행정명령을 내리는 긴급명령제에 의해 사실상 대체되어 있었다. 히틀러의 권력 집중과 입법권 장악은 내부 모순에 의해 무기력했던 바이마르 공화국의 후유증이었다. 마르틴 브로샤트, 김학이 옮김, 『히틀러 국가』, 문학과지성사, 2011 참조.
3. 알베르트 슈페어, 김기영 옮김, 『알베르트 슈페어의 기억』, 마티, 2016, 248쪽.
4. 같은 책, 225쪽.
5. 티머시 스나이더, 조행복 옮김, 『블랙 어스』, 열린책들, 2018, 38쪽.
6. 같은 책, 281쪽.
7. 라울 힐베르크, 김학이 옮김, 『홀로코스트 유럽 유대인의 파괴 1』, 개마고원, 2008, 210쪽.
8. 라울 힐베르크, 김학이 옮김, 『홀로코스트 유럽 유대인의 파괴 2』, 개마고원, 2008, 1277쪽.
9. 알베르트 슈페어, 김기영 옮김, 『알베르트 슈페어의 기억』, 마티, 2016, 237쪽.
10. 같은 책, 593쪽.
11. 이 사실이 전후戰後 독일인들에게 인상적이었는지, 한 독일인은 아우슈비츠 생존자인 프리모 레비에게 보낸 편지에서 그와 슈페어의 만남을 주선해 주겠다고 제안했으나 레비가 응하지 않아 실제로 성사되지는 않았다.
12. 니콜라스 스타가르트, 김학이 옮김, 『독일인의 전쟁 1939-1945』, 교유서가, 2024, 390~393쪽.
13. 라울 힐베르크, 김학이 옮김, 『홀로코스트 유럽 유대인의 파괴 2』, 개마고원, 2008, 1290쪽.
14. 같은 책, 1289~1290쪽.
15. 제임스 C. 스콧, 전상인 옮김, 『국가처럼 보기』, 에코리브르, 2010, 56쪽.
16. 같은 책, 87쪽.
17. 케이트 브라운, 우동현 옮김, 『체르노빌 생존 지침서』, 푸른역사, 2020, 440~441쪽.
18. 박철수·권이철·오오세 루미코·황세원, 『경성의 아파트』, 집, 2021, 123쪽.

19. 우찬제, 「도서관 작가와 콜라주 스토리텔링」, 『문학과사회』 여름호, 문학과지성사, 2015, 334~336쪽.
20. 정지돈, 「건축이냐 혁명이냐」, 『내가 싸우듯이』, 문학과지성사, 2016, 168쪽.
21. 제임스 C. 스콧, 전상인 옮김, 『국가처럼 보기』, 에코리브르, 2010, 180~181쪽.
22. 같은 책, 185쪽.
23. 정지돈, 「건축이냐 혁명이냐」, 『내가 싸우듯이』, 문학과지성사, 2016, 192쪽.
24. 한석정, 『만주 모던』, 문학과지성사, 2016, 339쪽.
25. 이인수, 「국방력 강화를 위한 시론(상)」, 『군사평론』 제6호, 1958.8, 22~23쪽, 허은, 『냉전과 새마을』, 창비, 2022, 139쪽에서 재인용.
26. 허은, 『냉전과 새마을』, 창비, 2022, 142~143쪽.
27. 같은 책, 190~195쪽.
28. 권헌익, 이한중 옮김, 『또 하나의 냉전』, 민음사, 2013, 17쪽.
29. 허은, 『냉전과 새마을』, 창비, 2022, 111~113쪽.
30. 같은 책, 51~55쪽.
31. 같은 책, 28~29쪽.
32. 제임스 C. 스콧, 전상인 옮김, 『국가처럼 보기』, 에코리브르, 2010, 308~311쪽.
33. 마이클 레이섬, 권혁은·류기현·신재준·정무용·최혜린 옮김, 『근대화라는 이데올로기』, 2021, 322~323쪽.
34. 같은 책, 384~385쪽.
35. 허은, 『냉전과 새마을』, 창비, 2022, 226쪽.
36. 제임스 C. 스콧, 전상인 옮김, 『국가처럼 보기』, 에코리브르, 2010, 354~355쪽.
37. 같은 책, 146~147쪽.
38. 같은 책, 147쪽.
39. 제임스 C. 스콧, 김춘동 옮김, 『농민의 도덕경제』, 아카넷, 2004, 21쪽.
40. 이매뉴얼 월러스틴, 김재오 옮김, 『유럽적 보편주의』, 창비, 2008, 131~132쪽.
41. 아마르티아 센, 김원기 옮김, 『자유로서의 발전』, 갈라파고스, 2013, 253쪽.
42. 같은 책, 267쪽.
43. 제임스 C. 스콧, 김춘동 옮김, 『농민의 도덕경제』, 아카넷, 2004, 84쪽.
44. 제임스 C. 스콧, 전상인 옮김, 『국가처럼 보기』, 에코리브르, 2010, 411쪽.
45. 마이클 레이섬, 권혁은·류기현·신재준·정무용·최혜린 옮김, 『근대화라는 이데올로기』, 2021, 390~391쪽.
46. 오드 아르네 베스타, 옥창준 옮김, 『냉전의 지구사』, 에코리브르, 2020, 24쪽.
47. 제임스 C. 스콧, 전상인 옮김, 『국가처럼 보기』, 에코리브르, 2010, 89쪽.

48. 같은 책, 180~181쪽.
49. 같은 책, 26쪽.
50. 티머시 스나이더, 함규진 옮김, 『피에 젖은 땅』, 글항아리, 2021, 150쪽.
51. 권헌익, 유강은 옮김, 『학살, 그 이후』, 아카이브, 2012, 264~265쪽.
52. 정지돈, 「건축이냐 혁명이냐」, 『내가 싸우듯이』, 문학과지성사, 2016, 186쪽.
53. 같은 책, 182쪽.
54. 김진명, 「서울 밤섬 이주민의 주거공간의 변화와 의례」, 『서울학연구』 13, 서울시립대학교 서울학연구소, 1999, 204~205쪽.
55. 조희연, 『동원된 근대화』, 후마니타스, 2010, 60~61쪽.
56. 정지돈, 「건축이냐 혁명이냐」, 『내가 싸우듯이』, 문학과지성사, 2016, 197쪽.
57. 정유진, 「박정희 정부기 문화재정책과 민속신앙」, 『역사민속학』 39, 한국역사민속학회, 2012, 201쪽.
58. 같은 책, 204쪽.
59. 정지돈, 「건축이냐 혁명이냐」, 『내가 싸우듯이』, 문학과지성사, 2016, 200쪽.

5장

1. 진실화해를위한과거사정리위원회, 『2008년 하반기 조사보고서』 3권, 진실·화해를위한과거사정리위원회, 2008, 906쪽.
2. 김기진, 『끝나지 않은 전쟁 국민보도연맹』, 역사비평사, 2002, 309쪽.
3. 진실화해를위한과거사정리위원회, 『2009년 하반기 조사보고서』 8권, 진실·화해를위한과거사정리위원회, 2008, 271쪽.
4. 노용석, 『국가폭력과 유해발굴의 사회문화사』, 산지니, 2018, 114쪽.
5. 한성훈, 『가면권력』, 후마니타스, 2014, 319쪽.
6. 한성훈, 『가면권력』, 후마니타스, 2014, 319쪽.
7. 이창현, 『1960년대 초 피학살자유족회 연구』, 성균관대학교 박사학위청구논문, 2018, 186쪽.
8. 진실화해를위한과거사정리위원회, 『2009년 하반기 조사보고서』 8권, 진실·화해를위한과거사정리위원회, 2008, 271쪽.
9. 한성훈, 『가면권력』, 후마니타스, 2014, 318쪽.
10. "다시보는 낙동강(1962.4.18.-64.2.29)", 『이원식 옥중수기』(미간행), 이창현, 『1960년대 초 피학살자유족회 연구』, 성균관대학교 박사학위청구논문, 2018,

212쪽에서 재인용.
11. 양민 이외에 한국전쟁 중 피학살자를 비롯한 전쟁 피해자를 반공주의적 관점 밖에서 조명하려고 했던 시도로는 이승만의 정적이었던 진보당 위원장 조봉암이 주장했던 '피해대중론'이 있었다. 그는 피해대중이라는 개념으로 전쟁피해자와 좌익으로 몰려 살해된 이들, 법적 절차 없이 살해된 좌익 등을 하나로 묶음으로써 이승만 정권이 은폐했던 사건과 그 피해자들을 복권하려고 했다. 서중석, 『조봉암과 1950년대』 하, 역사비평사, 2000, 531~539쪽. 그러나 진보당 사건으로 조봉암이 사법살인을 당하면서 이러한 시도는 좌절되었다.
12. 노용석, 『국가폭력과 유해발굴의 사회문화사』, 산지니, 2018, 82쪽.
13. 한성훈, 『가면권력』, 후마니타스, 2014, 162~163쪽.
14. 전갑생, 「1960년대 국회 '양민학살사건조사특별위원회' 자료」, 『제노사이드 연구』 1, 한국제노사이드연구회, 2007, 236쪽.
15. 박만순, 「박정희 형수의 항변 "빨갱이는 함부로 죽여도 되는교?"」, 《오마이뉴스》, 2020.10.09.
16. 이창현, 『1960년대 초 피학살자유족회 연구』, 성균관대학교 박사학위청구논문, 2018, 212쪽.
17. 김상숙, 『10월 항쟁』, 돌베개, 2016, 156쪽.
18. 박만순, 「박정희의 전화 "내가 점심 사면 안 되겠심니꺼?"」, 《오마이뉴스》, 2020.11.30.
19. 이창훈, 「[독립운동가 열전 〈삶과 넋〉62] 박정희 셋째 형, 경북사회주의 독립운동가 박상희」, 《매일노동뉴스》, 2020.6.15.
20. 최기숙, 『계류자들』, 현실문화, 2022, 46쪽.
21. 김성례, 『한국 무교의 문화인류학』, 소나무, 2018, 399쪽.
22. 황석영, 『손님』, 창비, 2001, 22쪽.
23. 황석영에게 신천학살사건에 대해서 알려 준 이는 재미교포 목사 유태영이었는데, 신천군 남부면 출신인 그를 통해 다시 사건에 대해 듣게 된다. 다만 이 과정에서 일부 역사적 사실에 대해 잘못 알게 된 부분도 있었다. 『손님』에서는 신천지역에 미군이 주둔하지 않는 것으로 나오지만, 실제로는 잠시지만 미군이 주둔했었다. 이는 사건을 증언해 준 유태영의 고향인 남부면에는 미군이 주둔하지 않았던 사례를 신천 전체의 일로 잘못 알게 된 것으로 추정되고 있다. 한모니까, 「'봉기'와 '학살'의 간극」, 『이화사학연구』 제46권, 이화여자대학교 이화사학연구소, 2013, 98~99쪽.
24. 박찬승, 『마을로 간 한국전쟁』, 돌베개, 2010, 49쪽.

25. 러시아 혁명 이후 사회주의 정권들은 기존 전통적인 엘리트 집단을 대신할 수 있는 노동계급 출신의 신흥 엘리트 집단을 만들어 내고자 했다.(쉴라 피츠패트릭, 고광열 옮김, 『러시아혁명 1917-1938』, 사계절, 2017, 259쪽) 소련의 영향 아래에서 성립된 북한 역시 사회주의 국가에 부합하는 새로운 계급구조를 만들고자 했고, 이 과정에서 지주와 같은 전통적 엘리트 집단은 오히려 배척받는 하위 계급으로 재편성되었다. 이런 급격한 계급 변화 때문에 북한 정권은 자서전과 자술서를 통해 지주 등 반동을 식별하려고 했고, 시민들은 자신의 가족사를 숨기거나 왜곡해서 위기를 벗어나려고 했다. 김재웅, 『고백하는 사람들』, 푸른역사, 2020, 76쪽.
26. 김태우, 『냉전의 마녀들』, 창비, 2021, 234쪽.
27. 김옥자, 「북한의 반미선전·선동과 신천박물관에 대하여」, 『한국정치연구』 제28권 제1호, 서울대학교 한국정치연구소, 2019, 355쪽.
28. 한모니까, 「'봉기'와 '학살'의 간극」, 『이화사학연구』 제46권, 이화여자대학교 이화사학연구소, 2013, 98쪽.
29. 조지 L. 모스, 오윤 옮김, 『전사자 숭배』, 문학동네, 2015, 108쪽.
20. 강인철, 『전쟁과 희생』, 역사비평사, 2019, 173~174쪽.
31. 같은 책, 147쪽.
32. 김득중, 『'빨갱이'의 탄생』, 선인, 2009, 412~413쪽.
33. 강인철, 『전쟁과 희생』, 역사비평사, 2019, 54~55쪽.
34. 권헌익, 유강은 옮김, 『학살, 그 이후』, 아카이브, 2012, 220쪽.
35. 권헌익, 이한중 옮김, 『또 하나의 냉전』, 민음사, 2013, 118~121쪽.
36. 황루시, 「지노귀굿(지노鬼굿)」, 『한국민족문화대백과』, 한국학중앙연구원.
37. 황석영의 처음 구상은 「호귀별성」이라는 이름의 중편소설이었다. 호귀별성은 '손님'처럼 조선시대에 천연두를 부르는 이름 중 하나였다. 황석영 외, 『사람이 살고 있었네』, 시와사회사, 1993, 278쪽.
38. 윤정란, 『한국전쟁과 기독교』, 한울아카데미, 2015, 60~88쪽.
39. 황석영 외, 『황석영 문학의 세계』, 창비, 2001, 61쪽. 황석영이 이런 방법을 고안한데는 남미의 '마술적 사실주의'의 영향이 적지 않았다. 보르헤스와 같은 남미 작가들로 대표되는 마술적 사실주의는 현대소설에 남미 선주민의 세계관과 문화를 녹인 문학적 경향으로, 세계 문학에서 제3세계 문학을 대표하는 작품들로 크게 주목받았던 바 있다.
40. 옹구기 와 시웅오, 이석호 옮김, 『정신의 탈식민화』, 아프리카, 2013 참조.
41. 이남희, 『민중 만들기』, 후마니타스, 2015, 299~337쪽.

42. 「"마당극, 이제 마당굿으로 바꿔 부르자"…왜?」, 『한겨레』, 2024.2.27.
43. 권헌익, 이한중 옮김, 『또 하나의 냉전』, 민음사, 2013, 129쪽.
44. 황석영, 『손님』, 창비, 2001, 95~96쪽.
45. 부인Denial은 어떤 역사적 사건이나 사실이 실제로 존재하지 않았다고 주장하거나 그 의미를 축소하려는 태도와 행동을 말한다. 사회학자 스탠리 코언은 국가폭력과 같은 대규모 폭력이 발생하였을 때 이러한 사건이 있었다는 사실이나 그것이 가지는 중요성과 의미를 외면하려고 하는 부인의 문화가 사회에서 광범위하게 나타날 수 있다고 지적했다. 스탠리 코언, 조효제 옮김, 『잔인한 국가 외면하는 대중』, 창비, 2009. 제노사이드 연구자 중에는 이러한 부인(혹은 부정)과 같은 정당화와 은폐 등이 제노사이드의 마지막 단계라고 설명하는 이들도 있다. 강성현, 『다시, 제노사이드란 무엇인가』, 푸른역사, 2024, 166~172쪽.
46. 김태우, 『냉전의 마녀들』, 창비, 2021, 238쪽.
47. 제임스 C. 스콧, 전상인 옮김, 『지배, 그리고 저항의 예술』, 후마니타스, 2020, 69쪽.
48. 김요섭, 『한국 이행기 정의 국면의 제노사이드 문학 연구』, 성균관대학교 박사학위 청구논문, 2023, 67~70쪽.
49. 황석영, 『손님』, 창비, 2001, 95쪽.
50. 한성훈, 『가면권력』, 후마니타스, 2014, 209쪽.
51. 권헌익, 정소영 옮김, 『전쟁과 가족』, 창비, 2020, 142~143쪽.
52. 현기영, 『지상에 숟가락 하나』, 실천문학사, 1999, 53쪽.
53. 김재웅, 『고백하는 사람들』, 푸른역사, 2020, 76쪽.
54. 권헌익, 홍석준 외 옮김, 『베트남 전쟁의 유령들』, 산지니, 2016, 129~131쪽.
55. 권헌익, 유강은 옮김, 『학살, 그 이후』, 아카이브, 2012, 36~39쪽.
56. 표인주, 「전쟁과 공동체문화」, 『전쟁과 사람들』, 한울아카데미, 2003, 154~166쪽.
57. 김성례, 『한국 무교의 문화인류학』, 소나무, 2018, 181쪽.
58. 권헌익, 유강은 옮김, 『학살, 그 이후』, 아카이브, 2012, 56쪽.

6장

1. Brandon Hamber, 「The ghost of Jeffrey Benzien lives」, 《Polity》, 2008.9.5.
2. 'TOWARDS THE RESTORATION OF HUMAN DIGNITY: PERPETRATORS', "Truth and Reconciliation Commission of South Africa Report Vol.5"(Capetown: Juta, 1988) p.370.
3. Roy L.Brooks, 『When Sorry Isn't Enough』, NEW YORK UNIVERSITY PRESS, 1999, p.458
4. 이남희, 「진실과 화해 : 남아공의 과거청산」, 『세계의 과거사 청산』, 푸른역사, 2005, 178쪽.
5. 프리실라 B.헤이너, 주혜경 옮김, 『국가폭력과 세계의 진실위원회』, 역사비평사, 2008, 122~124쪽.
6. 같은 책, 125~127쪽.
7. 제임스 Q. 위트먼, 노시내 옮김, 『히틀러의 모델, 미국』, 마티, 2018, 23쪽.
8. 같은 책, 92쪽.
9. 오드 아르네 베스타, 옥창준 외 옮김, 『냉전의 지구사』, 에코리브르, 2020, 345쪽.
10. 같은 책, 224~225쪽.
11. 같은 책, 628~630쪽.
12. 이남희, 「진실과 화해 : 남아공의 과거청산」, 『세계의 과거사 청산』, 푸른역사, 2005, 158쪽.
13. 같은 책, 161쪽.
14. 알비 삭스, 김신 옮김, 『블루 드레스』, 일월서각, 2012, 110쪽.
15. 임호준, 「내전의 기억과 스페인의 과거청산」, 『세계의 과거사 청산』, 푸른역사, 2005, 312~314쪽.
16. 김학재, 『판문점 체제의 기원』, 후마니타스, 2015, 00쪽.
17. 송충기, 「사법적 청산에서 역사적 성찰로」, 『세계의 과거사 청산』, 푸른역사, 2005, 51~52쪽.
18. 요한 슈푸토, 고선일 옮김, 『복종할 자유』, 빛소굴, 2022, 106~107쪽.
19. 프리실라 B.헤이너, 주혜경 옮김, 『국가폭력과 세계의 진실위원회』, 역사비평사, 2008, 83쪽.
20. 최철영, 「한·일 과거사 청산과 이행기 정의 개념의 적용」, 『성균관법학』 제23권 2호, 2011, 239쪽.
21. 임호준, 「내전의 기억과 스페인의 과거청산」, 『세계의 과거사 청산』, 푸른역사,

2005, 299~300쪽.
22. 같은 책, 292쪽.
23. 하비에르 세르카스, 김창민 옮김, 『살라미나의 병사들』, 열린책들, 2010, 28쪽.
24. 같은 책, 21쪽.
25. 로버트 O. 팩스턴, 손명희·최희영 옮김, 『파시즘』, 교양인, 2005, 254쪽.
26. 마르틴 브로샤트, 김학이 옮김, 『히틀러 국가』, 문학과지성사, 2011, 12쪽.
27. 같은 책, 120~121쪽.
28. 마르틴 브로샤트, 김학이 옮김, 『히틀러 국가』, 문학과지성사, 2011, 475~476쪽.
29. 에드워드 버네이스, 강미경 옮김, 『프로파간다』, 공존, 2009, 171~173쪽.
30. 로버트 O. 팩스턴, 손명희·최희영 옮김, 『파시즘』, 교양인, 2005, 489쪽.
31. 같은 책, 55쪽.
32. 하비에르 세르카스, 김창민 옮김, 『살라미나의 병사들』, 열린책들, 2010, 110~111쪽.
33. 같은 책, 62쪽.
34. 앤터니 비버, 김원중 옮김, 『스페인 내전』, 2009, 724~726쪽.
35. 하비에르 세르카스, 김창민 옮김, 『살라미나의 병사들』, 열린책들, 2010, 182쪽.
36. 김원중, 「역사기억법(2007)과 스페인의 과거사 청산 노력에 대하여」, 『이베로아메리카硏究』 21(1), 서울대학교 라틴아메리카연구소 2010, 197쪽.
37. 하비에르 세르카스, 김창민 옮김, 『살라미나의 병사들』, 열린책들, 2010, 119쪽.
38. 김영석, 「국제범죄를 범한 개인에 대한 사면(amnesty)의 국제법적 효력」, 『서울국제법연구』 12권 2호, 서울국제법연구원, 2005, 5~13쪽.
39. 이성훈, 「칠레의 이행과 과거청산」, 『세계의 과거사 청산』, 푸른역사, 2005, 242~247쪽.
40. 곽재성, 「과거청산의 국제화와 보편적 관할권의 효과」, 『라틴아메리카연구』 20(2), 한국라틴아메리카학회, 2007, 20~21쪽.
41. 임호준, 「내전의 기억과 스페인의 과거청산」, 『세계의 과거사 청산』, 푸른역사, 2005, 305~306쪽.
42. 김원중, 「역사기억법(2007)과 스페인의 과거사 청산 노력에 대하여」, 『이베로아메리카硏究』 21(1), 서울대학교 라틴아메리카연구소, 2010, 196~199쪽.
43. 하비에르 세르카스, 김창민 옮김, 『살라미나의 병사들』, 열린책들, 2010, 185쪽.

44. 앤터니 비버, 김원중 옮김, 『스페인 내전』, 2009, 719쪽.
45. 김원중, 「역사기억법(2007)과 스페인의 과거사 청산 노력에 대하여」, 『이베로아메리카硏究』 21(1), 서울대학교 라틴아메리카연구소, 2010, 208~209쪽.
46. 알비 삭스, 김신 옮김, 『블루 드레스』, 일월서각, 2012, 142쪽.
47. 같은 책, 135쪽.
48. 허호준, 『4·3, 19470301-19540921』, 혜화1117, 2023, 331쪽.

인간이 인간을 죽일 때

초판 1쇄 발행 2025년 10월 31일

지은이　김요섭
책임편집　양하경
디자인　주수현

펴낸곳　(주)바다출판사
주소　서울시 마포구 성지1길 30 3층
전화　02-322-3675(편집) 02-322-3575(마케팅)
팩스　02-322-3858
이메일　badabooks@daum.net
홈페이지　www.badabooks.co.kr

ISBN　979-11-6689-349-0　03800